Einziges Foto, dass Rokeya allein zeigt. Es ist ebenfalls auf vielen Ausgaben gedruckt.

Impressum

Herausgeber: Hamidul Khan, Frankfurt am Main.

Erste Auflage 2020

Verantwortlicher Redakteur: Hamidul Khan
Redaktionsmitarbeiter: Dr. Susanne Czuba-Konrad, Reinhard Wehber, Sybille Vogl

Lektorat: Miro Nils Khan

Titelbild: Bipad Bhanjan Sen Karmaker, Dhaka, Bangladesch

Unterstützung von Stiftung Umverteilen!

Bertugan-Verlag
www.bertugan.de
ISBN 978-3-939165-38-5

Die Deutsche Nationalbibliothek verzeichnet diese Publikation in der Deutschen Nationalbibliografie; detaillierte bibliografische Daten sind im Internet über http://dnb.d-nb.de abrufbar.

Für Fragen und Anregungen:
E-Mail: hamidul.khan@gmx.de

Deutsch-Bengalische Gesellschaft e.V.
Franziska-Kessel-Str. 21
60439 Frankfurt am Main.
E-Mail: deutsch-bangla@gmx.de

Vorbemerkung

Ein Buch über Rokeya – warum in dieser Zeit?

Wir leben in einer Zeit der Krise, die uns an unsere Grenzen bringt. Es ist aber auch eine Zeit besonderer Verantwortung für Gerechtigkeit, Aufklärung und Mitmenschlichkeit. Die bengalische Vordenkerin Rokeya ist ein prominentes Beispiel für Rückgrat und Zivilcourage in einer Epoche, in der sie für sich selbst keine Vorteile aus ihrem Mut für sich selbst schöpfen konnte. Als Witwe und alleinstehende Frau kämpfte die Schriftstellerin und Pädagogin für ihre Überzeugungen von Egalität und Toleranz. Im Nachhinein hat sie nicht nur die indisch-bengalische Gesellschaft weiterentwickelt, sondern weit darüber hinaus wertvolle Impulse gegeben.

In der multikulturellen Stadt Frankfurt am Main ist Rokeyas Wirken erst in den letzten Jahren bekannter geworden, nicht zuletzt durch Hamidul Khan, dem Herausgeber dieses Buches. Als Vorsitzender der Deutsch-Bengalischen Gesellschaft e.V. hat er zahlreiche Informationsveranstaltungen zur Frauenbildung und zur wirtschaftlichen Situation von Frauen in Bangladesch organisiert und festgestellt, wie groß das Informationsdefizit des Frankfurter Publikums im Hinblick auf diese Thematik war. Erst der Einsturz der Textilfabrik Rana Plaza 2013 in Sabhar führte zu einem größeren öffentlichen Bewusstsein für die aktuelle Lage der Frauen. So wuchs allmählich auch die Aufmerksamkeit für die Person Rokeyas und für ihr Wirken. Viele Quellen aber waren bis vor kurzem noch nicht erschlossen.

Die vorliegende Publikation enthält Fachbeiträge, die Rokeyas Lebenswerk unter verschiedenen Aspekten beleuchten, aber auch Originaltexte aus ihrer Feder, alle in deutscher Übersetzung. Damit wird erstmals ein deutschsprachiges Publikum umfassend und auch sehr lebendig über Begum Rokeya Sakhawat Hossain und ihre bewegende Kraft informiert.

Dr. Susanne Czuba-Konrad
www.susanne-konrad.de

In diesem Buch sind Beiträge von Wissenschaftlerinnen, Kulturschaffenden, Journalistinnen, Schriftstellern, Professorinnen, Studenten, Frauen- und Menschenrechtsaktivistinnen und Rokeya-Experten gesammelt.

Dr. Susanne Czuba-Konrad (Deutschland)
Dr. Nasima Akter (Bangladesch)
Dr. Chanchal Kumar Bose (Bangladesch)
Dr. Sumita Chatterjee (Indien)
Shanjeda Haque Mishu (Bangladesch)
Dr. Naba Gopal Roy (Indien)
Shahnaz Begum (Indien)
Rajib Mandal (Bangladesch)
Hamidul Khan (Deutschland)
Elizaveta Kuryanovich (Deutschland)
Dr. Alia Taissina (Deutschland)
Dr. Sigrun Müller (Deutschland)
Dr. Monika Carbe (Deutschland)
Prof. Dr. Akimun Rahman
Prof. Dr. Md. Mizanur Rahman Khan (Bangladesch)
Prof. Dr. Nashid Kamal (Bangladesch)
Prof. Dr. Kajal Bandyopadhyay (Bangladesch)
Lektorat: Miro Nils Khan (Deutschland)

Widmung

Wir widmen dieses Buch Rokeya,
die ein Leben lang mutig für
Gerechtigkeit, Freiheit, Bildung
und Emanzipation für
Frauen gekämpft hat.

Bertugan -Verlag

Über den Herausgeber:

Hamidul Khan wurde am 12. November 1958 in dem Dorf Fate Khan, Bezirk Rangpur, im Norden Bangladeschs geboren. Seit 1982 lebt und arbeitet er in Deutschland.
Er ist Mitglied der Partei *Bündnis 90 / Die Grünen*, Kreisverband Frankfurt am Main und ist einer der Mitbegründer des Vereins *ImmiGrün*, eines Zusammenschlusses von Migrantinnen und Migranten. Er war kurze Zeit Ortsbeirat-8 Mitglied von Grünen.
Er engagiert sich in außerordentlicher Weise ehrenamtlich, seit er in Deutschland lebt, so mit den Themen Migration, Integration, Menschenrechte und Multikulturelle Gesellschaft. Eine besondere Liebe entwickelte er zu seinem Stadtteil Frankfurt-Heddernheim, in dem er sich vielfältig nachbarschaftlich engagiert. Herr Khan arbeitet auf ehrenamtlicher Basis als Betreuer in der Altenpflege in der Nordweststadt, Frankfurt.

Herr Khan ist Gründer und Vorsitzender von *Frankfurter Immigrationsbuchmesse e.V.* und *Deutsch-Bengalische Gesellschaft e.V.* In den Jahren 1998 - 2002 gab er das *Frankfurter Multikulturelles Journal*, eine deutschsprachige Zeitschrift, die die Vielfalt des Lebens in seiner Stadt widerspiegelte, heraus.

Im Rahmen der Verleihung des Integrationspreises der Stadt Frankfurt am Main im Jahr 2011 wurde ihm für seine Verdienste eine Ehrung zuteil. Im Jahr 2012 erhielt er die Römerplakette der Stadt in Bronze, am 30. Oktober 2017 in Silber. Auch die Dhaka Universität in Bangladesch ehrte ihn im Januar 2013 für seine vorbildliche Integrations- und Kulturarbeit in Deutschland.

Selbst in seiner eigentlichen Ruhestandszeit, arbeitet er unermüdlich weiter für eine bessere Welt.

Autor Reinhard Wehber

Zu diesem Buch

Ich freue mich, den Lesern das neue Buch des internationalen Bertugan-Verlags vorzustellen. Es betrifft ein Thema, das in Deutschland immer noch fast unbekannt ist - die Anfänge der Frauenbewegung und der Schulbildung für muslimische Mädchen in Indien am Anfang des 20.Jh. Der Sammelband „Rokeya. Die wichtigste Frauenrechtlerin Bangladeschs und Indiens" ist der ersten bengalischen Feministin, Gründerin der Schule für muslimische Mädchen, des Frauen-Verbandes Anjuman-e-Khawateen-e-Islam, Pädagogin, Schriftstellerin, Denkerin und Kämpferin Rokeya Sakhawat Hossain (1880-1932) gewidmet. Am Buch haben Wissenschaftler*innen und Kulturschaffende aus Bangladesch, Indien und Deutschland gearbeitet. Der Herausgeber ist der Vorsitzende der deutsch-bengalischen Gesellschaft e.V. und der Gründer der Frankfurter Immigrationsbuchmesse e.V. Hamidul Khan.
Ich hoffe, dass es sein Auditorium im ganzen deutschsprachigen Raum findet und Frauen bei ihrem Kampf für die Gleichberechtigung moralisch stärkt.

Dr. phil. Alia Taissina
Bertugan-Verlag
www.bertugan.de

Inhaltsverzeichnis **Seite**

2 Meter hohe Bronzestatue Rokeyas vor der Ruine ihres Geburtshauses. Auf dem Gelände befindet sich heute ein Kultur- und Erinnerungszentrum.

Mauerrest des Geburtshauses von Rokeya

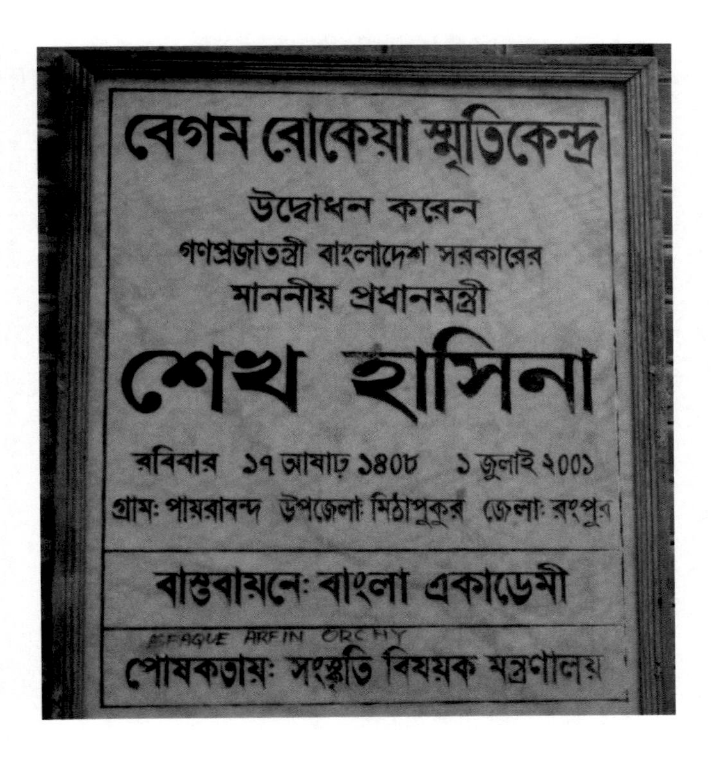

Diese Tafel erinnert an die Einweihung des Erinnerungszentrums durch Sheikh Hasina, Premierministerin von Bangladesch, am 1. Juli 2001

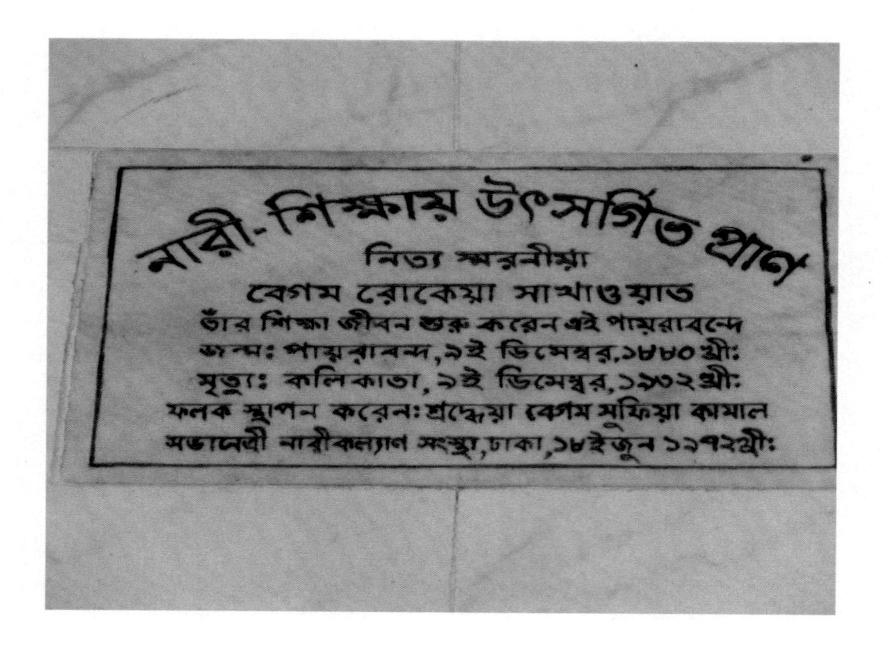

Stein im Rokeya-Erinnerungszentrum, der von der renommierten Dichterin Sofia Kamal am 18.06.1972 eingeweiht wurde: „Sie hat sich mit Herz und Seele der Frauenbildung gewidmet. Wir müssen uns regelmäßig an ihren Beitrag erinnern."

Zum Geleit

Rokeya Sakhawat Hossain lebte von 1880 bis 1932; knapp 90 Jahre nach ihrem Tod ein Buch über sie herauszugeben, um sie nicht in Vergessenheit geraten zu lassen, heißt, dass sie Großartiges geleistet hat.

Sie war Frauenrechtlerin, Pädagogin und Schriftstellerin und stammte aus Bengalen, dem heutigen Bangladesh. Sie gründete eine Mädchenschule und die erste Organisation für muslimische Frauen in Bengalen. Ihre Romane schrieb sie in Bengali und Englisch. Die Rechte, die muslimische Frauen in Bangladesch heute haben, verdanken sie zum großen Teil Rokeya; sie hat die Impulse dafür gegeben.

„Habt den Mut, euch eures eigenen Verstandes zu bedienen und lasst euch nicht von Vätern, Brüdern und Ehemännern bevormunden" – so könnte man heute ihren Leitspruch formulieren. Es ging ihr in erster Linie um die Selbstbestimmtheit der Frauen und darum, dass sie den Männern auf Augenhöhe begegneten.

Respektvoll wurde sie Rokeya Begum genannt und ihr Wirken in den nur 52 Jahren ihres Lebens war so facettenreich, dass Pädagogen, Feministinnen und Literaturwissenschaftler – aus Bangladesh, Indien und Deutschland – es heute unter verschiedenen Aspekten betrachten. So entsteht das vielschichtige Portrait einer bedeutenden Frau des frühen 20. Jahrhunderts.

Dr. Monika Carbe

Dr. Monika Carbe Autorin, literarische Übersetzerin, Literaturvermittlerin Freiberuflich/selbstständig. Monika Carbe ist eine renommierte Autorin und Indologin. Sie beschäftigt sich seit Jahren mit deutscher Immigrantenliteratur. Sie übersetzt aus dem Türkischen und Englischen. Sie Carbe lebt in Frankfurt am Main.

Vorwort des Herausgebers

Rokeya Sakhawat Hossain, als Rokeya Khatun geboren, kam am 9. Dezember 1880 in dem kleinen Dorf Pairaband im Distrikt Rangpur im Norden Bangladeschs zur Welt. Bangladesch war damals wie Indien eine britische Kolonie. Begum Rokeya, wie sie später respektvoll genannt wurde, beschäftigte sich intensiv mit der Gesellschaftsordnung im kolonialen Indien und dachte dabei besonders über die Situation der Frauen nach. Diese spielten sowohl in der hinduistischen als auch in der muslimischen Gesellschaft eine benachteiligte Rolle und waren in der Familie ihren Ehemännern beziehungsweise Vätern oder Brüdern untergeordnet. Oftmals wurden sie auch Opfer häuslicher Gewalt.

Rokeya nahm die indischen Frauen daher wie in einem Gefängnis wahr. Dieses bestand allerdings nicht nur aus der systematischen Unterdrückung durch die Männer in Familie und Gesellschaft, sondern ebenso aus einem tief verwurzelten Minderwertigkeitskomplex der Frauen selbst. Rokeya sah Frauen in einem „geistigen Gefängnis", deren Ausweg für sie in der umfassenden Bildung bestand. So engagierte sie sich zeit ihres Lebens für die Mädchen- und Frauenbildung. Sie gründete eine eigene Mädchenschule mit dem Ziel, den Frauen einen Weg „ans Licht" zu ebnen und ihnen so den Ausbruch aus der sozialen Haft zu ermöglichen.

Rokeya ist als Pionierin und Wegbereiterin auf dem Gebiet der Frauenbildung einzuordnen. Ihre Initiative ist im historischen Zusammenhang zu betrachten und der Blick zurück zeigt, welchen Erfolg ihr Engagement insbesondere als Pädagogin gezeigt hat und wie es bis heute sichtbare Spuren in den Gesellschaften Indiens und Bangladeschs hinterlassen hat. Rokeya ist in Deutschland dagegen nicht so bekannt.

Ziel dieses Buches

Warum haben wir uns entschlossen, ein deutschsprachiges Buch über das Leben und Wirken der bengalischen Frauenrechtlerin Rokeya herauszubringen? Die Antwort liegt in der Aktualität ihres Schaffens – und in dem sträflichen Mangel an deutschsprachiger Literatur zu gesellschaftlichen Themen Indiens und Bangladeschs. Zwar herrscht hierzulande kein Mangel an Bildung, gerade Mädchen und Frauen schneiden in Schule und Universität sogar besser als Jungen ab. Doch gerade aus dieser bevorzugten Lage heraus lohnt es sich, den Blick auf Länder zu richten, in denen Frauen und Mädchen bis heute benachteiligt werden, und wo dennoch die beachtlichen Fortschritte des letzten Jahrhunderts zu würdigen sind.

Bei diesem Buch handelt es sich um eine Artikelsammlung, an der sich Wissenschaftler*innen und Schriftsteller*innen aus Deutschland, Bangladesch und Indien beteiligt haben. Jeder Artikel befasst sich mit einem anderen Aspekt des Schaffens von Rokeya.

In Deutschland existiert ein wachsendes Interesse an bengalisch-indischer Literatur und ihrer Behandlung der Menschen- und Frauenrechte. Wir haben die Initiative ergriffen und mit diesem Buch für den deutschsprachigen Raum ein Werk über Rokeya veröffentlicht, das sich mit biographischen und literarischen Aspekten ihres Lebens beschäftigt.

Vorgeschichte dieser Publikation

Ich selbst kam Anfang der 80er Jahre nach Deutschland. Schon kurz nach meiner Ankunft fing ich an, mich mit anderen Bengalen zusammen in der Kulturarbeit zu engagieren. Unser frühes Programm drehte sich in erster Linie um Bangladesch: Es gab Musik, Tanz, Gesang, Gedichtvorträge und Informationsabende. Wir organisierten selbst einige Veranstaltungen und besuchten gemeinsam andere Events. Zu dieser Zeit gab es eine große Umweltbewegung, aus der heraus schließlich auch die Grünen entstanden. Mir hat sich besonders der Satz ***„Bangladesch wird unter Wasser sein“*** eingeprägt, der die drohenden Auswirkungen des Klimawandels auf mein Heimatland besonders zum Ausdruck brachte. Unsere eigenen Veranstaltungen machten wir am liebsten im Festsaal der Universität in Bockenheim und im Café KoZ. Wir zogen dabei immer ein großes und vielschichtiges Publikum an, dem auch einige Universitätsdozenten und nicht wenige Studenten angehörten. Der Campus Bockenheim als Veranstaltungsort brachte uns mit vielen engagierten Menschen in Kontakt, vor allem mit politisch aktiven Frauen. Sie interessierten sich insbesondere für Frauenbildung, Kultur und Entwicklung Bangladeschs. Sie waren interessiert an der Situation in Bangladesch, konnten allerdings nur wenige Bücher und Informationen finden. Wenn Bangladesch einmal in den Medien erwähnt wurde, so waren fast ausschließlich negative Dinge zu lesen bzw. hören. Hier interessierte man sich jedoch für die vielfältigen gesellschaftlichen Vorgänge in Bangladesch, Indien, Afrika und den vielen Ländern der sogenannten Dritten Welt. Im Publikum waren auch immer wieder Mitarbeiterinnen und Mitarbeiter von NGOs. Einige Studenten wollten Bildungsreisen nach Indien oder Bangladesch unternehmen und kamen zu uns, um sich über ihre Reiseziele zu informieren. Mir fiel es jedoch schwer, ihnen einfache Ratschläge zu erteilen. Es gab keine Lektüre, die ich ihnen einfach in die Hand hätte drücken können. Um konstruktiv am interkulturellen Verständnis zwischen Deutschland und Bangladesch arbeiten zu können, gründete ich vor 22 Jahren die Deutsch-Bengalische Gesellschaft. Dabei besteht meine Zielgruppe nicht nur aus an Bangladesch interessierten Deutschen, sondern auch aus Kindern bengalischer Eltern. Wie ich, sind viele Paare aus meinem Heimatland in den 70ern und 80ern nach Deutschland gekommen (in Bangladesch herrschte gerade eine Militärdiktatur), fassten hier Wurzeln und gründeten Familien. Ihre Kinder, Bengalen 2. Generation, können heute oft kein Bengalisch mehr und leben ihr Leben vollständig in Deutschland und in deutscher Sprache. Viele von ihnen sind Studenten, arbeiten an Forschungsinstituten oder in den Medien. Sie möchten mehr über das Heimatland ihrer Eltern erfahren, doch sie tun sich schwer, deutschsprachige Literatur zu finden. Immer wieder wenden sie sich an mich. Wenn sie Bangladesch besuchen, sind sie Fremde, doch viele von ihnen möchten sich bilden und mehr über die bengalische Gesellschaft erfahren.

Dieses Buch verbindet Vergangenheit und Gegenwart.

Die Deutschen interessieren sich besonders seit der Rana-Plaza-Katastrophe 2013 für die Situation bengalischer Näherinnen. Dieses Thema ist eng verbunden mit dem der Frauenrechte und der Frauenbildung in Bangladesch. Um die Katastrophe und den größeren gesellschaftlichen Kontext aus verschiedenen Perspektiven zu beleuchten, haben wir in den letzten Jahren zahlreiche Seminare, Vorträge und Informationsabende veranstaltet.

Bei dem Einsturz einer achtstöckigen Textilfabrik im April 2013 in Bangladesch, in der auch für den deutschen Markt Kleidung produziert wurde, kamen insgesamt 1100 Beschäftigte, die Mehrheit von ihnen Frauen, ums Leben. Bei der Katastrophe handelt es sich um einen der größten Industrieunfälle der Geschichte. Bangladesch ist nach China der zweitgrößte Exporteur von Textilwaren weltweit. Die Industrie bietet vor allem unqualifizierten Frauen einen Job, der oft besser bezahlt ist als in der Landwirtschaft. Dennoch sind die Arbeitsbedingungen katastrophal: Über Arbeitszeit und Arbeitsschutzmaßnahmen bestimmt allein der Arbeitgeber, die Beschäftigten haben praktisch keine Rechte.

Mit solchen Informationen soll ein Bewusstsein für gesamtgesellschaftliche und entwicklungspolitisch relevante Zusammenhänge in Bangladesh geschaffen werden. Wir möchten die Menschen in Deutschland über die reale Situation der Näherinnen in Bangladesh informieren. Wir möchten erreichen, dass es wieder ein größeres Interesse an Entwicklungspolitik in Deutschland gibt. Gerade jungen Menschen möchten wir ein Bewusstsein für die Notwendigkeit entwicklungspolitischen Engagements vermitteln, auch indem wir die Zusammenhänge zu frauenpolitischen Themen aufzeigen. Auch entwicklungspolitisch Interessierte möchten wir ansprechen und die Wahrnehmung Bangladeschs als eines der ärmsten Länder stärken.

Im Oktober 2019 organisierte ich mit Gästen aus Bangladesch eine Vortragsveranstaltung über die Schicksale der überlebenden Arbeiterinnen der Katastrophe. Hauptredner war der bengalische Gewerkschafter, Schriftsteller und Publizist Mesbah Uddin Ahmed. In der anschließenden Diskussion entwickelte sich insbesondere mit den Mitgliedern einer Fuldaer Studentengruppe unter der Leitung von Prof. Uwe Hunger ein reges Gespräch. Die Studenten waren von der Veranstaltung begeistert und berichteten mir hinterher, der Vortrag habe ihnen eine völlig neue Perspektive eröffnet, die ihnen in den Medien oder im Internet vorher nie begegnet war. Eine Studentin äußerte auch hier ihr Bedauern über den Mangel an deutschsprachiger Literatur über Bangladesch.

Dieses Buch soll die Grundlage bilden für Vorträge, Seminare, Diskussionsveranstaltungen, Symposien und die akademische Forschung. Auch in der Schule kann es verwendet werden. Wir möchten es an akademische Bibliotheken und Interessierte aus unserem Netzwerk verteilen.

Im selben Jahr reisten zwei Freunde aus Frankfurt, Manfred Busch und Karlheinz Platz mit der Hilfsorganisation Ingenieure ohne Grenzen e.V. für das Anandalok School Project nach Bangladesch. Dort besuchten sie mehrere Schulen, um die Installation von Photovoltaik Anlagen zu prüfen, die den Schulen erstmals Zugang zu Elektrizität verschaffen soll. Nach eingehender Prüfung wurde das Projekt befürwortet und die Installation der ersten drei Schulen für dieses Jahr geplant. Finanzierung und Organisation waren abgeschlossen, doch die Pläne fielen dem Coronavirus zum Opfer. Auch sie hatten mich nach Informationen über Bangladesch gefragt, wobei ich ihnen nicht alle Fragen beantworten konnte.

Dank

Ich gebe dieses Buch über die Frauenrechtlerin Rokeya heraus, um den Wünschen all jener Menschen zu entsprechen, die sich über die Jahre immer wieder mit dem Wunsch nach Literatur über Bangladesch an mich wandten und die ich allzu oft enttäuschen musste. Ich stamme selbst aus der gleichen Region wie Rokeya und möchte mit dem Buch über ihr Lebenswerk nun einen Beitrag leisten, den Bestand an deutschsprachiger Literatur über Bangladesch auszubauen.

Ich habe zusammen mit meinem Bruder Prof. Dr. Mizanur Rahman Khan, der an der Universität Rajshahi in Bangladesch Literatur lehrt, in dem Geburtshaus Rokeyas, welches heute ein Museum ist, mehrmals Seminare veranstaltet. 2013 besuchte ich zudem in Kalkutta die „Sakhawat Memorial Girls High School", die Rokeya gründete. Dort sprach ich mit der Schulleitung und machte einige Fotos, die auch in diesem Buch zu finden sind.

Dort entstand die Idee für dieses Buch, angestoßen von bengalischen Rokeya-Expertinnen und Experten. Dieses Buch ist in Zusammenarbeit mit zahlreichen Experten aus Bangladesch und Deutschland entstanden. Die Auswahl der Texte fand in erster Linie durch meinen Bruder statt, der weitläufige Kontakte zu Rokeya-Experten in Indien und Bangladesch pflegt. Die Übersetzung übernahm ich mit tatkräftiger Hilfe von Dr. Sigrun Müller, und meinem Sohn Miro Khan selbst. Außerdem geholfen haben die Indologin Dr. Monika Carbe und die Schriftstellerin Dr. Susanne Czuba-Konrad, die immer wieder gute Ideen beisteuerten und einen Artikel schrieben. Frau Dr. Alia Taisina, Verlegerin vom Bertugan Verlag, die unser Buch verlegt und uns als Korrektorin und Übersetzerin geholfen hat. Ohne ihre Hilfe wäre dieses Buch wahrscheinlich nicht so einfach zustande gekommen.

Wir bedanken uns bei Shamsuzzaman Khan, Generaldirektor der Bangla Academy Dhaka für die Erlaubnis, die Artikel von Shahanara Hossain abdrucken zu dürfen. Für die tatkräftige Hilfe bei der Beschaffung der Texte, Bilder und Informationen danke ich Taposhe Chowdhury aus Dhaka, Bangladesch.

Sie alle sind langjährige Wegbegleiter. Ich bedanke mich bei ihnen für ihre Hilfe und Mitwirkung. Ich lebe seit über 37 Jahren in Deutschland, doch ich bin noch immer mit der bengalischen Kultur, den Sitten und Gebräuchen untrennbar verbunden. Ohne Rokeya wären die indischen und bengalischen Frauen nie so weit gekommen. Sie fungierte in vielerlei Hinsicht als Wegbereiterin und Pionierin. Heute gibt es in Indien und Bangladesch zahlreiche Frauen, die gesellschaftliche Spitzenpositionen bekleiden - Ärztinnen, Professorinnen, Politikerinnen, Sängerinnen, Schauspielerinnen, und sogar die Ministerpräsidentin Bangladeschs.

Als wir während der Coronakrise an dem Buch über Rokeya arbeiteten, kam von Freunden und einer Übersetzerin der Vorschlag, die heutige gesellschaftliche Situation für Frauen und die Arbeit von NGOs auf dem Gebiet der Frauenrechte und -bildung zu beleuchten. Dazu habe ich mehre englischsprachige Artikel aus Bangladesch gesammelt. Die Hauptthemen sind Gewalt gegen Frauen und Kinder einschließlich sexueller Misshandlung, Ausbeutung, Säureangriffe, körperliche Folter und Menschenhandel.

Wir haben zu diesem Thema die Expertinnen Prof. Dr. Akimun Rahman und Prof. Dr. Nachid Kamal von der Independent University Dhaka eingeladen, in Deutschland Vorträge zu halten. Die beiden beschäftigen sich seit Jahren mit dem Thema Frauenrechte. Wir haben außerdem Schriftstellerin Nazrin Jahan und Rumana Chowdry für Vorträge eingeladen.

Wir laden seit der Gründung der Deutsch-Bengalischen Gesellschaft e. V. in den 1980er-Jahren regelmäßig Akteure aus dem NGO-Bereich nach Deutschland für Vorträge und Seminare ein. Zu Beginn unseres Engagements durften Frauen noch nicht allein aus Bangladesch reisen. Wir luden immer wieder Künstlerinnen aus Bangladesch für unsere Veranstaltungen, z. B. zum bengalischen Neujahrsfest und zu unserer jährlichen Benefizveranstaltung für die Alten- und Weihnachtshilfe der Frankfurter Rundschau (Tageszeitung) ein. Wir haben durch diese Veranstaltungen kulturelle Brücken gebaut. Die Namen der Künstlerinnen sind: Laisa Ahmed Lisa, Warda Rihab, Ferdous Ara, Jannat Ara Henry, Protima Roy, Rizia Parvin, Shakila Yesmin Suborna, Sanjida Haq Arefin (Luna), Gouri Choudhury, Shatabdi Kar.

Ich möchte mein Vorwort mit einem Auszug aus dem Gedicht *„Die Frau“ (Nari)* des Dichters Nazrul abschließen, übersetzt von der Indologin Dr. Monika Carbe. Nazrul ist einer der wichtigsten Dichter der bengalisch indischen Literatur. Er ist Nationaldichter Bangladeschs. Sein Grabstein steht heute an der Universität Dhaka. Er war zu seiner Zeit Rebell, schrieb gegen die herrschenden gesellschaftlichen und politischen Strukturen an. Er wird in dieser Hinsicht oft verglichen mit Berthold Brecht, Rimbaud, Majakowski und Nazim Hikmet.

Wenn man seine Gedichte vorträgt (in Bangla Sprache), bekommt jeder Bengale Gänsehaut. Seine wichtigsten Gedichte sind *„Die Frau“*, *„Armut“*, *„Der Komet“* und *„Der Rebel“l.* Nazrul verfasste eine sehr große Anzahl von Liebesliedern. Wissenschaftler gehen heute davon aus, dass er der Dichter mit den meisten Liebesliedern und -Gedichten ist. Wegen des rebellischen Inhalts seiner Werke wurde er von den englischen Kolonialherren mehrmals festgenommen und seine Schriften beschlagnahmt und verboten.

Die Schaffenszeit von Rokeya, Tagore, Lalon und Nazrul stellt zusammen eine literarische Renaissance für die indisch-bengalische Literatur dar.
In Nazruls Werken standen stets die Themen Liebe, Gerechtigkeit, Gleichheit, Freiheit, Menschenwürde und Frauenwürde im Mittelpunkt.

Gedicht „Die Frau“ (Nari) von Kazi Nazrul Islam

Ich singe das Lied der Gleichheit –
aus meiner Sicht gibt es keinen Unterschied
zwischen Mann und Frau.
Alles, was eine große Schöpfung ist
und für immer wohltätig,
ist zur Hälfte vom Mann erschaffen
und zur anderen Hälfte von der Frau.

(Übersetzt aus dem Englischen der Indologin Dr. Monika Carbe)

সাম্যের গান গাই–
আমার চক্ষে পুরুষ–রমণী কোনো ভেদাভেদ নাই!
বিশ্বের যা কিছু মহান সৃষ্টি চির কল্যাণকর
অর্ধেক তার করিয়াছে নারী, অর্ধেক তার নর।
(Original Text in Bangla)

Hamidul Khan
Vorsitzender *Frankfurter Immigrationsbuchmesse e.V.*
Vorsitzender *Deutsch-Bengalische Gesellschaft e.V.*
Frankfurt am Main, 14. November 2020

Zwischen Entsagung und Emanzipation
Rokeya Sakhawat Hossain und ihr Roman „Padmarag"

Dr. Susanne Czuba-Konrad

1. Wer war Begum Rokeya?

Die meisten Bilder – so das Porträt von ihr vor rotem Hintergrund oder die wohl posthum gefertigte Büste - zeigen Rokeya Sakhawat Hossain mit runden Brillengläsern. Dies weckt sofort Assoziationen an Bildung und Intellekt. Dafür steht die bengalische Frauenrechtlerin in besonderer Weise. Ihr Werk fußt auf drei Säulen: der Literatur, der Pädagogik, der Sozialpolitik. In Bangladesch wird der 9. Dezember als Gedenktag an sie feierlich begangen, ein Tag, der gleichzeitig ihr Geburtstag und ihr Todestag ist. Sie lebte von 1880 – 1932, wurde nur gerade 52 Jahre alt.[1]
In den auf Deutsch über sie erschienenen Aufsätzen – vornehmlich in dem Sammelband „Wie schamlos doch die Mädchen geworden sind!" von Golam Abu Zakaria (Hrsg.) aus dem Jahr 2006 – wird in Variationen eine Geschichte erzählt, die ein Bild konturiert, aber einige Details widersprüchlich lässt.
Die Herkunft von Rokeyas Familie wird auf Tabriz im Iran zurückgeführt. Die Familie besaß in der Gesellschaft seit Generationen Autorität und Ansehen.[2] Ihr Vater, Jahiruddin Muhammad Abu Ali Haider Saber, hatte einen Palast mit Grundbesitz im Dorf Pairaband im Bezirk Rangpur im heutigen Bangladesch.[3] Er war ein konservativer Muslim und lebte in Polygamie mit vier Frauen. Rahatunnessa Chowdhury, Rokeyas Mutter, war seine erste Frau. So hat Rokeya als Mädchen drei weitere Eheschließungen des Vaters miterlebt.[4] Die Autorin Yasmin Hussain vermutet, dass die Erfahrung der Degradierung ihrer Mutter verstörend auf das Kind gewirkt hat.

---

[1] Rokeya verstarb in einer Lebensphase beruflicher und politischer Aktivität. 1927 hatte sie den Vorsitz der Bengalischen Frauenbildungskonferenz in Kalkutta übernommen. 1928 publizierte sie „Avarodhbasini" („Innerste Zurückgezogenheit"), die erste Dokumentationssammlung mit 47 Reportagen über das Purdah-System im gesamten Nordindien. 1932 hatte sie den Vorsitz der Indischen Frauenkonferenz in Aligarth inne. Quelle: Golam Abu Zakaria (Hrsg.) „Wie schamlos doch die Mädchen geworden sind." Bildnis von Rokeya Sakhawat Hossain. IKO – Verlag für interkulturelle Kommunikation, Frankfurt am Main – London, 2006. Im Folgenden zitiert als: ZAKARIA, hier Seite 206.
[2] Yasmin Hossain, R. S. Hossain und die Frauenfrage in Bengalen. In: ZAKARIA, S. 38
[3] Golem Abu Zakaria, Das Bildnis einer bengalischen Humanistin. In: ZAKARIA, S. 7
[4] Yasmin Hossain in ZAKARIA, S. 39

Bezeugt ist, dass Rokeya schon als Kind unter den strengen muslimischen Verhaltensregeln, der *Purdah,* litt. Dazu gehörte die *zenana,* die Abschottung der Frauen in den für sie bestimmten Gemächern. Heike Meyer-Schoppa zitiert Rokeyas Worte: „Ihre eigene ‚Erziehung zur Unsichtbarkeit' beschreibt sie in einem eindrucksvollen Vergleich: So wie die Küken durch ein Augenzeichen der Mutter vor einem Milan gewarnt, sich instinktiv unter ihren Flügeln verstecken, so habe sie sich als kleines Mädchen auf ein Augenzeichen hin vor Besucherinnen verstecken

müssen, die nicht zur Familie gehörten – sogar in den Räumen, die Frauen vorbehalten waren (Zenana). (…) Übersah sie die Augenzeichen und traf also zufällig auf jemanden, habe es geheißen: ‚Wie schamlos doch die Mädchen geworden sind!'"[5]
Eingeengt zu sein, in der Zurückgezogenheit leben zu müssen, das war für die als Roquia Khatun Geborene das Schlimmste. Es dürstete sie schon als Kind und als Jugendliche nach Bildung und nach Freiheit. Doch als Mädchen musste sie im engen Umfeld der Familie bleiben und durfte nur so viel lesen lernen, dass sie Koranverse rezitieren konnte. So ging es auch ihrer älteren Schwester Karimunnessa, die ebenfalls sehr wissensdurstig war. Die Brüder Ibrahim und Khalil wurden auf eine elitäre Hochschule in Kalkutta geschickt, die Mädchen blieben zu Hause. Doch halfen sich die Geschwister gegenseitig, was Bildung betraf. Der Vater duldete es, dass die Mädchen durch die Brüder etwas lernten, aber Nachbarn intervenierten. Das hatte zur Folge, das Karimunnessa mit fünfzehn verheiratet wurde. Die Schwester sei aber als Erwachsene auch schriftstellerisch tätig geworden. [6]
Rokeya würdigte in späteren Schriften die Unterstützung durch ihre Schwester, aber auch durch ihren Bruder Ibrahim Saber, der sie heimlich in Englisch und Bengali unterrichtet hatte, wenn die Eltern und übrigen Hausbewohner schliefen. Ihren Roman „Padmarag" hat sie ihrem Bruder in besonderer Verbundenheit gewidmet.

An dieser Stelle werden zwei Faktoren deutlich, die Rokeyas späteres Leben und Werk bestimmen:

a.) Rokeya ist nicht in den Genuss einer systematischen schulischen oder gar universitären Bildung gekommen, sondern sie ist quasi Autodidaktin. Alles ist ihr unter der Hand oder aus zugänglichen Schriften zugeflossen. Nur mit ihrem großem Talent und ihren reichen geistigen Gaben konnte es ihr gelingen, sich ihren Bildungsschatz so zu erschließen, wie sie es tat.

---

[5] Heike Meyer-Schoppa: „Wie schamlos doch die Mädchen geworden sind!" Rokeya Sakhawat Hossain und der Kampf um Frauenrechte in Deutschland und Europa: ein biografischer Vergleich. In: ZAKARIA S. 53 f nach Rokeya „Avarodhbasini"
[6] Golem Abu Zakaria, in ZAKARIA S. 7

Insbesondere die Gründung und der weitere Ausbau der *Sakhatwat Gedächtnis Mädchenschule* muss für eine Frau, die weder als Schülerin noch als Lehrerin Erfahrung besaß, Knochenarbeit gewesen sein. Alles, was sie sich erkämpfte, war hart erarbeitet und der Weg war mit Rückschlägen gepflastert. Die Bildungsstätte, aber auch die 1916 gegründete Gesellschaft *All India Muslim Ladies Conference* bedeuteten für Rokeya ein Heraustreten aus der Isolation. Aber sie musste immer Widerstände verkraften. Auf einer Welle des Erfolges und der Anerkennung schwamm sie nicht.

b.) Rokeya stemmte sich gegen das Diktat der Männerwelt, aber ihre privaten Erfahrungen mit Männern waren nicht unbedingt negativ. Sie schätzte nicht nur ihren älteren Bruder Ibrahim Saber, sondern auch ihren Mann Sakhawat Hossain. Sie verurteilte zutiefst das Patriarchat und die damit verbundenen Lebensumstände der Frauen. Die daraus resultierende Entscheidung für soziales Engagement bei gleichzeitiger persönlicher Entsagung wird in ihrem Roman „Padmarag“ deutlich.

1898 heiratete Rokeya im Alter von 18 Jahren den 40jährigen Sayed Sakhawat Hossain aus Bhagalpur[7], der dort Stellvertretender Magistrat und damit ein hoher Beamter war: „Als junger Mann hatte er Europa besucht und in England studiert. Er glaubte an die Frauenbildung und war, nachdem er das Potential seiner Frau erkannt hatte, fest entschlossen, es weiterzuentwickeln. Er übte mit ihr Englisch und inspirierte sie intellektuell, indem er sie mit neuen Ansichten bekannt machte.“[8] Rokeya schrieb später selbst über ihn: „Um die Wahrheit zu sagen, ohne ihre[9] Ermutigung und die Hilfe meines lieben Ehemannes hätte ich nie den Mut gefunden, in Zeitungen zu publizieren.“[10]
Ob sie mit „16“ oder mit „18“ mit dem „Witwer“ „verheiratet wurde“, dazu weichen die Quellen voneinander ab. Es handelte sich, wie gemeinhin üblich, um eine arrangierte Ehe. Aber ich wage zu behaupten, dass die dreizehn Ehejahre, die Rokeya bis zu Sakhawats Tod im Jahr 1909 verlebte, zu den schöneren Zeiten ihres Lebens gehörten, obwohl sie ihre beiden Töchter im Säuglingsalter verlor und somit ohne Kinder lebte. Auch wenn ihr Mann oft krank war, so scheinen sie doch eine intensive Zeit miteinander verbracht zu haben. Da er verwitwet war, musste sie ihn auch nicht mit einer anderen Frau teilen. Damit ging es Rokeya besser als ihrer Mutter.

---

[7] Golam Abu Zakaria, in ZAKARIA S. 8

[8] Siegfried Schmidt: Die ungleichen Schwestern – Rokeya Sakhawat Hossain und Taslima Nasrin. In: ZAKARIA S. 42f

[9] Gemeint ist hier die ältere Schwester Karimunnessa

[10] Yasmin Hossain. In: ZAKARIA, S. 42 nach Rokeya, Lukano Ratan

Während also viele streng erzogene Mädchen aus einer restriktiven Jugend in eine genauso enge Ehe wechselten, war es bei Rokeya anders. Nach der nüchternen Erziehung der Mädchenjahre muss ihre Ehe eine Tür zur Freiheit gewesen sein – trotz der Differenzen mit der Stieffamilie. Rokeyas viele Veröffentlichungen in dieser Zeit – zahlreiche Essays zu Frauenthemen in indischen Zeitschriften zwischen 1901 und 1904, ihre erste Buchpublikation „Maticura" (1905) und erster Roman „Sultana's Dream" (1905, 1908) – verraten, dass sie produktive Jahre voller Inspiration erlebte. Der Verlust ihres Mannes, da war Rokeya gerade 29 Jahre alt, stellte sie vor große Herausforderungen. Sakhawats Tochter aus erster Ehe, die nur unwesentlich jünger war als Rokeya, und deren Mann ekelten sie aus dem wohl gemeinsam bewohnten Haus. Während Yasmin Hussain schreibt, dass Rokeya nach Sakhawats Tod „noch stark und jung war und mit genug Energie ausgestattet, um gewagte Projekte zu beginnen"[11], sprechen Binod Bihari und Sharmin Parveen von „all der Kraft, die ihr geblieben war"[12], woraus zu lesen ist, dass Rokeya durch den Verlust ihres Mannes und durch das Mobbing ihrer Stieffamilie angeschlagen war.

Jetzt erst recht, wird sie sich gesagt haben, getreu einer Kämpfernatur. Denn Sakhawat hatte ihr Geld übertragen mit dem ausdrücklichen Wunsch, eine Schule für Mädchen aufzubauen. Sie setzte also sein Vermächtnis um. Die Schule, die sie ab 1910 in Kalkutta ausbaute, weil Rokeya aus Bhagalpur weggeekelt wurde, hieß nicht umsonst *Sakhawat Memorial Girls School.*

Rokeya betonte in späteren Schriften oft, dass man in die Bildung der Mädchen investieren solle statt in ihre Aussteuer für die Hochzeit, doch spielte sie Bildung und Eheleben nicht ausdrücklich gegeneinander aus. Sie zeigte in ihren Schriften und in ihrem Handeln generell die Wesenszüge einer toleranten, weltoffenen Persönlichkeit. Doch führte für Rokeya der Aufklärungs- und Freiheitsgedanke in höhere Sphären als das profane Hausfrauenleben. Die intellektuelle Emanzipation kann den Verzicht auf vordergründiges Liebesglück bedeuten. Warum das so ist, kann man erahnen, wenn man tiefer in den Roman „Padmarag" hineinliest.

[11] ZAKARIA S. 43

[12] Binod Bihari Das und Sharmin Parveen, Begum Rokeya und die Sakhawat Memorial Girls' School. In: ZAKARIA S. 85

2. Entstehung des Romans „Padmarag"

Der Roman, der in 28 kurze Kapitel gegliedert ist, liegt in aktueller Übersetzung auf Englisch vor. Die Übersetzung aus dem Bengalischen stammt von Barnita Bagchi, ist mit einer ausführlichen Einführung[13] versehen und ist 2005 in Indien bei Penguin books erschienen.[14] Rokeya hat ihrem Buch vor dem Erscheinen im Jahr 1924 ein Vorwort vorausgeschickt. Aus diesem geht hervor, dass sie ihren Roman „fast 22 Jahre zuvor" geschrieben habe. Sie zeigte das Manuskript dem damals berühmten Schriftsteller Jnanendralala Raya (Englisch: Jnanendral Ray), der Rokeyas Arbeit zwar würdigte, ihr aber dennoch nahelegte, den Text quasi neu zu schreiben. Rokeya kam viele Jahre lang nicht dazu. Aber dann rollte sie ihren Stoff neu auf - mit vielen Modifikationen, Einschüben und Streichungen.[15]
Wann genau die erste Fassung entstanden sein soll, ist nicht klar. Es müsste um das Jahr 1900 gewesen sein - in einer Zeit, als Rokeyas Mann lebte und sie selbst sehr jung, also 20 Jahre alt war. Der vorliegende Text, auf den ich mich beziehen kann, scheint aber der Feder einer gereiften Frau entsprungen zu sein. Nicht nur die Situation als Witwe wird thematisiert, sondern auch die Arbeit als Schulleiterin und das politische Engagement in der *Society for The Upliftment of Downtrodden women*. Die Gesellschaft *All India Muslim Ladies Conference*, die als Vorbild für die *Society for The Upliftment of Downtrodden women* gelten kann, wurde von Rokeya 1916 ins Leben gerufen. Das heißt, die veröffentlichte Fassung muss sich von der Erstfassung sehr weit entfernt haben, so dass ich die These wagen kann, dass sich Rokeyas leidvolle Erfahrungen mit der Witwenschaft und der damit verbundenen sozialen Diskriminierung als alleinstehender, gebildeter Frau, in den Roman eingeschrieben haben.

3. Erzählstoff des Romans

Es gibt zwei weibliche Hauptfiguren und einen Mann, der eine zentrale Rolle spielt. Die weibliche Hauptfigur im Vordergrund ist die junge Frau Siddika, die ein dunkles Geheimnis mit sich trägt, das mit dem männlichen Protagonisten Latif Almas im Zusammenhang steht. Die weibliche Hauptfigur, die im Hintergrund bleibt, ist Tarini, die Leiterin der „Tarini-Residenz" in Kalkutta, welche aus einer Schule, einem Hospital und einem Heim für Mittellose besteht. Nach Barnita Bagchi bedeutet

[13] In der deutschen Übersetzung von Doreen Maria Schmidt in ZAKARIA S. 115-130
[14] Rokeya Sakhawat Hossain: Sultana's Dream and Padmarag. Two Feminist Utopias. Translated with an introduction by Barnita Bagchi. Haryana, India, 2005. (im Folgenden „Padmarag")
[15] Padmarag, Preface, S. 19

„Dinatarini" so viel wie „Retter der Armen"[16] und „Tarini Bhavan" wird zum Zufluchtsort für misshandelte und verlassene Frauen, Verletzte und andere

Notleidende. Interessant ist, dass Tarini im Gegensatz zu Rokeya keine Muslima ist, sondern Brahmanin. Damit gehört sie zu einer hohen Kaste des Hinduismus und hat mehr philosophische und religiöse Freiheit als eine muslimische Frau. Sie kann per se mehr gestalten und bewegen. Damit hat Rokeya ihre Figur mit mehr Möglichkeiten und einem besseren Status ausgestattet, als sie ihn selbst besaß. Die interreligiöse Toleranz und Vielfalt, die Rokeya vertrat, gilt auch für die Bewohnerschaft der fiktiven „Tarini Bhavan": *„Just as were women in Tarini Bhavan who belonged to different races, religions and classes, so too, were maids from various regions."*[17]
Genauso wie Rokeya einen reformpädagogischen Ansatz hatte, liegen auch in Tarinis Schule die Lehrmethoden nicht im Auswendiglernen, sondern in der Entwicklung von Moral und Idealen.[18]
Bei Tarini findet die junge Hauptfigur, die im Vordergrund des Geschehens steht, Zuflucht: Dies ist Siddika oder ehemals Zainab, wie im Lauf der Geschichte ans Licht kommt.

In Männerkleidern und wie ein Jüngling wirkend, steigt eine junge Frau in Naihati aus dem Zug. Sie ist auf dem Weg nach Kalkutta, doch in dieser Nacht gibt es keine Zugverbindung. So ist sie schutzlos. Zum Glück wird der vermeintliche junge Mann von drei Brahmaninnen angesprochen, die ihm die Adresse der Tarini Bhavan geben. Sie sind Beschäftigte der Schule. Tarini nimmt Siddika, die sich jetzt als Frau zeigt, auf und gibt ihr den Kosenamen „Padmarag", was so viel bedeutet wie „Rubin." Dieser bengalische Begriff wird zum Leitmotiv. Siddika schweigt über ihre Herkunft. Auch nach einigen Monaten bleibt sie verschlossen und melancholisch. In den folgenden Sommerferien, die Schule ist geschlossen und Tarini ist mit einigen Frauen nach Kurseong gereist, entdecken sie einen schwerverletzten Mann, nehmen ihn mit und pflegen ihn. Er heißt Latif Almas. Zwischen ihm und Siddika entsteht gleich eine seltsame Sympathie. Sie darf ihn anfangs versorgen, später wird diese Aufgabe von einem Mann übernommen. Die Frauen wollen nach Kalkutta zurückkehren, Latif möchte nach Hause, bekomme aber kein Geld von seiner Frau, sodass ihm Siddika und die „Schwestern" selbstlos Geld zur Verfügung stellen. Latif kehrt schweren Herzens nach Hause zurück zu seiner Frau Saleha, die er nicht liebt, denn er ist mit ihr zwangsverheiratet worden. Der Leser erfährt, dass für ihn schon einmal eine Verlobung arrangiert worden ist.

---

[16] Barnita Baghi, Padmarag und der südasiatische Feminismus. Deutsche Übersetzung von Doreen Maria Schmidt. In: ZAKARIA, S. 120
[17] Padmarag, Kap. 18, S. 127
[18] Padmarag, Kap. 4, S. 31

Siddika wiederum ist ein einsames Mädchen, das seine Sorgen in sich hineinfrisst - *Wenn ihr Kopfkissen sprechen könnte, so hätte es erzählt, wie viele Tränen in jeder Nacht auf es heruntergeronnen wären.* [19]
Durch die Lebensgeschichten, die ihr die Mitbewohnerinnen, die allmählich zu Freundinnen werden, erzählen, erhält Siddika tiefe Einblicke in das Leiden der anderen Frauen, die sämtlich gescheiterte Ehen hinter sich haben. Ob sie verlassen wurden, ob sie betrogen wurden, ob sie durch Intrigen von ihrem Mann entfremdet wurden, ob dieser ein Trinker war oder ob er seiner Fürsorgepflicht nicht nachkam - all diesen Geschichten ist gemeinsam, dass es diesen Frauen nach großen Qualen besser ging, als sie sich von ihren Familien losgesagt und nach Tarini Bhavan gekommen waren.[20]

Es kommt zu einer Begegnung von Siddika und ihrer Freundin Saudamini auf einem Spaziergang im Himalaya-Gebirge mit Latif. Die beiden Frauen genießen die Schönheit der Landschaft, als der Mann auftaucht und fast zu stören scheint. Latif macht Siddika Komplimente, eine Dichterin zu sein: *Du bist die Poesie in Person.*[21]
Latif wird als Mann von den Frauen nicht ausgegrenzt. Auch er bekommt etwas später die Gelegenheit, den vier Frauen Siddika, Usha, Rafiya und Saudamini seine Geschichte zu erzählen:
In Chuadanga lebte ein muslimischer Grundbesitzer mit Namen Muhammad Sulaiman. Dieser geriet in Konflikt mit dem englischen Kolonialisten Mr. Robinson. Robinson tötete Sulaiman und dessen älteren Sohn. Der jüngeren Schwester Zainab aber wurde die Tat in die Schuhe geschoben und Vater- und Brudermord vorgeworfen, weil ihr Vater sie zwangsverlobt hatte. Zainab wollte Selbstmord begehen und sich selbst verbrennen. Latif rettete sie aus den Flammen im Zimmer. Dann verschwand sie in einer Sänfte. Latif weiß nicht, ob sie noch lebt.

In der nächsten Zeit ist das große Interesse Latifs an Siddika immer wieder Thema. Doch seine Annäherungsversuche und seine Anstalten, ihr einen Heiratsantrag zu machen, werden von ihr immer wieder zurückgewiesen. Siddika hilft Tarini als Sektretärin/Assistentin. Sie wohnt mit Sakiya und Rafiya in einem Zimmer. Die Lösung ihres Geheimnisses nähert sich, auch weil ihr ein Amulett mit einem Bildnis von Latif zugespielt worden ist. Siddika lüftet ihr Geheimnis in Tarinis Gegenwart: Die junge Frau, die in Wirklichkeit Zainab heißt, wurde im Alter von 12 Jahren mit dem Schwager ihres Bruders verlobt. Ihr älterer Bruder versuchte sie davor zu bewahren, doch die Mutter setzte sich durch. Die Verlobung wurde in Siddikas Abwesenheit gefeiert, sodass die junge Frau den künftigen Bräutigam gar nicht zu

[19] Padmarag, Kap. 11, S. 68
[20] Ausführlich nacherzählt sind diese Lebensgeschichten der Nebenfiguren von Barnita Bagchi in Padmarag, Introduction S. xvff sowie in der deutschen Übersetzung in ZAKARIA S. 116ff
[21] Padmarag, Kap 15, Seite 109

Gesicht bekam. Die Hochzeit sollte drei Jahre später nachgeholt werden. Doch zu einer Fortführung der Eheverhandlungen kam es nicht. An ihrem 18. Geburtstag gab

der Bruder Zainab ihren Teil des Erbes und Papiere, damit sie ein unabhängiges Leben führen konnte.[22]
Der unbekannte Bräutigam, Latif Almas, wurde dann mit einer anderen Frau verheiratet (Saleha) und konnte somit nicht auf Zainab zugehen. Dann kam der Tag, an dem ihr Vater und ihr älterer Bruder ermordet wurden.

Latifs Frau stirbt. Latif ist nun im Konflikt, seitdem er weiß, dass er mit Zainab verlobt ist. Er weiß noch nicht, dass Zainab Siddika ist. Er umwirbt sie noch, aber bekommt wieder eine Absage. Latifs Großonkel Jonab Ali besucht ihn und sieht Siddikas Brief. Er erkennt Zainabs Handschrift aus dem Haus in Chuadanga wieder. Indes machen Tarini und Siddika einen Spaziergang in der freien Natur und finden wieder einen Schwerverletzten. Es ist der Kolonialherr Charles Robinson. Die Frauen lassen ihn ins Hospital bringen. Robinson liegt im Sterben und möchte seine Beichte ablegen. Nicht nur, weil er arme Leute ausgebeutet und sich als weißer Mann überlegen fühlte.[23] Sondern, weil er in Sulaimans Haus eingebrochen ist und dessen Sohn Aziz mit dem Messer getötet hat. Das Messer aber gehörte Zainab und Robinson schob ihr die Schuld zu. Sein Juristen-Kollege Latif Almas wollte Zainab keinen Rechtsbeistand geben, aber er rettete sie vor den Flammen. Seither gibt es keine Spur von ihr. Robinson möchte sie noch einmal lebend sehen, um sein Gewissen zu beruhigen. Er erkennt sie in Siddika, erfährt von ihrer Flucht und stirbt. Siddika geht es nach seinem Tod besser.

Tarini hat die Gebäude ihres Bhavans während der Sommerferien sanieren lassen. Siddika sitzt in der Bibliothek und wird von Latif besucht, der jetzt ihre wahre Identität kennt. Sie sprechen über die Bedeutung der Steine Rubin und Diamant, die auch für sie beide als besondere Persönlichkeiten stehen. Doch zieht Siddika jetzt nicht die zu erwartende Konsequenz, sich dem Partner zuzuwenden, der ihr durch das Amulett und andere Symbolkraft bestimmt zu sein scheint. Im Gegenteil, sie sagt: *„Du bist nach alledem nicht mein wichtigstes Objekt der Zuneigung (…) Du kannst nicht mehr erwarten als den Wert eines Pennys von einer Frau, die die ganze Welt liebt."*[24] Obwohl mehrere Freundinnen ihr nahelegen, Latif zu heiraten, lehnt Siddika ab.

---

[22] Padmarag, Kap. 20, S. 140ff
[23] Padmarag, Kap. 23, S. 11
[24] Padmarag, Kap. 25, S. 173

Sie sagt: *Das Leben als Ehefrau ist nichts für mich. Sind wir Frauen Puppen, dass Männer unseren Willen ablehnen können und die uns zurückweisen können, wenn es ihnen passt? Die Männer trampeln auf uns herum und lassen uns ihre Stiefel lecken. Beim Eintritt in Tarini Bhavan habe ich das Wohlergehen mit den Frauen erfahren und habe die Tradition der Abgeschiedenheit mit ihren Wurzeln ausgerottet.*[25]
Obschon Siddika voller Trauer ist, folgt sie ihrem Weg konsequent. Auch will sie Tarini Bhavan verlassen und einen noch schwierigeren Lebensweg einschlagen. Sie denkt daran, wie ihr Bruder einst zu ihr sagte: *Bereite dich auf ein Leben als alte Jungfer oder als Kinder-Witwe vor*[26]. Genau auf diesen allerschwierigsten Weg lässt Siddika sich ein.
Im Zug reist sie an ihren Geburtsort zurück, um sich um die überlebenden Mitglieder ihrer Familie zu kümmern. Latif fährt ein Stück mit. Im Zugabteil kommt es noch einmal zu einer Empfindung von Nähe zwischen ihnen, die von der Erzählerin in aller Knappheit aufgelöst wird: „Latif took Siddikas Hand and helped her off the train. This would be their last meeting."[27]

4. Die literarischen Motive: Das Füreinander-bestimmt-Sein und andere Geheimnisse

Barnita Bagchi deutet dieses Romanende folgendermaßen: Siddika „verlässt Tarini Bhavan, aber zugunsten einer viel schwierigeren Existenz. Sie wählt das Handeln einer erstarkten Frau, welche die Entbehrungen der Frauen auf ihrem Gut erleichtern wird. Wenn das kein Streben zur Unabhängigkeit ist, mit viel Entschlossenheit gewählt trotz bevorstehender Entsagung, was dann?"[28]
In meinen Augen ist Siddika nur teilweise ein psychologisierter Charakter. Sie ist vielmehr eine idealisierte Gestalt. Mit dem Verzicht auf den Mann, den sie liebt, und mit der Bereitschaft, das Leben einer sozial geächteten, alleinstehenden Frau zu führen, erbringt Siddika ein Sühneopfer für eine bessere Gesellschaft. Das Leid, das den Frauen im Patriarchat zugefügt wird und von dem im Roman erzählt wird, ist so groß, dass es nicht durch das Glück einer Einzelperson aufgewogen werden kann. Dies macht die Autorin an der Verwendung und Umwidmung der literarischen Motive deutlich.

Zunächst muss festgehalten werden, dass „Padmarag" ein Roman ist, dessen Entstehung zu Beginn des 20. Jahrhunderts anzusiedeln ist. Dadurch trägt er Einflüsse des 19. Jahrhunderts mit sich. Die „Entsagung" ist auch im europäischen Roman dieser Zeit ein bedeutsames Motiv.

[25] Padmarag, Kap. 26, S. 175
[26] Padmarag, Kap. 27, S. 186
[27] Padmarag, Kap. 28, S. 193
[28] Zitiert nach Barnita Bagchi, Übers. Doreen Maria Schmidt, ZAKARIA S. 126

Meistens werden Frauen vor die Wahl gestellt: „Entsagung" oder „Untergang". Dass die persönliche Entsagung eine Voraussetzung ist, um der Gesellschaft selbstlos dienen zu können, klingt in „Padmarag" häufig an. An manchen Stellen kommt mir „Tarini Bhavan" fast vor wie ein christliches Kloster. Die „Schwestern" haben zwar die soziale Abgeschiedenheit der Frauen in Ehe und Familie hinter sich gelassen, haben Gespräch, Bildung und Kontakt zur Außenwelt gewonnen, aber dafür verzichten sie auf Partnerschaft und Beziehung. Es heißt: Dina Tarini gründet eine Schule für Mädchen und ein Heim für Witwen (....) Sie fühlt sich berufen, eine Heimstatt für die Notleidenden zu gründen. Sie findet in dieser Aufgabe einen neuen Lebenssinn. (...) Die Witwen leben, von ihren Verwandten geächtet, in Tarinis Anwesen in Abgeschiedenheit, aber inmitten zahlloser Schülerinnen und Studentinnen...[29]

Die Frauen führen dieses Leben nicht nur, weil die Gesellschaft sie dazu zwingt und im Patriarchat Unterdrückung statt Liebe herrscht, sondern die Entsagung ist auch der Preis, der für die Erlangung der neuen Möglichkeiten gezahlt wird. Die Teilhabe an Bildung, Kultur und Gesellschaft ist ein sehr hohes Gut. Die Entsagung ist für die Frauen das Tor zur Bildung und zur geistigen Freiheit. Mit dieser „Währung" bezahlen sie für die Befreiung von dem an ihnen begangenen Unrecht.
Die Erzählerin lässt Saudamini sagen: „Aber Latif liebt dich von ganzem Herzen." [30]
Der Mann bietet Siddika sogar etwas ganz Modernes an: eine gleichberechtigte Partnerschaft statt einer Unterdrücker-Ehe: „Warum möchtest du nicht mein Lebens-Partner werden? Ich bin nicht selbstsüchtig." Doch Siddika antwortet: „Heirate eine andere - ich freue mich."[31]
Hier wird ein Wert des 20. Jahrhunderts ins Spiel gebracht: der Wert der selbstgewählten Partnerschaft zwischen Mann und Frau. Jedoch wird dieser Wert in „Padmarag" zu einem Ausdruck der Versuchung, der die Heldin Siddika tapfer widersteht. Durch diese Haltung sühnt sie die an den Frauen begangenen Demütigungen und Verbrechen.

Auch erzähltechnisch ist „Padmarag" ein anti-psychologischer Roman. Auffällig ist die recht schlichte, oben skizzierte Haupthandlung, in welche die Nebenstränge fast wie Pflöcke eingefügt sind. Die Lebensgeschichten der Frauen werden in der Ich-Form oder gegenseitig erzählt, in eine Dialogstruktur mit dem jeweils

[29] Padmarag, Kap. 3, S. 27f
[30] Padmarag, Kap 26, S 178
[31] Padmarag, Kap. 27, S. 188

Nachfragenden eingebunden. Die Lebensgeschichten werden *nicht* durch Interaktion oder Handlung ans Licht gebracht, sondern durch Berichte der Betroffenen linear erzählt. Überhaupt ist der Roman sehr dialogisch, oftmals fehlen Ergänzungen wie „...sagte sie",

sondern es wird, wie im Drehbuch, ein Doppelpunkt gesetzt und die Rede beginnt. Dadurch wirkt alles sehr baukastenartig, ja wie eine Addition: Die Schicksale der einzelnen Frauen werden *addiert* und *summiert* zum Leid aller Frauen im Patriarchat - quer durch Religionen, Kulturen und geografische Ursprünge. Sie werden aber nicht *komprimiert* im Psychogramm einer zentralen Figur. Für diese wäre dann eine persönliche Erfüllung vielleicht möglich gewesen.

Hauptthema des Buches ist der Kampf gegen die Zwangsehe, welche sowohl in der hinduistischen als auch in der muslimischen Gesellschaft in Indien praktiziert wurde. Hier bezieht Rokeya in soziologischer Analyse klar Stellung und stellt zur Verdeutlichung einige literarische Topoi, die einen romantischen Inhalt transportieren, der das patriarchale System manifestiert, auf den Kopf.
Das beginnt mit dem Geheimnis der weiblichen Hauptfigur, das gelüftet werden muss. In romantischen Geschichten folgt auf die Lösung des Rätsels der Weg ins Glück. Die Liebenden sind füreinander frei, wenn der dunkle Schatten des Ungeklärten nicht mehr auf ihnen lastet. Anders in „Padmarag". Zwar ist auch hier wichtig, dass Siddikas Geheimnis aufgeklärt wird, ausschlaggebend jedoch ist ihre Entscheidung, ob sie Latif heiraten will: „Wenn Siddika nicht ihr Einverständnis gibt, dann wird nicht geheiratet."[32] Wichtig ist die Autonomie des Subjekts, nicht irgendwelche Mythen.

Noch deutlicher wird dies beim Motiv des Füreinander-bestimmt-Seins. Da wird dem Mädchen weisgemacht, der ihr in früher Kindheit versprochene Bräutigam sei für sie bestimmt. Später, wenn die beiden Verlobten als junge Erwachsene zusammengeführt werden, erfülle sich dann die Bestimmung. Die Erzählerin von „Padmarag" spielt mit diesem Motiv. Denn die erwachsene Siddika, in die sich Latif verliebt, ist identisch mit dem Kind Zainab, mit dem er einst verlobt wurde. Wenn das Motiv „aufgeht", dann müssen die beiden dank dieser Identität nun in Liebeserfüllung verschmelzen. Genau das aber geschieht nicht, sondern die Verheißung wird als verlogen entlarvt.
Auch die Bedeutung des Amuletts löst sich in ein Nichts auf. Siddika bekommt das Schmuckstück zugespielt, als sie einige Zeit in Tarini Bhavan wohnt.[33] Was in dem Amulett zu sehen ist, bleibt zunächst geheim.

[32] Padmarag, Kap. 18, S. 129
[33] Padmarag, Kap. 11, S. 70

Einem Amulett haftet immer etwas Magisches an. Das Bild im Amulett verstärkt das Geheimnis des Füreinander-bestimmt-Seins. Und tatsächlich ist in dem Amulett das Konterfei Latifs zu sehen. Aber eine schicksalhafte Wendung ergibt sich daraus nicht. Im Gegenteil: Es ist die Freundin Saudamini, die den Anhänger ganz profan öffnet und das Bild Siddika zeigt[34]. Später, als sich Siddikas Entsagung schon manifestiert hat, zeigt sie das geöffnete Amulett Latif persönlich.[35] Auch hier geht keinerlei magische Wirkung von dem Schmuckstück aus, die das Schicksal beeinflussen würde. So drängt die Entscheidungsfreiheit der Protagonistin, ihre freie Willenskraft, falsche magische Traditionen zurück.
All diese Motive kreuzen sich in der Idee von den alles überdauernden Steinen. Wenn Siddika der Rubin ist und Latif der Diamant[36], dann müssen sie doch in ihrer überdauernden Qualität füreinander bestimmt sein – oder? Latif versucht mit diesem Argument, um Siddika zu werben: „Padmarag, der Rubin ist härter als gewöhnliche Steine." Genau jetzt kommt Tarini vorbei und sagt: „Das ist der Grund, weshalb der Rubin überdauert." Hier überdauert aber nicht die „ewige Liebe" zwischen Siddika und Latif Almas, sondern hier überdauern die überindividuellen Werte im Kampf für eine Verbesserung der Situation der Frauen.

5. Zwischen Entsagung und Emanzipation

Die Autonomie des Subjekts, speziell des weiblichen, ist von zentraler Bedeutung für Rokeya. Dafür kämpft sie mit den modernen Mitteln der Bildung, der Politik und der Literatur. Gekoppelt ist das Engagement aber an die Entsagung. Dass dies im Kontext der Zeit zu sehen ist, verdeutlicht Rokeyas persönliche Situation als Witwe, auf die sie im Roman auch mehrfach anspielt.
Ein dazu passendes, zentrales Motiv ist das Feuer. Siddika-Zainab will sich das Leben durch Selbstverbrennung nehmen. Auch das Leben der Freundin Saudamini[37] wird durch ein Feuer zerstört, indem eine böse Tante im Haus einen Brand legt, der Saudamini fast tötet – ihr wird natürlich die Schuld in die Schuhe geschoben.[38]
Das Feuer kann als Symbol für die Witwenverbrennungen gesehen werden, eine gegen Frauen gerichtete rituelle Tötungszeremonie, bei der die hinterbliebene Gattin zusammen mit dem Leichnam ihres Mannes auf einem Scheiterhaufen verbrannt wurde. Dieses hinduistische - nicht islamische – Ritual wurde als Höhepunkt der Selbstaufopferung der Ehefrau verstanden, wofür diese dann posthum geehrt wurde. Mit dem Einfluss der Europäer im 19. Jahrhundert wurden die Witwenverbrennungen in Indien zurückgedrängt.

[34] Padmarag, Kap. 20, S. 146
[35] Padmarag, Kap. 27, S. 189
[36] Padmarag, Kap. 16, S. 92
[37] Bedeutung des Namens: „Blitz", Barnita Baghi, in ZAKARIA S. 117
[38] Padmarag, Kap 12 „Saudaminis Feuer", S. 73

Rokeya persönlich litt nach dem Tod ihres Mannes unter diversen Demütigungen, die sie in ihrem Roman „Padmarag" andeutet. So erinnert sie in dem Satz „Stiefkinder treiben einen Keil zwischen Mann und Frau" [39] an ihre eigene Situation. Schon zu Lebzeiten Sakhawats wurde sie wahrscheinlich von den Kindern der verstorbenen ersten Frau gemobbt, was ihr Mann noch zu kontrollieren vermochte. Aber nach seinem Tod war sie der Familie so sehr ausgeliefert, dass sie Bhalgapur verlassen musste. Die Einsamkeit, die Siddika im Roman oft empfindet, muss auch Rokeya gefühlt haben, als sie sich aus eigener Kraft ein neues Leben in Kalkutta aufbauen musste. So lässt Rokeya Siddika denken: Das seelische Kapital, das eine Witwe besitzt, ist die Erinnerung an den geliebten Mann, aus der sie Kraft schöpft. Lieber dann Witwe, als alte Jungfer. *„Siddika would not consider herself a perpetual spinster, because a spinster possessed nothing. (…) She would regard herself as a widow, because a widow had a treasure to bank on, namely, her husband's memory. Reminiscences of her husband would be her constant companions in life. If she did not have them, how could a widow survive. In a life that had thorns strewn all the way along the path, a husband's memory was a widow's only form of sustenance."*[40]

Zu den Dornen, mit denen Rokeyas Lebensweg übersät war, gehörte auch die fehlende Anerkennung ihrer Arbeit. Sie setzte sich – großherzig, interreligiös und interkulturell – für soziale Gerechtigkeit, liberale Erziehung und vor allem für die Benachteiligten ein, doch von ihren Zeitgenossen wurde sie nicht gewürdigt. Das lässt sie Saudamini aussprechen:
„'Dina-Tarini, Retterin der Unterdrückten! Hilf uns! Widme uns dein Wohl, deine Gesundheit und dein Leben!' Warum ist sie so ungewöhnliche Wege gegangen, unser Land zu bewahren? Will das Land ihre Dienste?"[41]

Hier schwingt Selbstironie mit, aber auch Ernüchterung. Rokeya Sakhawat Hossain war nie eine Provokateurin. Sie kämpfte mit den Waffen der Einfühlung und der Diplomatie. So hielt sie sich an die Purdah und ließ ihre muslimischen Schülerinnen in verschlossenen Wagen und Sänften zur Schule bringen. Dort aber zeigte sie den jungen Mädchen Wege in die Freiheit der Bildung und des kommunikativen Zusammenlebens unter Frauen. Doch dafür wurde sie diskriminiert. In „Padmarag" ist es die würdevolle Persönlichkeit Tarini, der böse Zungen nachsagen, sie „verhalte sich wie eine Hure"[42], weil sie die Frauen und Mädchen bildet, öffentlich schreibt und auftritt.

[39] Padmarag, Kap. 12, S. 80
[40] Padmarag, Kap 27, S. 186
[41] Padmarag, Kap. 22 „Was die Gesellschaft zurückgab", S. 151
[42] Padmarag, Kap. 22, S. 149

Äußere Ächtung verstärkt das Gefühl, isoliert zu sein. Gepaart mit den Kindheitserinnerungen an das Leben in der *zenana,* entwickelt sich aus der äußeren Vereinsamung gleichzeitig eine innere, die Rokeya als „verinnerlichte Zurückgezogenheit" bezeichnet. Die Kindheitserfahrungen, die Ächtung ihrer Arbeit und ihre Einsamkeit als Witwe fördern diese Zurückgezogenheit. Der Mangel und die Einsamkeit stellen die traurige Seite der Entsagung dar, die von Rokeya nicht nur beschrieben, sondern wohl auch gelebt wurde. Aber auch die Gesellschaft und die Religionen forderten in Rokeyas Zeit Selbstlosigkeit und Askese – in jeder Lebenssituation.

So lässt Rokeya Tarinis Mitarbeiterin Usha sagen: *„A woman is taught the principle of self-sacrifice from birth"*[43]. Damit meint sie die weibliche Unterwerfung unter Väter, Brüder, Ehemänner, später Söhne und Enkel. Aber auch der Emanzipationsgedanke und des Ringen um die Autonomie des Subjekts bleibt in Rokeyas Denken und Fühlen mit Verzicht verbunden.

Rokeya balanciert mit „Padmarag" auf dem Grat zwischen Realismus und Idealismus. Sie lässt Siddika leiden. Das Entsagungsopfer ist nicht schmerzlos zu haben: Siddika packt ihre Sachen, ihre Haare sind verfilzt. Sie hat verquollene Augen vom vielen Weinen, als sie von Tarini Abschied nimmt… Was gesagt ist, ist gesagt. Nun führt kein Weg mehr zurück.[44] Rokeyas real gefühlter Schmerz führt in eine entsagungsvolle Reinheit und zu einer Überhöhung der Romanfigur Siddika, die nun als idealistische Gestalt ein Sühneopfer für das kollektive Leid zahlloser Frauen erbringt und damit den Weg für eine bessere Gesellschaft aufzeigt.

Autorin:
Dr. Susanne Czuba-Konrad, geb. 1965 in Bonn, studierte die Fächer Literaturwissenschaft und Geschichte in Konstanz und Frankfurt am Main. In ihrer Examensarbeit (1991) und ihrer Promotion (1995) befasste sie sich mit dem Gesellschaftsroman in Deutschland des 19. Jahrhunderts, insbesondere mit Goethe und Fontane. Sie erlernte das Lehramt an Gymnasien, hielt Lehraufträge an Hochschulen und arbeitet heute als freie Autorin literarischer und literaturwissenschaftlicher Texte. Veröffentlichungen unter: www.susanne-konrad.de

[43] Padmarag, Kap. 16, S. 118
[44] Padmarag, Kap 27, S. 184

Erziehungswissenschaftlerin und Feministin Rokeya

Shanjeda Haque Mishu

Die Witwenverbrennung der Hindus in Indien war eine grausame und unmenschliche Praxis. Es war für Hindus unvorstellbar, dass eine Witwe ohne ihren Mann in der Gemeinschaft weiterleben konnte.
Raja Ram Mohon Roy, orthodoxer Brahmane und Steuerverwalter bei der East India Company, begann sich 1918 gegen die Praxis zu engagieren.
Er organisierte mithilfe der englischen Kolonialherren einen Aufstand gegen die Witwenverbrennung. Nach Roy setzte der Gelehrte und Sozialreformer Ishwar Chandra Vidyagsagar die Reformbemühungen fort.

Anfang des 19. Jahrhunderts begann auch in Indien schrittweise eine Frauenbewegung, die sich schrittweise für Frauenbildung und Frauenrechte einsetzte. So gründete etwa **Nawab Faizunnesa Chaudhurani** (Faizunesa) im Bezirk Kumilla Ende des 18. Jahrhunderts eine Frauenschule. Nawab Faizunnesa Chaudhurani war eine herausragende bengalische Muslimin des 19. Jahrhunderts. Ihr Leben und Werk bilden ein interessantes Kapitel der Sozialgeschichte der bengalischen Muslime des 19. Jahrhunderts.

Rokeya hatte ihre Arbeit für Frauenrechte und insbesondere Frauenbildung bereits 1902 begonnen. 1909 gründete sie eine Frauenschule in der Kleinstadt Bhagalpur in Indien. Die Schule zog etwa zwei Jahre später nach Kalkutta um, wo sie sehr große Resonanz fand. Sie erregte die Aufmerksamkeit der Engländer, die dort ihr Indien-Hauptquartier unterhielten. Viele westliche Intellektuelle staunten, dass nun islamische Frauen in die Schule gingen.

Rokeya gilt heute als Pionierin der Frauenbildung in Indien. Ihr Ziel war es, die Frauen aus ihrer desolaten Situation zu befreien und sie ins „Licht" zu führen. Ihr Ziel galt sowohl für muslimische als auch hinduistische Frauen, die ein selbstbestimmteres Leben führen sollten. Sie ermunterte Frauen, gegenüber ihren Vätern und Ehemänner zu widersprechen und ihre eigene Meinung zu vertreten. So wollte sie Frauen aus dem Käfig befreien, in den sie von den Männern gesperrt worden waren.

Rokeya postulierte, dass Frauen nicht länger als Schmuckstücke ihrer Ehemänner wahrgenommen werden sollten, sondern als eigenständige Menschen. Sie sah Frauen als Sklaven der Männer und wollte sie mithilfe der Bildung aus diesem Schicksal befreien.

Ein wichtiger Ausspruch Rokeyas war: „Es gibt die Möglichkeit in der Welt, dass Frauen und Männer zusammen etwas Kreatives machen können." Frauen sollten nicht nur in den eigenen vier Wänden verbleiben. Wenn sie nur gebildet seien, könnten sie den sozialen Aufstieg schaffen und Beamte oder Unternehmerinnen werden. Dadurch würden sie auch als Mensch gefragter und nicht mehr nur als Diener wahrgenommen. Rokeya forderte, dass Frauen in allen Bereichen – Soziales, Familien, Staat und Gesellschaft - aktiv werden. Dadurch sei der Fortschritt in der Gesellschaft möglich.
Sie prangerte an, dass Frauen in der Arbeitswelt nur für niedrige Tätigkeiten in Betracht gezogen wurden und daher oft wie Sklaven und Diener behandelt würden. Um sich aus dieser Situation zu befreien, benötigten sie Bildung und vor allem aktives Engagement. Fortschritt sei zu erreichen, wenn Frauen und Männer in jedem Bereich Schulter auf Schulter zusammenarbeiten würden. Wenn aber die Frauen nicht selbst die Initiative ergriffen, dann wäre keine Entwicklung in der männerdominierten Gesellschaft möglich. Einer ihrer Aussprüche lautete: „Die Frauen wurden nicht geboren, um zu Hause zu bleiben und rumzumeckern, sondern um sich aktiv zu engagieren." Vor dem Hintergrund der englischen Kolonialherrschaft postulierte sie: „Ohne die Frauen kann Indien nicht frei werden." Ihre Feststellung lautete auch, nur eine gebildete Mutter könne ein gebildetes Kind erziehen. Ohne gebildete Frauen sei eine gebildete Gesellschaft nicht möglich. Kinder würden viel mehr Bildung und Erziehung von ihrer Mutter als von ihrem Vater erhalten. Allerdings kritisierte Rokeya auch die Frauen ihrer Zeit, von denen viele eine höhere Bildung für unnötig hielten. Diese hielten es für ausreichend, wenn eine Frau nähen, kochen und eine Handvoll Romane lesen könnte. Solche Gedanken identifizierte sie als Ursache, dass indische Frauen in ihrer Entwicklung so rückständig waren. Die Scheuklappen zu entfernen sei noch keine Freiheit. Stattdessen sollten sich die Frauen umfassend aus ihrer geistig-moralischen Sklaverei befreien. Als erstes müssten sie ihren eigenen Willen entwickeln und sich ihre Wünsche und Meinungen nicht länger von ihren Männern vorschreiben lassen. Sie forderte, gemeinsam eine Situation herbeizuführen, in der Meinungen von Frauen in der Gesellschaft als vollwertig anerkannt würden. Die Entwicklung der Gesellschaft stilisierte sie als gemeinsame Entwicklung von Männern und Frauen.
Das muslimische Familiengesetz, wonach Frauen kein volles Erbe erhielten, kritisierte sie. Sie prangerte an, dass Familien für Söhne oft vier oder noch mehr Hauslehrer anstellten, für Töchter aber höchstens einen.

An anderer Stelle kritisiert Rokeya weibliche Denkmuster, wonach sie sich mit Schmuck und Juwelen zufrieden gäben und von Rebellion oder Aufstand absähen. Diese Einstellung sei zum Verzweifeln.
Der Islam und die Frauenemanzipation waren für Rokeya kein Widerspruch: „Auch unter einem Kopftuch oder einer Burka (Purdah) kann ein gebildeter Kopf leben." Im Gegenteil seien Frauen, die kein Kopftuch tragen, auch nicht gebildeter als ihre frommeren Genossinnen.
Der Professor Humayun Azad sagte über Rokeya: „In all ihren Essaybänden gibt es nichts als Hass und Aufstand gegen das Patriarchat. Allerdings hat sie auch eine Schwachstelle für Männer wie ihren Bruder, der ihr Engagement ihr ganzes Leben tatkräftig unterstützt hatte." Er vergleicht sie mit der englischen Frauenrechtlerin Mary Wollstonecraft. Rokeya habe sich noch stärker engagiert als diese.
Rokeya gründete Organisationen für muslimische Frauen, aber ihr Engagement widmete sich immer der Bildung. Diese war für sie der Schlüssel zur Befreiung aus der Sklaverei und zur Erlangung der Gleichberechtigung."
Diese verdanken ihre Positionen alle zu einem großen Teil dem Engagement Rokeyas vor über 100 Jahren. Ohne sie wären wir noch immer zurückgeblieben. Joy Tu Rokeya – Hoch Lebe Rokeya! Bildungswissenschaftlerin und Feministin, Rokeya.

Die Aufsätze wurden von Hamidul Khan und Miro Nils Khan aus dem Bengalischen übersetzt.

Autorin: Frau Shanjeda Haque Mishu lehrt Literaturwissenschaft an der Bangabandhu Sheikh Mujibur Rahman Science & Technology University, Gopalganj, Bangladesch. Sie ist Aktivistin für Frauenrechte. *

Säkularismus bei Rokeya

Dr. Sumita Chatterjee

Die Zeitspanne von Rokeya Sakhawat Hossains Leben reicht von 1880 bis 1932. Diese Epoche war nicht nur im bengalischen Kulturkreis, sondern in ganz Indien und der ganzen Welt eine bewegte Zeit voller Umbrüche. Im Indien jener Zeit praktizierte ein großer Teil der Bevölkerung die Kinderehe mit 8 bis 12-jährigen Kindern. Sie litten unter bitterer Armut und einem eklatanten Mangel an Bildung, der schließlich zu einer weiten Verbreitung von Aberglauben führte. Die wirtschaftlich-politische Lage der Unterschicht war sehr kritisch und instabil.
In dieser Umgebung trat Rokeya mit ihrem literarischen Engagement auf die gesellschaftliche Bühne. Sie veröffentlichte im Jahr 1902 ihren ersten Prosatext unter dem Namen „Pipasha“ (dt.: „Durst“). Gleichzeitig begann sie, ihren ersten Roman „Essence of the Lotus“ zu schreiben.
Mit 16 wurde sie mit Sakhawat Hossein verheiratet. Der Altersunterschied zwischen den beiden war enorm: Hossain war über 40 Jahre alt. Wissenschaftler vermuten, dass die beiden zwei Töchter hatten, beide sind jedoch keine sechs Monate alt geworden. Ihr Ehemann wollte daraufhin den Sohn seines Freundes Mukundu Mukuphadha adoptieren. Ein großes Hindernis stellte dabei jedoch die Religion dar: Hossains Freund war Hindu; die Adoption eines hinduistischen Jungen durch einen Moslem stellte ein Tabu dar. Hossain und Rokeya trieben die Adoption trotzdem voran, er wollte mit ihr auch seine säkulare Haltung zur Schau stellen. Ob das Bemühen des Paares schließlich erfolgreich war, ist heute unbekannt.

Die Kernaussage von Rokeyas Roman „Essence of the Lotus“ ist das friedliche Zusammenleben von Muslimen, Hindus und Christen.
Die englische Kolonialregierung wusste um die angespannten Beziehungen zwischen Hindus und Muslimen in ihrer Kolonie Indien und machte sich diese zunutze. Unter dem Prinzip „Divide and Rule“ (dt: „teile und herrsche“) verabschiedeten sie Gesetze, die die Trennung zwischen beiden Gruppen festschrieben und außerdem zahlreiche alltägliche Konflikte provozierten. Dadurch sollte die Aufmerksamkeit der Inder von der Kolonialherrschaft abgelenkt werden und die Bevölkerung im Streit untereinander davon abgehalten werden, sich

gemeinsam gegen die Kolonialherren zu erheben. Ein Resultat dieser Politik waren zahlreiche religiös motivierte Aufstände, die auch viele Todesfälle zur Folge hatten. Rokeya versuchte dagegen, Säkularismus als gemeinsame Brücke zwischen den beiden großen Religionsgemeinschaften zu etablieren. Zum muslimischen Eid al-Fitr (Zuckerfest) lud sie daher auch Hindus ein. Das muslimische Fest versuchte sie so zum säkularen Fest umzuwidmen.

Rokeya verfasste insgesamt 29 Essays, 17 davon beschäftigen sich mit der Rolle und den Rechten der Frau und gelten daher als feministisch. Immer wieder versuchte sie, muslimische Frauen zu Selbstständigkeit und Freiheit zu animieren.

Vor Rokeyas Zeit waren Frauen freier und in einigen Bereichen Männern gleichgestellt. Später, zu ihrer Lebenszeit, waren sie allerdings hinter die Kulissen verbannt worden und durften oft nicht das Haus verlassen. Rokeya engagierte sich mit ihren Schriften gegen diese Situation. Sie verglich das Verhältnis der Frauen zu den Männern mit dem der Inder insgesamt zu den Engländern: Beide verhielten sich gegenüber ihren Unterdrückern unterwürfig. Dieses Verhältnis galt für hinduistische genau wie für muslimische Frauen. Hierin bestand der Kern ihres feministischen Engagements: Frauen zur Selbstbefreiung ermuntern.
Dabei trat sie auch den Mullahs entgegen: Sie forderte, dass Frauen frei vom Einfluss von Aberglauben seien.
Selber trug Rokeya auch Burka und Hijab. Sie erhob aber den Anspruch, dass Frauen keine Gefangenen unter dem Kopftuch bleiben dürften, sondern eigene Meinungen entwickeln und sich für ihre Freiheit engagieren sollten.
Das Werk „Oboroth Bashini“ zeigt klare autobiografische Elemente aus Rokeyas Leben. Sie erläutert darin indirekt Positionen und Schlüsselereignisse aus ihrem Leben.

1925 wurde Rokeya von der All India Mohammedan Educational Confenerce ein Redeverbot erteilt. Bei der Konferenz wurde über Fortschritte im Bereich der Bildung und Erziehung sowie der Literatur gesprochen. Rokeya wurde aufgrund ihrer als männerfeindlich wahrgenommenen Haltungen ausgeladen. Die Konferenz fand an der mehrheitlich muslimischen Aligor Universität statt.
Das Verbot stellte eine Zäsur in ihrem politischen Leben dar. Rokeya widersetzte sich der Maßnahme und ging ans Rednerpult, um ihren Vortrag zu halten.
Seit ihrer 1904 in der Zeitschrift Mohilla („Frau“) veröffentlichten Prosa unter dem Titel „Die unterentwickelte Frau“, in der sie die Behandlung der Frau in der patriarchalischen Gesellschaft anprangerte, galt Rokeya als äußerst kontroverse Schriftstellerin.

Sie versuchte immer wieder, Frauen den Spiegel vorzuhalten und sie so zu politischem Engagement zu animieren.
Rokeyas Engagement beschränkte sich nicht nur auf schriftstellerische Tätigkeiten, sondern ihr ganzes Privatleben und ihre persönlichen Kontakte waren darauf ausgerichtet. Diese Facetten ihres Lebens werden immer wieder in Originalquellen, zum Beispiel ihren Tagebüchern entdeckt.

Rokeya wird im Zusammenhang mit indischem und bengalischem Feminismus immer wieder recherchiert und gelesen. Ihre Zitate werden oft verwendet und ihr Engagement hoch honoriert. Auch bei Diskussionen über Säkularismus und Religionsreformen findet sie immer wieder Erwähnung. Jetzt, fast hundert Jahre nach ihrem Tod, gelten ihre Worte immer noch als stichhaltige Argumente. Rokeyas Familienreligion war der Islam. Während religiöse Fanatiker Menschen immer wieder spalten möchten, setzte sie sich für ein friedliches Zusammenleben ein.

Die Aufsätze wurden von Hamidul Khan und Miro Nils Khan aus dem Bengalischen übersetzt.

Autorin: Sumita Chatterjee ist Expertin für Frauenrechte und Frauenbildung an der Bengalischfakultät der Banaras Hindu University in Varanasi, Indien.

Rokeya: Zeit, Gesellschaft, Geschlechterdenken

Dr. Nasima Akter

Rokeya wurde am 9. Dezember 1880 im Dorf Pairaband, Rangpur geboren. Zu dieser Zeit wurde Indien immer noch von einer Kolonialregierung beherrscht. Rokeyas Rufname war „Ruku“, das „Perlenstück“ der Familie. Ihre Eltern stammten aus feudalen Familien: Ihr Vater war Jahiruddin Muhammad Abu Ali Saber und ihre Mutter hieß Rahatunnesa Choudhurani.

Zu dieser Zeit gab es in Indien und Umgebung nur eine sehr geringe Bildung, daher gilt diese Zeit heute als ein „dunkles Zeitalter“. Die Ideen des Humanismus waren für die damalige Gesellschaft unvorstellbar.
Aufklärung und Andersdenken galten im damaligen Indien gesellschaftlich als nicht akzeptiert, die Würde des Menschen als Konzept nicht etabliert.

Rokeya kam als fünftes Kind der Familie zur Welt. Insgesamt hatte die Familie sechs Kinder, drei Jungen und drei Mädchen. Zu Hause wurden die Sprachen Arabisch und Urdu gesprochen. Unter diesen Umständen konnte Rokeya nur mit Hilfe ihres ältesten Bruders Ibrahim und ihrer ältesten Schwester Karimunnesa heimlich Bangla lernen, denn Zugang zu institutioneller Bildung in Form von Schulbesuchen hatte Rokeya nicht. Ihre Geschwister unterrichteten sie in der Nacht bei Kerzenlicht.

Im Jahr 1898 heiratete sie einen gegenüber der Situation der Frauen sehr aufgeschlossenen Beamten, der zudem gesellschaftlich hoch angesehen war. Mit seiner Hilfe und Förderung war sie in der Lage, ihren Bildungsstand zu erweitern. Außerdem begleitete sie ihren Ehemann auf Reisen nach Britisch-Indien. Gemeinsam besuchten sie viele berühmte historische Stätten, wodurch Rokeya Einzelheiten über die damalige indische Gesellschaft erfuhr. Sie erlebte die gesellschaftlichen Probleme und Missstände der Frauen, die vielerorts massiv unterdrückt wurden.

So machte sie es sich zur Aufgabe, gegen genau diese Missstände zu kämpfen und für die Frauenrechte einzutreten. Sie begann, Bücher und Artikel zu schreiben, um die Bildungschancen für die Frauen zu erhöhen und gleichzeitig auf den Mangel an angemessener Erziehung und Bildung aufmerksam zu machen. Bis zu ihrem Tod am 9. Dezember 1932 setzte sie diese Arbeit fort, wobei sie den Spruch prägte: „Wir sind keine Dienstmädchen für unsere Ehemänner, sondern wir sind ihre bessere Hälfte.“

Mit großem Engagement vollzog sie die jeweiligen historischen Entwicklungen von Frauen und Männern im damaligen Indien nach. Ursprünglich arbeiteten Mann und Frau gemeinsam und gleichberechtigt. Erst allmählich setzte sich die Tatsache durch, dass Frauen bestimmte Rechte genommen wurden: Sie verließen nur selten das Haus, blieben weitgehend unter sich, litten unter Ungleichbehandlung und Unterdrückung durch Staat, Gesellschaft und sogar durch ihre eigenen Familien. Rokeya war der festen Überzeugung, dass Mann und Frau in der Gesellschaft die gleichen Rechte haben sollten, um eine friedliche Koexistenz zu erreichen:
„Ich möchte an dieser Stelle meine eigene Situation schildern. Als ich fünf Jahre alt war, durfte ich keine anderen Menschen von außerhalb unseres Hauses mehr sehen. Diese Logik verstand ich nicht." Alle Frauen und Mädchen mussten auf ihre Rechte verzichten. Rokeyas Bruder durfte eine englische Schule besuchen, die Mädchen der Familie durften dagegen auf gar keine Schule gehen, sondern sie durften zu Hause nur Arabisch lernen. So sah es nicht nur in Rokeyas Familie aus, sondern überall in Britisch-Indien. Heimlich wünschte Rokeya sich, die gesellschaftlichen Sitten und Bräuche zu überkommen.

Alle Kinder, egal ob Mädchen oder Jungen, soll man gleich behandeln und ihnen klar machen: Zwischen Euch besteht kein Unterschied. Rokeya war die erste Frau, die schriftlich forderte, die Ungleichbehandlung zum Beispiel im Erbrecht zu beenden. Das Erbe der Eltern sollte unter allen Kindern zu gleichen Teilen aufgeteilt werden und die Gleichberechtigung sollte gesetzlich geregelt werden.
Im Jahr 1923 erlangten die Frauen auf dem indischen Subkontinent das Wahlrecht. Rokeya war an diesem Ereignis mental und aktiv beteiligt. Infolgedessen durften die Frauen auf dem indischen Subkontinent sowohl körperlich anstrengende als auch verantwortungsvolle Tätigkeiten ausüben. Sie sind sogar partiell an der Regierungsverantwortung beteiligt und ebenfalls in der Lage, beispielsweise an Expeditionen teilzunehmen. Sie treffen in diesem Zusammenhang weitreichende und komplexe politische Entscheidungen. Verfechter der patriarchalischen Gesellschaft misstrauen jedoch dieser Entwicklung noch immer. Dennoch herrschen noch viele Missstände bei der Beschäftigung: Frauen werden generell schlechter bezahlt als ihre männlichen Kollegen. Das betrifft selbst Frauen, die hochqualifiziert sind. Es gibt noch immer Hindernisse für deren Unabhängigkeit und Eigenständigkeit. Noch immer sind sie ihren Eltern und/oder ihren Ehemännern Rechenschaft schuldig. Die Ungerechtigkeiten betreffen auch das Erbrecht: Muslimische Frauen erben in der Regel weniger als ihre leiblichen Brüder.

Frauen aus dem Hinduismus sind von der Erbreihenfolge sogar vollständig ausgeschlossen.
Dabei leben Männer und Frauen auf dem gleichen Planeten. Es herrscht in der Realität eine gegenseitige Abhängigkeit: Frauen und Männer brauchen einander. Das eine Geschlecht kann unmöglich auf das andere verzichten.
Rokeya meint dazu: „In der Welt muss man sich gegenseitig helfen und beistehen, so wie Pflanzen vom Regen abhängig sind und die Atmosphäre von Fluss und Meer. So sind Frau und Mann aufeinander angewiesen."Trotz ihrer vergleichsweise hohen Bildung haben aber auch heutzutage Frauen in Indien und Bangladesch viel geringere Chancen auf einen guten Arbeitsplatz als Männer.

Rokeya dazu: „Wir machen die Hälfte der Gesellschaft aus. Wir halten das Gleichgewicht. Es sollte daher kein Unterschied bestehen zwischen der Realisierung der Interessen beider Geschlechter."

Rokeya wies immer wieder auf die Notwendigkeit hin, Männern und Frauen die gleichen Rechte zuzugestehen. Frauen sollten sich heutzutage vermehrt auf die Forderungen Rokeyas besinnen und ihre Rechte konsequenter und energischer einfordern. Nur auf diese Weise kann dem Land zu einem dauerhaften Fortschritt verholfen werden. Bisher ist aber das Erbe Rokeyas nicht angemessen weitergeführt worden. Sie stellt fest: „Immerhin sind einige relevante politische Positionen von Frauen besetzt worden. Dennoch bin ich optimistisch, dass Frauenrechte künftig etabliert werden können und gesellschaftlich eine erhebliche Rolle spielen werden. Bildung muss außerdem für Jungen und Mädchen zum Recht erklärt werden und kostenlos sein. Zwar gibt es diesbezüglich Gesetze und Verordnungen, dennoch erfahren wir jeden Tag, dass Gewalt alltäglich ist. Diese Tatsache macht mich fassungslos. Noch immer herrscht hier eine dominante Männergesellschaft, trotz aller Aufklärung. Gesellschaftliche Vorurteile, politische Unruhen und Armut sind von großem Nachteil für die Frauen. Instabilität und Unsicherheit sind überall und jederzeit vorhanden, Frauen sind wirtschaftlich und finanziell abhängig."
Diese Abhängigkeit ist auch für die Entwicklung Bangladeschs zur „modernen" Gesellschaft von großem Nachteil. Nur die Frauen sind in der Lage, hier eine geistig-politische und moralische Wende herbeizuführen: Ehen werden noch immer durch Eltern beeinflusst und arrangiert, es ist hier der finanzielle Vorteil, der eine Rolle spielt oder die vermeintliche „Sicherheit" der Frau. Nach einer Studie von UNICEF werden 66 % der Mädchen in einem Alter von unter 18 verheiratet.

In der Grundschule sowie bis zur Mittelstufe ist die Zahl der Jungen und Mädchen noch ausgeglichen (50/50), innerhalb der Oberstufe beträgt die Anzahl der Mädchen nur noch 33%. Lediglich 24 % der qualifizierten Frauen sind berufstätig.

Gegenwärtig sind zahlreiche Frauen in Indien und Bangladesch hochqualifiziert und würden gerne in ihren Berufen tätig sein.

Dies jedoch verhindern in vielen Fällen tradierte Regeln in Familie und Gesellschaft. Rokeya hatte sich dafür eingesetzt, dass Frauen keinesfalls unter 20 Jahren heiraten. Ihnen sollte es erlaubt sein, jeden Beruf auszuüben, den sie selbst für geeignet halten. Ebenso forderte sie, dass das Verbot aufgehoben werde, nach dem Frauen keinen Sport treiben dürfen:

„In unserer Gesellschaft existieren noch immer religiöser Aberglaube, Fatwa, Mitgift, Polygamie und vorzeitige Eheschließungen. Noch immer zwingen viele Männer junge Mädchen zu sexuellen Handlungen und zur Prostitution oder verkaufen sie ins Ausland. Frauen werden ermordet und vergewaltigt. Mein Appell an den Staat ist folgender: Frauen benötigen eine angemessene und ausgewogene säkulare Bildung in politischer und gesellschaftlicher Hinsicht. Es ist Aufgabe des Staates, diese Bewusstseinsbildung zu realisieren. Dazu sind Aufklärung und kulturelle Einrichtungen und Engagement notwendig. Nur auf diese Weise ist eine friedliche Koexistenz möglich."

Die vorliegenden, bisher unveröffentlichten Aufsätze wurden von Hamidul Khan und Miro Nils Khan aus dem Bengalischen übersetzt und von Dr. Sigrun Müller redigiert.

Autorin: Dr. Nasima Akter lehrt bengalische Prosa und Gedichte am Mahiganj College, Rangpur *

Pädagogin Rokeya

Rajib Mandal

Mit dem wissenschaftlichen und philosophischen Denken und Analysieren kann sich auch der menschliche Gefühlshorizont weiterentwickeln. Rokeya war in pädagogischer Hinsicht eine Pionierin. An der institutionellen Bildung nahmen Frauen zu ihrer Zeit kaum teil. Die Frauen selbst waren misstrauisch gegenüber Bildungseinrichtungen, da sie von ihrer Umgebung stets davor gewarnt wurden. Rokeya hat hier eine große Rolle gespielt und die Frauen dazu ermutigt, sich zu bilden. Zu ihrer Zeit waren die Engländer Kolonialherrscher in Indien, wodurch die Einwohner großes Interesse daran hatten, die englische Sprache zu lernen. Diejenigen, die Englisch lernten, hatten wirtschaftliche Vorteile, da diese zu Beginn der Industrialisierung Indiens Geschäfte gründen und führen konnten. Dazu war Bildung notwendig, um vorausschauend handeln zu können.

Die indischen Frauen dagegen waren ausschließlich mit Angelegenheiten der häuslichen Arbeit beschäftigt. Rokeya leistete hier immense Aufklärungsarbeit. Sie hat nicht nur eine Schule gegründet, sondern sie zog von Dorf zu Dorf, um mit den Frauen zu sprechen. Sie agierte in selbstloser Weise als Reformerin, Pädagogin und Schriftstellerin. In ihrem Buch erwähnt sie, dass junge indische Männer oftmals in den wenigen Schulen, die existierten, Urkunden erwarben und anschließend in der Industrie und Wirtschaft mit dieser Basis ihr Geld verdienten. Die Qualität der Bildungsinhalte ließ jedoch zu wünschen übrig. In der Regel dachten sie wirtschaftsorientiert, jedoch keineswegs daran, die indische Gesellschaft zu ändern und beispielsweise Frauenrechte zu stärken. Verantwortungsbewusstsein gegenüber der eigenen Gesellschaft und Umgebung entsteht jedoch fast ausschließlich durch Eigen- oder Selbstbildung, die nicht direkt auf den eigenen Vorteil bedacht ist.

Rokeya erklärte, dass die Frauen lange Zeit ohne Wenn und Aber akzeptiert haben, vom patriarchalichen Staat unterdrückt zu werden. Sie rief zum Protest auf und gründete "Sakhawat Memorial girl`s school", benannt nach ihrem Ehemann. Sie machte Werbung und hoffte, dass viele Mädchen ihre Schule besuchen würden. Sie ging in die Familien, um sie davon zu überzeugen, die Tochter in die Schule gehen zu lassen. Sie hat mit der Gründung dieser Schule eine bedeutsame Spur hinterlassen. Sie kämpfte in diesem Zusammenhang gegen den weitverbreiteten religiösen Aberglauben und gegen gesellschaftliche Vorurteile. Frauen wurden wie Sklaven behandelt und in all ihren Aktionen kontrolliert und behindert. In einigen Familien hatte sie Erfolg und ihre Aktionen und Ideen wurden positiv aufgenommen.

Zu Beginn wurde, da Rokeya praktisch und realistisch dachte, lediglich Englisch und Urdu unterrichtet. Englisch aus dem Grund, um die Kolonialherren nicht zu verärgern. Urdu wurde aufgenommen, damit die Schule überhaupt akzeptiert wurde und bestehen konnte. Später wurden die Unterrichtsinhalte dem offiziellen Lehrplan angepasst und die Sprachen Arabisch, Persisch, Bengalisch hinzugefügt. Heutzutage sind die Thesen Rokeyas weltweit anerkannt. Sie werden in Diskussionen und Veranstaltungen in unterschiedlichen Kulturzusammenhängen diskutiert.

Rokeya konnte und wollte den religiösen Aberglauben nicht akzeptieren, mit dem die Frauen unterdrückt wurden. Während einer Tagung äußerte sie, dass die Männer den Bildungsmöglichkeiten der Frauen im Weg stünden. Die Männer allein könnten die Gesellschaft nicht reformieren. Frauen in ihren Rollen als Mütter aber benötigen weitreichende Bildung und Kenntnisse, um diese an ihre Kinder weiterzugeben. Im 19. Jahrhundert waren die Frauen noch von jeglicher Bildung weit entfernt, weil die sie umgebenden Familien sie regelrecht, begründet mit religiösen Sitten, eingeschlossen haben. Sie lebten auf diese Weise wie in einer eigenen Welt, kannten keine Souveränität oder persönliche Freiheiten. Die Frauen bildeten daher eine Art ausbeutbare Ressource für die Männer. Die Männer kontrollierten ihre Würde und ihre Persönlichkeit. Gegen diese Situation protestierte Rokeya aufs Energischste. Sie forderte die Befreiung der Frauen von dieser Form der Unterdrückung und setzte unermüdlich ihren harten Kampf gegen viele Widerstände bis zu ihrem Lebensende fort.

Die vorliegenden, bisher unveröffentlichten Aufsätze wurden von Hamidul Khan und Miro Nils Khan aus dem Bengalischen übersetzt.

Autor: Rajib Mandal ist Literaturwissenschaftler an der Jagannath University Dhaka und Experte für Prosa. *

Sultana`s Dream – die Suche nach einer alternativen Lebensweise

Dr. Chanchal Kumar Bose

*Sultana`s Dream* ist eine der hervorragendsten literarischen Arbeiten von Rokeya Hossain, weithin bekannt als „Begum Rokeya" (1880-1932). Das Werk ist erstmals 1905 im „Indian Lady`s Magazine" in Madras erschienen und wurde später, 1908, in Form eines Buches publiziert. Es handelt sich dabei um eine fiktionale Begebenheit, die Rokeya in allegorischer Form verfasste. Die innere Botschaft des Werkes ist grundlegend und weitreichend: *Sultana`s Dream* beschreibt das von Rokeya lang gesuchte und ersehnte ideale soziale und ökonomische System, in dem die Frau als einheitlich-gesamtes und individuelles Wesen mit eigenen Sehnsüchten und Fähigkeiten, mit Zielen und gesetzlich geschützten Rechten auf Augenhöhe wahrgenommen und respektiert wird. In dieser Utopie ist sie den Männern gleichgestellt. In ihren persönlichen Erfahrungsbereichen musste sie bislang stets gegen ihre patriarchalische Umgebung und religiöse Bigotterie ankämpfen. *Sultana`s Dream* dagegen ist ein Symbol für eine alternative Welt, in der Frauen ihre Wünsche selbstbestimmt repräsentieren können.

Die Geschichte porträtiert relevante Aspekte und Themen aktueller Situationen. Rokeya befasste sich äußerst intensiv mit den erniedrigenden Lebensbedingungen der indischen Frauen. Indien ist ganz einfach ein patriarchalisch dominiertes Land. Die Lebensbedingungen der Frauen, ihre Hoffnungen und Erwartungen sind seit Urzeiten in Ketten gelegt. In- und außerhalb des häuslichen Bereiches werden Frauen von den Männern dominiert. In *Sultana`s Dream* versuchte Rokeya, diese alten Fesseln zu sprengen, die die patriarchalische Gesellschaft den Frauen auferlegt. Um ihre Stimme kräftig gegen alle Arten von Diskriminierung zu erheben, gab Rokeya ihrer Geschichte eine feministische Richtung. So ist *Sultana`s Dream* auch der Traum jeder unterdrückten Frau in Indien und anderswo auf der Welt.

Die Geschichte beginnt mit einer eher fröhlichen Erzählung. Sie spielt sich gänzlich in einem Traum ab, der Sultana an einem bestimmten Abend begegnet.

In diesem Traum erscheint Sultana eine Frau, Sara, die sie zu einem Spaziergang auffordert. Sultana akzeptiert und beide kommen in eine Stadt, die Sultana nie zuvor gesehen hatte.

In dieser imaginären Stadt werden sämtliche Arbeiten von Frauen ausgeführt, keine männliche Person zeigt sich hier. Geistige Tätigkeiten sind in diesem Ort der männlichen Muskelkraft überlegen. Die Atmosphäre ist komplett verschieden von der patriarchalischen indischen Gesellschaft: Männer bleiben im häuslichen Bereich, Frauen sind für außerhäusliche Tätigkeiten zuständig. Normalerweise sind Frauen in der indischen Öffentlichkeit kaum repräsentiert: Die Männer spielen die dominante Rolle, während Frauen untergeordnet und versklavt sind. Die alltägliche unterdrückte Welt der Frauen wird in der Regel von dem freien Willen der patriarchalischen Gesellschaft reguliert.

In *Sultana`s Dream* bezieht sich Rokeya vordergründig auf die Errungenschaften wissenschaftlichen Arbeitens, auf Bildung und innovative Fähigkeiten. Alle Frauen in der Stadt sind gut ausgebildet. Intellektualität ist hier der Muskelkraft weit überlegen. Aufgrund ihrer intellektuellen Erkenntnisse erfinden die Frauen beispielsweise Möglichkeiten, mit denen sie Wasser aus der Atmosphäre speichern und so viel Sonnenenergie sammeln können wie sie benötigen. Rokeya war von der Überlegenheit intellektueller Energie gegenüber der militärischen Macht fest überzeugt. Dies machte sie in diesem Werk deutlich. Wurde dieses von den Frauen regierte Land von Nachbarstaaten militärisch angegriffen, dann retteten nicht Waffen, sondern der Intellekt die Einwohner vor den Aggressoren. Unter der Führung einer der Frauen marschierten zweitausend Frauen in einem solchen Fall Richtung Schlachtfeld, um Strahlen konzentrierten Sonnenlichtes gegen die Feinde zu lenken.

Diese erwiesen sich als unfähig, dieser intensiven Hitze und dem Licht zu widerstehen und flohen panikartig. Seitdem eine Verteidigung dieser Art stattgefunden hatte, haben keine der Aggressoren mehr den Versuch gemacht, das Land der Frauen zu okkupieren.

Es ist sehr bedeutsam, dass sich nach diesen Kriegshandlungen alle Männer in Gefangenschaft befunden und die Frauen siegreich gehandelt haben. Ebenso ist zu bemerken, dass die Männer versucht haben, sich aus ihrer Gefangenschaft zu befreien. Mit der Etablierung der weiblichen Dominanz in diesem Land hatte eine neue Zeitepoche begonnen: Es ereigneten sich keine Diebstähle mehr, weder andere kriminelle Handlungen noch Morde.

In *Sultana`s Dream* kreierte Rokeya das Bild eines Ideals, in dem wissenschaftliche Erkenntnisse und Kreativität sehr hoch geschätzt werden. In dieser Traumwelt werden etwa landwirtschaftliche Tätigkeiten und andere schwere Arbeiten mit Hilfe von Elektrizität verrichtet. Dies erleichtert und verschönert das alltägliche Leben in diesem Land.

Geboren im Schatten einer außerordentlich traditionell ausgerichteten Gesellschaft, äußerte Rokeya in ihrem Werk großartige Visionen. Was religiöse Ausrichtungen betraf, so hatten diese für sie nie nur einen rein institutionellen Charakter, sondern strahlten auch Humanität und Seelengröße aus. Diese Perspektive ist in folgendem Zitat zusammengefasst:

„Unsere Religion basiert auf Liebe und Wahrheit. Zu lieben und absolut glaubwürdig zu sein, ist unsere religiöse Pflicht."

In *Sultana`s Dream* handelt es sich um ein so großartiges Land, dass einem früheren und nun reuigen Gegner für immer verziehen wurde. Man integrierte ihn. Die Bewohner empfanden niemals irgendeine Befriedigung im Töten von Gott geschaffener Kreaturen. Dieses Phänomen ist im Kontext religiöser Streitigkeiten, die sich seinerzeit bis in die Kommunen ausdehnten und überall stattfanden, von großer Bedeutung.

Die Botschaft Rokeyas beinhaltet, dass Religion auf der Grundlage von Humanität, Wahrheit und Vernunft gründen muss. Ohne diese Humanität könne im Zusammenhang mit der Religion niemals von Güte und Freundlichkeit gesprochen werden. Religion sollte, so Rokeya, dazu befähigt sein, tiefgreifende Differenzen zwischen den Menschen anzunehmen und auszuhalten. Religiöse Freiheit, das Streben nach Wissen, wissenschaftliche Fortschritte und eine auf Vernunft gegründete Annäherung der Menschen untereinander sind die grundlegenden Kennzeichen von *Sultana`s Dream*.

Auch säkulare Erkenntnisse waren für Rokeya bedeutsam. Es war niemand anderes als sie, die wusste, dass ihre eigene Gesellschaft mehr als andere eine angemessene Bildung benötigt: Sie braucht Aufklärung. Nur Bildung und Wissen kann die Gesellschaft vor Gleichgültigkeit, Aberglauben und Anachronismus bewahren. Aus diesem Grund sagt sie in ihrem Werk:

„Wir dringen tief in einen Ozean von Wissen ein und versuchen, die Möglichkeiten zu nutzen, die die Natur für uns vorgesehen hat. An ihnen erfreuen wir uns so gut wir es vermögen."

Kein Staat, keine Gesellschaft und keine Zivilisation können, so Rokeya, lediglich durch Männer oder lediglich durch Frauen Fortschritte erreichen. Nur die gemeinsamen Aktivitäten beider Seiten führen zu einer progressiven Gesellschaft. Doch da sie bei jedem Schritt durch eine altmodische patriarchalische Umgebung behindert wurde, träumte Rokeya von einer Welt ohne väterlichen Missbrauch von Autorität. *Sultana`s Dream* stellt aufgrund dessen einen Protest gegen die Ausbeutung einer allgegenwärtigen männlich dominierten Gesellschaft dar, in der Männer die Religion dazu benutzen, Frauen unwissend zu halten und ihnen ihre natürlichen Rechte zu nehmen. Von ihnen wird erwartet, dass sie alles für das Wohlbefinden des Mannes opfern. Ihr großartiges literarisches Werk durchzieht den Gedanken der Gleichberechtigung der Geschlechter. Rokeya, die selbst Unterdrückungen im Namen der Religion hatte erleiden müssen, zeichnete in *Sultana`s Dream* auf diese Weise eine Parallelwelt, in der Frauen ihr Schicksal selbständig in die Hände nehmen können. Gegenseitiger Respekt ist hier elementare und dauerhafte Handlungsgrundlage. Aus diesem Grund nimmt das Werk eine so hervorragende Stellung innerhalb der feministischen Literatur in dieser Region ein.

Die vorliegenden, bisher unveröffentlichten Aufsätze wurden von Dr. Sigrun Müller aus dem Englischen übersetzt.

Autor: Dr. Chanchal Kumar Bose ist Professor für Alte und Neue bengalische Literatur an der Jagannath University Dhaka. *

Rokeya Hossain und die muslimische Frauenbewegung

Prof. Dr. Naba Gopal Roy und Shahnaz Begum

Einen Beitrag über Rokeya Sakhawat Hossain aus einer neuen Perspektive zu verfassen, ist ein äußerst schwieriges Unternehmen. Ihr Einfluss auf die literarische Bühne ebenso wie auf die sich entwickelnde Frauenbildung in Bangladesch ist unermesslich groß. Forschungsprojekte bezüglich der im 20. Jahrhundert begonnenen bengalischen Erneuerungsbewegung im Allgemeinen sowie der sozialistischen Frauenbewegung oder der bengalischen literarischen Tradition im Besonderen wären demzufolge ohne die Erwähnung von Rokeya, und zwar in der Weise, in der sie im Volk bekannt ist, unvollständig. In dem berühmten Werk von Golam Murshed „Nari Pragati: Adhunikatar Abhighate Bnagaramani" über fortschrittliche Frauen im Bangladesch der Moderne sind einige Listen herausragender Frauen aufgeführt, die sich auf unterschiedlichen Gebieten engagieren. Eine der Listen, die weibliche Schriftstellerinnen aufführt, die zwischen 1863 und 1905 veröffentlicht haben und siebzig Namen enthält, führt lediglich zwei muslimische Frauen auf. Rokeya ist eine von ihnen, die andere Taherannesa. Interessant ist die Feststellung, dass diese Liste zwei Informationen aufführt: Die eine davon ist der Name der Schriftstellerin, die andere die Religionszugehörigkeit. Dies offenbart die Relevanz, die der Autor dieser Liste der Religion als ein integraler Bestandteil der Identität der Schriftstellerinnen zumaß. In einer weiteren Liste, erstellt 1911, die 55 Namen von Frauen enthält, die zwischen 1883 und 1910 ihren Abschluss an der Universität Kalkutta abgelegt hatten, ist keine einzige Muslima verzeichnet. Durch diese Tatsache werden zwei hauptsächliche Fakten verdeutlicht: zum einen die sichtbare Abwesenheit muslimischer Frauen vom Bereich der Bildung und zum anderen die Fähigkeit Rokeyas, sich ohne formalen Hochschulabschluss selbstständig weiterzubilden.

Sie verfasste einige Werke, die zum bengalischen literarischen Kanon gehören sowohl in Bengali als auch in Englisch. Ihr ganzes Leben war auf das Ziel ausgerichtet, das Analphabetentum zu bekämpfen, das für sie einen Fluch für muslimische Frauen darstellte. Gleichzeitig wandte sie sich gegen die Ungleichheit gegenüber Frauen und Mädchen, die in Bangladesch vorherrschte. Bevor man sich jedoch auf diese Phase ihres Lebens konzentriert, ist ein Blick in ihre Kindheit wichtig, die ihr Bewusstsein und ihre Wahrnehmung nachhaltig prägten.

Rokeya wurde am 9. Dezember 1880 im Dorf Pairaband im Distrikt Rangpur geboren, der nun zu Bangladesch gehört. Ihr Vater war der Landbesitzer dieses Ortes. Es gibt Hinweise dafür, dass eine der vier Ehefrauen des Vaters Europäerin war, die er während des Sepoy-Aufstandes versteckte und später heiratete. Obwohl diese Ehe von kurzer Dauer war, scheint es, als ob diese Frau einen bedeutenden Eindruck auf Rokeya hinterlassen hatte. Sie fühlte sich gegenüber ihren Geschwistern verpflichtet, was deren Bildung betraf. Ihr Vater in seinem patriarchalen Habitus war entschlossen, seinen beiden Söhnen eine moderne Ausbildung in Kalkutta zu ermöglichen, während er seinen drei Töchtern es verbot Nichtsdestotrotz setzten sich seine Töchter über seinen Willen hinweg. Die ältere Schwester Rokeyas, Karimunnesa, eine Dichterin, half Rokeya beim Erlernen der bengalischen Sprache. Ihr Bruder führte sie in die englische Literaturgeschichte ein, aber eher insgeheim. Rokeyas Biographin, Samsun Nahar Mahmud, beschreibt Rokeyas Suche nach einer geeigneten Tageszeit zum Lernen. Sie wartete oft bis zum Anbruch der Nacht und nachdem die anderen Familienmitglieder zu Bett gegangen waren, lernte sie von ihrem Bruder die englische Sprache. Eine solche Gier nach Wissen besaß sie!

Rokeyas Eheleben war kurz, aber folgenreich. 1896 heiratete sie Khan Bahadur Saiyad Sakkhawat Hossain, einen Urdu sprechenden gebildeten Muslimen aus Bhagalpur, Bihar. Er erwies sich als ein großer Förderer ihrer literarischen Aktivitäten. 1902 trat sie als Essayistin mit dem Artikel „Pipasal (Islamiscges Neujahr bei den Schiiten)" hervor, der in der Zeitschrift „Nabaprabha", herausgegeben von Harendralal und Gyanendralal Roy, veröffentlicht wurde.

Der erste Band von „Motichur" erschien 1904. Dabei handelt es sich um eine Sammlung von sieben Essays, vorab ebenfalls erschienen in den monatlich publizierten Zeitschriften „Nabaprabha", außerdem bereits veröffentlicht in den Zeitschriften „Mahila"(Frau) und „Nabanur". Rokeyas erstes Werk in der englischen Sprache war „Sultanas Dream", das ihr weltweites Lob einbrachte. Es war zunächst Teil der von Sarojini Naidu und Kamala Nathan herausgegebenen Zeitschrift „India Ladies Magazine", veröffentlicht in Buchform im Jahr 1905. Ihre literarische Karriere wurde dadurch unterbrochen, dass ihr Mann, ein Diabetiker, allmählich erblindete. Rokeya widmete sich seiner Pflege, aber sie konnte ihn nicht vor dem bevorstehenden Tod bewahren. Er starb am 3. Mai 1909. Währenddessen verlor Rokeya ihre beiden Töchter im Alter von 4, bzw. 5 Monaten.

Andere bedeutende literarische Werke Rokeyas sind der zweite Band von „Motichur" (1922), der Roman „Padmarag" (1924), „Aborodhbasini" (1931). Der letzte von ihr verfasste Beitrag, welcher posthum veröffentlicht wurde, war „Narir Adhikar." Bharati Ray betont in ihrem 2005 verfassten Werk „A Voice of Protest: The Writings of Rokeya Sakhawat Hussain", dass „das grundlegende Thema Rokeyas auf den Protest gegen die Frauenfeindlichkeit in ihrer sozialen Umgebung gerichtet war, wobei sie als stilistische Waffe den Sarkasmus benutzte. Ihre Sprache war einfach und durchzogen von Bitterkeit." (Ray 2005, 434)

Der vorliegende Artikel möchte Rokeya in der Tradition der Frauenbewegung im Allgemeinen und innerhalb der muslimischen Frauen im Besonderen lokalisieren. Befassen wir uns eingehend mit der Geschichte der westlichen Frauenbewegung, so können wir drei relevante literarische Werke erblicken, die bereits erschienen waren, bevor Rokeya mit den Waffen des Wortes gegen die geschlechtliche Ungleichheit kämpfte. Bei diesen Büchern handelt es sich zum einen um „A Vindication oft the Rights of Women", 1772 von Mary Wollstonecraft verfasst, zum anderen um John Stuart Mill`s „The Sujection of Women" (1869) und „The Origin of the Family", 1884 von Friedrich Engels publiziert. Innerhalb der arabischen Welt hat der ägyptische Jurist Qasim Amin, Vater der ägyptischen Frauenbewegung, 1899 ein wegweisendes Buch mit dem Titel „Women`s Liberation" herausgebracht.

Aus diesem Grund ist Rokeyas Stimme sehr bedeutsam in dem Sinne, dass sie sie während einer Zeit erhob, in der muslimische Frauen sich nicht vorstellen konnten, sich in dieser radikalen Art und Weise hörbar zu machen. In ihrem Vorwort zu „Abarodhbasini" schrieb sie:

„Als ich Kurseong und Madhupur besuchte, hob ich viele schöne Steine auf. Von den Stränden Madras und Orissas sammelte ich Muscheln verschiedener Farben und Formen. Doch von unseren streng konservativen Mullas erhielt ich nur Beschimpfungen. (...) Jeder Teil meines Körpers scheidet Sünde aus, demzufolge werde ich mich nicht für irgendeine Schuld in diesem Buch rechtfertigen." (Hossain 1993, 431)

Rokeyas Kenntnisse der englischen Sprache halfen ihr, Einblicke in die westliche Frauenbewegung zu erhalten. Dass sich die Lebensbedingungen von Frauen nicht besser darstellten als diejenigen von Sklaven, schmerzte sie sehr. Im Roman „Padmarag" oder „Ruby" (1924), (übersetzt von Barnita Bagchi) schreibt sie:

„Was sind wir in dieser zivilisierten Welt des 20. Jahrhunderts? Sklaven! Ich höre, dass die Sklaverei als Handel von dieser Welt verschwunden sei, aber ist denn unsere Knechtschaft beendet? Nein. Es gibt Gründe, warum wir noch immer gefangen sind." (Jahan, Sultana`s Dream: Purdah Revised in Sultana`s Dream: A Feminist Utopia and Selections from the Secluded Ones, 1988, p.6)

In ihrem Essay „Strijatir Abanati" hatte Rokeya den Versuch gemacht, die einschlägigen Ursachen für diese schändlichen Bedingungen, unter denen Frauen lebten, zu verstehen. Ihrer Meinung nach handelte es sich um einen Mangel an Gelegenheit zur Befreiung, da sie sich innerhalb eines patriarchalischen Machtspiels befanden, bei dem die Frauen zur Unterwerfung gezwungen sind und sie so in einer sklavenähnlichen Position verbleiben müssen. In „Abarodhbasini" näherte sie sich mit beißenden Worten der Tatsache, dass Frauen sich häufig dieser unterdrückten Position, die sie an Mann und Haus band, nicht bewusst machten:

„Dieses System erinnert mich an tödliches Karbonsäuregas, einen schmerzlosen Killer. Seine Opfer nehmen die tödlichen Alarmsignale einfach nicht wahr. Die im Haushalt versklavten Frauen sterben einen langsamen Tod aufgrund des vernichtenden Gases, das als *Purdah* bekannt ist." (Hossain 1993, 44)

Obwohl Rokeya in ihren Texten strikt gegen die Kontrollen gegenüber den Frauen und gegen ihre Separierungen auftrat, sprach sie sich für die Verschleierung, für das Tragen des Kopftuches aus. In dem Essay „Burqa" von Motichur versuchte sie, den Nutzen und die Notwendigkeit einer Burka zu rechtfertigen. Sie betrachtete die Burka als ein Zeichen der Zivilisation. Ihrer Ansicht nach war die Verschleierung nicht nur natürlichen menschlichen Ursprungs, sondern auch ethisch gerechtfertigt. Sie erwähnte, dass diese Tradition sich nicht in der Tierwelt wiederfinde, sondern ausschließlich der menschlichen Gesellschaft zugeordnet sei. Außerdem würden Frauen anderer Religionen, Christen und Brahmanen, diese Praxis ebenfalls anwenden. Der Hijab und die Burka stellten einen der problematischsten Aspekte dar, mit denen islamische Feministinnen konfrontiert waren. Die Verschleierung wurde insbesondere seit den 1990er Jahren im Zusammenhang mit der Debatte, ob die Bewegung muslimischer Frauen als islamischer Feminismus bezeichnet werden kann, ausführlich diskutiert. Wissenschaftler, die sich mit dem patriarchalischen Verständnis des Koran und des Hadith beschäftigten, haben gezeigt, dass es nicht die Texte selbst, sondern deren Interpretationen sind, die eine Aufrechterhaltung des Patriarchats rechtfertigen. Daher legen islamische Feministinnen großen Wert darauf, diese traditionellen patriarchalischen Prozesse und Strukturen freizulegen und diese von den Textinhalten der heiligen Schriften zu trennen. Was die Verschleierung von muslimischen Frauen betrifft, vertreten islamische Feministinnen unterschiedliche Auffassungen. Während muslimische Feministinnen wie Leila Ahmed, Fatima Mernissi und Asma Barlas den Regeln der Purdah nicht streng folgen, sind für Aktivistinnen wie Amina Wadud und Shirin Ebadi die Ausübungen der vorgeschriebenen Praktiken wichtig. Asma Barlas erwähnt in ihrem epochalen Werk *„Believing Women" in Islam: Unreading Patriarchal Interpretation oft he Qur`an* in welchem Ausmaß relevante Stellen bezüglich der Verschleierung außerhalb ihrer Kontexte zitiert und so zu unterstützenden Aspekten für die Unterdrückung von Frauen werden. Weiterhin führt sie aus:

„Während Al-Tabari der Meinung ist, dass Frauen und Männer diejenigen Körperteile öffentlich zeigen können, die nicht zu den Schambereichen gehören, führt Al-Baydawi aus, dass der ganze Körper einer Frau zum Schambereich zähle und daher bereits der Blick von außen auf diese Bereiche als Unzucht zu bezeichnen sei. Im 17. Jahrhundert hatte Al-Khafafi Gesicht und Hände für Schambereiche erklärt, was im Laufe der Zeit nicht nur zu Verschleierungen von Kopf, Gesicht, Händen und Füßen, sondern auch zur häuslichen Absonderung der Frauen geführt hatte.

Erwähnenswert ist die Situation, in der Rokeya „Sultanas Dream" schrieb und in welcher Weise dieses Buch unmittelbar nach seinem Erscheinen als ein innovatives Werk wahrgenommen wurde:

„Mein wunderbarer Ehemann befand sich auf einer Reise, ich war ganz und gar allein im Haus und schrieb, um mir die Zeit zu vertreiben. Nachdem er zurückgekommen war, fragte er mich, was ich während dieser beiden Tagen getan hatte. Ich antwortete ihm, indem ich ihm den Entwurf von „Sultanas Dream" zeigte. Er las das ganze Stück und rief aus: „Eine schreckliche Art der Rache!" Dann schickte er den Entwurf nach Bhagalpur, um ihn korrigieren zu lassen. Das Manuskript kam jedoch mit der Notiz zurück, es sei in einem perfekten Englisch verfasst. Sie habe hier vorformuliert, in welcher Art und Weise künftige Veränderungen vollzogen werden könnten. Ihre Betrachtungsweise sei aufs Äußerste gut durchdacht."

In seinem Essay „Marginalisation of Muslim Writers in South Asian`s Literature: Rokeya Sakhawat Hossain`s English Work" verortet der Autor Mahmud Hasan „Sultana`s Dream" in die Tradition feministischer Utopien:

„Rokeya strebte die vollständige Partizipation von Frauen in allen Bereichen des Lebens an, und dies 10 Jahre bevor die amerikanische Schriftstellerin Charlotte Perkins Gilman (1860-1935) im Jahr 1915 `Herland` verfasste. Während jedoch die Strategie des Feminismus bei Rokeya in „Sultanas Dream" den männlichen Part für die Reproduktion mit einbezieht, sieht Gilman in `Herland` eine Parthenogenese vor, eine Reproduktion also ohne männliche Beteiligung.

Innerhalb der westlichen Literatur nehmen Werke wie das von Christine De Pizan`s `La Cite des Dames (1405), Margaret Cavendish`s `The Blazing World` (1666) und Sarah Scott`s `Millenium Hall` (1762) Rokeyas Beschreibung einer utopischen feministischen Gesellschaft voraus. Während `Sultana`s Dream` wohl die erste feministische Utopie in der indischen Literatur bezüglich seiner literarischen Struktur und der Fülle der beschriebenen weiblichen Handlungsfreiheit und politischer Partizipation darstellt, steht es historisch einzigartig und unübertroffen in der Tradition der feministischen Utopien (Tharu 1991, 340). Innerhalb der Story bleiben die Männer im häuslichen Bereich, während die Frauen eher dem öffentlichen Leben angehören und die Regierungsgeschäfte leiten.

Einige Kritiker betrachten „Sultana`s Dream`" als das erste Werk aus dem Bereich der science fiction aus Südasien. Amin Malak bezeichnet es als das erste muslimisch-fiktionale und in der englischen Sprache verfasste Buch: „Dieses englische Werk von Rokeya ist nicht so umfangreich wie das anderer indisch-englischer Schriftsteller. Dies ist umso bemerkenswerter als sie keine institutionelle Unterstützung bezüglich einer westlichen Ausbildung erfahren hatte, während viele ihrer männlichen und weiblichen, muslimischen und hinduistischen Zeitgenossen und auch viele der feministischen Schriftstellerinnen vorhergehender Generationen auf dem Subkontinent in dieser Hinsicht privilegierter waren als sie. Viele von ihnen verfügten über eine formale Ausbildung und konnten wichtige Erfahrungen bei einem Aufenthalt in Europa sammeln. Die Feministin und Dichterin Sarojini Naidu (1879-1949) beispielsweise konnte die Gelegenheit wahrnehmen, im berühmten King`s College und im Girton College zu studieren und auf diese Weise kam sie in einen Kontakt zur Sufragetten-Kampagne. Obwohl sie durchaus den Wunsch nach einem formellen Hochschulabschluss hatte, (Hossain 1992, 8) konnte sich Rokeya in keiner institutionellen Bildungseinrichtung einschreiben. Während sie von ihrer Interaktion mit vielen Europäern, die in Indien lebten, und von dem Kontakt zu vielen lokalen Reformern profitierte, war doch ihre Kommunikation mit Schriftstellern, die für die Freiheit der Frauen eintraten, begrenzt. Der Spielraum für Kommunikation war durch die restriktive Auffassung des indischen Purdah im muslimischen Bangladesch zu dieser Zeit extrem beengt (Amin 1996).

Rokeya bemerkte sehr schnell, dass ihre heftige literarische Attacke auf die patriarchalische Gesellschaft mit konkreten Aktivitäten hinsichtlich der Emanzipation und einer Förderung weiblicher Bildung verbunden werden müsste, da eine Stärkung der Position der Frauen andernfalls nur schwierig zu erreichen sein würde. Infolgedessen etablierte sie 1909 eine Schule für Mädchen in Bhagalpur. In Erinnerung an ihren geliebten Ehemann wurde diese Schule „Sakhawat Memorial School" genannt. 1911 zog diese Schule nach Kalkutta um. Man sollte hierbei bedenken, dass Rokeya in ihrer Kindheit von einer formellen Schulbildung ausgeschlossen worden war. Da sie sich ja stets für die Bildung von muslimischen Frauen ausgesprochen hatte, bildete diese Entbehrung vermutlich einen bleibenden Schmerz in Rokeyas psychischer Verfassung. Abgesehen von der Etablierung von Schulen kann ihre natürliche Führungsqualität in ihrer Gründung einer weiblichen Organisation gesehen werden, insbesondere ist hier die 1916 entstandene Gruppe „Anjuman-e Khawatin-e Islam" zu nennen. Diese Organisation war, wie R. Jahan in ihrem Buch „Rokeya Sakhawat Hossain, Sultana`s Dream, A Feminist Utopia an Selections from The Secluded Ones" erwähnt,

„direkt mit der Situation benachteiligter armer Frauen verbunden. Sie bot verarmten Witwen finanzielle Unterstützung an, kümmerte sich um misshandelte Frauen, half mittellosen Familien bei der Verheiratung ihrer Töchter und vor allem förderte sie die Schulbildung armer Frauen. (Jahan 1988, 42)

Diese Kooperationen sind auch unter dem Namen „Nikhil Banga Muslim Samiti" oder „Calcutta Mohammedan Ladies Association" bekannt. Geplant war eine Konferenz unter der Bezeichnung „All India Muslims Ladies Conference", die jedoch aufgrund einer Fehde zwischen zwei einflussreichen aristokratischen muslimischen Familien aus Kalkutta nicht stattfinden konnte.

Rokeya setzte mit ihrer unermüdlichen Energie und schier unerschöpflicher Vitalität wagemutig einen bedeutenden Meilenstein für die muslimische Frauenbewegung in Indien und außerhalb des Landes. Das Rokeya Institute of Value Education and Research (RIVER) hat sich zur Aufgabe gesetzt, ihre Botschaft zu verbreiten und die Frauen aus der Hörigkeit des Patriarchats zu befreien. Das berühmte Rose Bruford College of Theatre and Performance in England adaptierte „Sultana`s Dream" als Theaterstück und führte es in unterschiedlichen Ländern auf.

Literatur von und über Rokeya:

Alam, Fakrul: Introduction. In: Alam Fakrul (Hrg.), South Asian Writers in English, Detroit 2006, 26-28.

Amin, Sonia Nishat: The World of Muslim Women in Colonial Bengal 1876-1939, Leiden 1996.

Begum, Sultan Jahan: An Account Of My Life, 1910.

Begum, Sultan Jahan: Al Hijab or the Necessity of Purdah. Calcutta, 1922.

Hasan, Md. Mahmud, „Marginalisation of Muslim writers in South Asian Literature: Rokeya Sakhawat Hossain`s English Works" *South Asia Research*, 2012.

Hossain, Rokeya Sakhawat, `Motichur` (Pearl Dust), In: Abdul Quadir (Hrg.), Rokeya Rachanabali, Dhaka 2006.

Hossain, Rokeya Sakhawat, Sultana`s Dream, In: Abdul Quadir (Hrg.), Rokeya Rachanabali, Dhaka 2006.

Hossain, Rokeya Sakhawat, `Motichur-II` In: Abdul Quadir (Hrg.), Rokeya Rachanabali, Dhaka 2006.

Hossain, Rokeya Sakhawat, `Nurse Nelly` In: Abdul Quadir (Hrg.), Rokeya Rachanabali, Dhaka 2006.

Hossain, Rokeya Sakhawat, `Delicia Hotya` (`The Murder of Delicia`) In: Abdul Quadir (Hrg.), Rokeya Rachanabali, Dhaka 2006.

Aus dem englischen wurde übersetzt von Dr. Sigrun Müller

Autoren: Die Professoren Naba Gopal Roy und **Shahnaz Begum** sind von den Universitäten SKB University in Purulia, Indien und dem PDC Girls College in Bolpur, Indien. *

Rokeya

Prof. Dr. Md. Mizanur Rahman Khan

"Begum" ist kein Namenszusatz von Rokeya. Ihre Eltern nannten sie "Rokeya Khatun". Nach der Heirat nahm sie den Namen ihres Mannes Sakhawat Hossain an und veröffentlichte ihre Werke unter dem Namen "Rokeya Sakhawat Hossain". Es ist unklar, wer sie zuerst als eine "Begum" bezeichnete und mit welcher Motivation. Der Namenszusatz "Begum" bezeichnete ursprünglich weibliche Angehörige einer Feudalfamilie, die sich nur in männlicher Begleitung aus dem Haus wagen durften. Ihr gewöhnlicher Aufenthaltsort waren ihre eigenen vier Wände, die sie kaum verließen. In ihren Häusern fehlte wortwörtlich das Tageslicht. Diese Situation war mit einer Inhaftierung vergleichbar, Frauen konnten und durften weder frei denken noch sich frei bewegen.

Vermutlich wurde ihr dieser Name von einem patriarchalisch denkenden indischen Literaturwissenschaftler verliehen, der ihr Werk so in ein schlechtes Licht rücken wollte. Rokeya war eine intellektuelle und fortschrittlich denkende Frau und sollte vermutlich so als Konservative dargestellt werden.
Sie wandte sich gegen diese Gefangenschaft der Frauen, indem sie diese literarisch kritisierte. Sie war eine Freidenkerin, aus diesem Grund ist sie nicht als eine "Begum" zu bezeichnen. Sie nahm die Ausbeutung und das Leid der Frauen wahr, sah aber auch, dass sich selbst fortschrittlich denkende und progressive Männer vom traditionellen Denken nicht lösen können oder wollen.

Im Jahr 1928 gab Rokeya ihr letztes Buch, „Avarodhabasini", heraus. Übersetzt heißt dies etwa „Blockade", „Inhaftierung" oder „innere Zurückgezogenheit in die häusliche Umgebung" und es noch heute viel diskutiert innerhalb ihrer Leserschaft. Rajshakor Basu, der 1993 ein Bedeutungswörterbuch bengalischer Begriffe herausgegeben hat, definierte den Ausdruck „Avarodhabasini" folgendermaßen: „Es existiert keine Gelegenheit, nach draußen zu gehen. Man ist gezwungen, zu Hause zu bleiben."

Rokeya fasste in ihrem Werk die Missstände in folgenden Punkten zusammen:

1. Fehlende Bildung 2. Aberglaube 3. Religiöse Rituale 4. Fatwa
5. Fundamentalismus 6. Frauenfeindlichkeit 7. Männerdominanz

Ihrer Ansicht nach war es notwendig, bezüglich dieser oben aufgeführten Aspekte Aufklärungsarbeit zu leisten. Die Begriffe sind als Fortschrittshindernisse eng miteinander verwoben, wobei der letzte Punkt der relevanteste ist. Fortschritt werde aber auch durch den Aberglauben und die Religion massiv behindert, ebenso wie durch die „Belagerungssituation" durch die feudalen Herrscher. Freies Denken hatte und hat in Indien trotz unterschiedlicher Aufklärungswellen in verschiedenen religiösen Gemeinschaften geringe Chancen. Unter dieser Situation litten und leiden nicht nur Frauen, sondern auch diejenigen Männer, die sich mit Aufklärungsinhalten befassen. Bis heute ist die freie Meinungsäußerung in einigen Bundestaaten des indischen Subkontinents trotz freiheitlicher Verfassungen nicht unproblematisch.

In „Avarodhabasini" sammelt Rokeya persönliche Alltagserfahrungen aus ihrem Leben, die sie in etwa 47 kurzen titellosen Anekdoten ausdrückt. Damit wollte sie ihren Lesern den Begriff „Avarodhabasini" und das damit verbundene Schamgefühl nahebringen, das oftmals stärker war als die Furcht vor dem Tod:

1. Anekdote

„Eines Tages drang eine fremde Frau in unseren Hof und unser Haus ein. Eigentlich hätte sie das als Fremde nicht gedurft. Sie sah wie ein Mann aus, trug ähnliche Kleidung wie Männerkleidung. Sie war weiß, groß und kam aus Kabul. Eine Haushälterin sah sie zuerst. Sie hat daraufhin laut geschrien: „Ein Fremder im Hof!" Es war um die Zeit des Mittagsgebetes, in der sich die Frauen für das Ritual gereinigt haben. Die fremde Frau blieb gelassen, beruhigte alle und sagte, sie sei eine Frau und kein Mann. Und sie komme, weil sie hungrig sei und um etwas Essen zu bitten. Dennoch eilten alle Frauen in ihre Zimmer und schlossen ihre Türen. Sie haben eine solche Panik bekommen, als ob ein wildes Tier, etwa ein Bär oder ein Tiger, in ihren Lebensbereich eingedrungen wäre."
Im Original (Gesamtwerk von Rokeya) S. 385.

2. Anekdote

„Ein Haus brennt. Man sah überall nur Flammen lodern. Die Hausherrin packte in Panik alle Schmuckstücke in einen Koffer und flüchtete aus dem Haus. Als sie herauskam, sah sie zahlreiche Männer um das Haus stehen, die versuchten, das Feuer zu löschen und Rettungsarbeiten vornahmen. Bei diesem Anblick entwickelte sie ein heftiges Schamgefühl. Sie überlegte kurz und lief zurück in ihr brennendes Haus, versteckte sich mit ihrem Koffer unter einem Bett und starb in den Flammen." S. 389.

3. Anekdote

„Eine Ehefrau hatte mit ihrem Mann und ihrer Schwiegermutter rituelle Waschungen im Ganges vorgenommen. Nach dem Baden sahen sie viele Menschen in der Umgebung, die sich alle auf ihrem Weg nach Hause befanden. Es handelte sich um ein regelrechtes Gedränge, in dem die Ehefrau ihren Mann und ihre Schwiegermutter verlor. So folgte sie versehentlich einem fremden Mann, da sie einen Sari mit Kopfbedeckung trug, der auch die Sicht maßgeblich behinderte. Ein Polizist bemerkte dies und die Szene hatte bei ihm den Eindruck erweckt, sie werde von dem Fremden entführt. Der Mann aber, daraufhin angesprochen, verneinte dies. So fragte der Polizist die Frau, ob der Mann die Absicht gehabt habe, sie zu verschleppen. Sie verneinte auch und erklärte, sie sei ihm versehentlich nachgegangen. Sie erklärte, ihr Mann habe stets einen gelben Dhoti („Sari" für Männer) getragen und an dieser Farbe habe sie sich immer orientiert. Der Fremde habe die gleiche Farbe getragen und aus diesem Grund sei sie ihm gefolgt. Sie wies darauf hin, dass sie ihren Schleier doch nicht habe aufheben dürfen, um solche Irrtümer zu vermeiden." S. 391

4. Anekdote

„Alle Ehen werden mit der Hilfe von Ehevermittlern geschlossen. Die Paare erfahren erst während der Hochzeit die Identität ihrer Partner. Eines Tages arrangierte ein Fürst die Hochzeit seiner drei Töchter. Die Eheschließung nahm ein Mullah vor. Zwischen Braut und Bräutigam besteht gewöhnlich ein großer Altersunterschied. Sie haben zuvor keine Gelegenheit, sich kennenzulernen. Erst nach den Trauungsritualen dürfen sie sich sehen. Unglücklicherweise verwechselte in diesem Fall der Mullah die Namen der besagten drei Töchter. Dadurch erhielt einer der anwesenden Bräutigame, der 30 Jahre alt war, eine Siebenjährige als seine Braut. Der 30-jährige verweigert daraufhin die Hochzeit. Die Mutter der Siebenjährigen aber bestand auf der Vermählung, woraufhin der Bräutigam mit einer Klage drohte, da er sich betrogen fühlte." S. 398-399

5. Anekdote

„Ein junger Mann, der nicht aus dem Adel stammte, wollte heiraten und bekam durch die Ehevermittlung eine Braut, die älter war als er selbst, aber deren Vater ein angesehener Fürst war. Kurz vor der Eheschließung erfuhr er vom Alter der Braut und verweigerte die Hochzeit. Da dies eine große Blamage für die Brautfamilie bedeutete und deren gutem Ruf schadete, wurde direkt für die abgewiesene und daher sehr traurige Braut ein alternativer Bräutigam herbeigeholt. Es handelte sich dabei um einen Cousin der Frau. Diese Ehe wurde, um einen Skandal zu vermeiden, erzwungenermaßen geschlossen."S. 401

6. Anekdote

„In einem fahrenden Zug fand ein Überfall statt. Der Räuber verlangte, dass alle Frauen ihre goldenen Schmuckstücke hergeben. Die Frauen gehorchten widerstandslos und ohne jede Weigerung. Den Räuber selbst konnten sie unter ihren Schleiern nicht sehen und erkennen, da es für sie eine Sünde darstellte, fremde Männer anzublicken oder ihnen irgendeine Forderung zu verweigern. Die Räuber machten aus diesem Grund reichlich Beute und sie zogen auf der Mitte der Strecke die Notbremse, um auszusteigen und zu flüchten." S. 402

7. Anekdote
„Eine Frau stieg mit ihrem Mann aus einem Zug. Der Mann ließ sie auf dem Bahnhof stehen, um etwas auf dem Marktplatz zu erledigen. Er sagte ihr, dass er schnell wieder zurückkommen werde. Seine Rückkehr aber verzögerte sich so sehr, dass die Frau sehr unruhig wurde, zitterte und ungeduldig wirkte. Andere Menschen wurden auf sie aufmerksam, woraufhin man sie fragte, wie ihr Mann heiße. Daraufhin schwieg sie zunächst. Die Mitmenschen beruhigten sie inzwischen, und versicherten ihr, ihren Mann suchen zu wollen. Sie fragten nach dessen Namen. Da die Frau jedoch aus einer Gegend stammte, in der die Frauen die Namen ihrer Männer nicht aussprechen dürfen, hielt sie ihre Handtasche hoch und deutete immer wieder auf sie. Als der Mann schließlich zurückkam, sich über den Menschenauflauf ärgerte und seinen Namen nannte, wurde klar, dass dieser sich ebenso anhörte wie das englische Wort für Tasche: *„bag."* S. 411.

Rokeya wollte die Gesellschaft reformieren, auch wenn sie einen schwierigen, steinigen und gefährlichen Weg vor sich sah. Ihre einzigartige Zivilcourage war vorbildhaft, nichts konnte sie von ihrem Idealismus oder ihren Projekten abbringen. So verhielt sie sich in jeder Hinsicht mutig. Ihre Philosophie war an alle Frauen gerichtet, nicht nur an ihre indischen Zeitgenossinnen, denn Frauenrechte sind Menschenrechte! Jedoch konnte auch sie die Männerdominanz, die Scharia und den gesellschaftlichen Aberglauben nicht überwinden.

Die von ihr verfassten 47 Anekdoten sind keine Erfindungen, keine Fiktion oder Märchen, sondern persönliche Erfahrungen. Sie hat ihre Texte regelrecht gemalt wie ein Künstler sein Bild mit verschiedenen Farben gestaltet und zeichnet, alles ist miteinander verwoben. Sie hat die Missstände bildhaft beschrieben. Einer davon war die Tatsache, dass Frauen, gleichgültig ob Kinder oder Erwachsene, Männer nicht anblicken durften. Männer ihrerseits sollten keineswegs Frauenstimmen hören dürfen. Demzufolge mussten Frauen sich stets leise, möglichst unhörbar, verhalten. In einem solchen Umfeld ist auch Rokeya aufgewachsen. Insbesondere ihr Bruder setzte sich jedoch über die Schranken der Tradition hinweg und förderte ihren Bildungsdrang. Vieles Wissen eignete sie sich als Autodidaktin an.

Später warb für den großen Gewinn, den Bildung für Frauen darstelle. Sie forderte, obwohl sie sah, dass dies äußerst schwierig umzusetzen sei, dass die Frauen auf eigenen Füßen stehen, sich politisch betätigen, Verantwortung tragen und die männerdominierte Gesellschaft regelrecht demolieren sollten.

Der Schleierzwang setzte sich durch. Die Frauen mussten trotz Hitze, Durst oder Krankheit stets verschleiert sein. Nicht nur für das Verlassen des Hauses war die Verschleierung vorgeschrieben, sondern auch innerhalb des häuslichen Rahmens.

Rokeya leistete mit ihrem literarischen Werk einen großen Beitrag für die muslimische Frau. Sie engagierte sich wie keine andere Frau in Bangladesch und Indien vor ihr.
Ich habe Respekt vor der Schriftstellerin Rokeya, weil sie einen enormen Mut bewies, unsere Gesellschaft mit literarischen Mitteln zu kritisieren. Sie kämpfte gegen die „Purdah", die „verinnerlichte Zurückgezogenheit bzw. Blockade" und damit für die Befreiung der Frau.

Die Bedingungen der indischen Gesellschaft ihrer Zeit machten es ihr außerordentlich schwer, eine Veränderung zu erreichen. Die Organisation ihrer Initiativen erforderte harte Arbeit. Rokeya war mutig und engagiert genug, dass die Männergesellschaft sie nicht stoppen konnte.

Rokeya kämpfte nicht nur für die Frauen Indiens und Bangladeschs, ihr Werk kommt allen Frauen der Welt zu Gute. Sie engagierte sich für die Menschheit.

Die vorliegenden, bisher unveröffentlichten Aufsätze wurden von Hamidul Khan und Miro Nils Khan aus dem Bengalischen übersetzt und von Dr. Sigrun Müller redigiert.

Autor: Professor Mizanur Rahman Khan ist Literaturwissenschaftler an der Universität Rajshahi in Bangladesch. Er beschäftigt sich insbesondere mit Menschenrechten und war mehrmals für Vorträge in Deutschland. *

Erinnerungsporträt Rokeyas im Büro der Schulleiterin (Kalkutta). Die Bildunterschrift lautet: „Du bist unsterblich".

Schulleiterin Papia Nag (Head Mistresses Papia Nag -Singha Mahapatra)vor dem Eingang der Sakhawat Memorial Government Girls' High School in Kalkutta (2013).

Sakhawat Memorial Govt. Girls High School
Adresse: 17, Lord Sinha Road, Elgin, Kolkata, West Bengal 700071, Indien

Zwei Lehrerinnen der Schule bei ihren Unterrichtsvorbereitungen (2013)

Szene aus dem Mathematikunterricht

Klassenraum der Sakhwat Memorial High School. Die Schülerinnen sind muslimischen Glaubens, aber Kopftücher sind an dieser Schule nicht zu sehen (2013).

Klassenraum der Sakhwat Memorial High School. Die Schülerinnen sind muslimischen Glaubens, aber Kopftücher sind an dieser Schule nicht zu sehen (2013).

Klassenraum der Sakhwat Memorial High School. Die Schülerinnen sind muslimischen Glaubens, aber Kopftücher sind an dieser Schule nicht zu sehen (2013).

Nazrul

Nazrul war ein berühmter Dichter und Zeitgenosse Rokeyas. *Frau*, dass wir hier abgedruckt haben, ist eines seiner bekanntesten Gedichte. Es handelt von der Gleichheit der Frauen in aller Welt. Wir möchten ihn hier vorstellen:
(Mehr lesen Sie im Vorwort des Herausgebers)

Gedicht „Die Frau" (Nari) von Kazi Nazrul Islam

সাম্যের গান গাই–
আমার চক্ষে পুরুষ–রমণী কোনো ভেদাভেদ নাই!
বিশ্বের যা কিছু মহান সৃষ্টি চির কল্যাণকর
অর্ধেক তার করিয়াছে নারী, অর্ধেক তার নর।
(Original Text in Bangla)

Kazi Nazrul Islam - ein bengalischer Dichter und poetischer Rebell

Leider kennt man ihn hierzulande kaum oder überhaupt nicht: Der bengalische Dichter Kazi Nazrul Islam fand europaweit bislang wenig Beachtung. Sowohl die Lyrik, die er schuf, als auch sein kompromissloses politisches Engagement, ließ derart viel bis dahin Revolutionäres aus seiner Feder fließen, dass sein umfangreiches Werk die folgenden Jahrzehnte und Jahrhunderte überdauern wird. Es ist reichlich an der Zeit, dass die Menschen im deutschsprachigen Raum sein Schaffen kennenlernen und sich mit ihm auseinandersetzen.

Der verstorbene bengalische Lyriker Kazi Nazrul Islam war ein außerordentlich begabter Dichter. In den 23 Jahren seines Schaffens (von 1919 bis 1942) hat er auf dem literarischen Gebiet im bengalischen Sprachraum im heutigen Indien wahre Pionierarbeit geleistet. Nazrul wuchs in sehr ärmlichen Verhältnissen auf, welche ihn prägten und ein lebenslanges Engagement gegen Unterdrückung, Ausbeutung und Unmenschlichkeiten inspirierten.

Um 1910 begann er mit seinen ersten Schreibversuchen. Bereits mit 20 Jahre veröffentlichte er sein Werk: „nicht Lyrik, sondern Prosa". Sein Nachlass umfasst in 36 Bändern mindestens 2500 liebes - und Kampflieder mit politischen, persönlichen und gesellschaftlichen Themen. Unter anderem setzte er sich mit den Geschlechtern auseinander. Einige seiner Werke wurden zwischen 1922 bis 1930 von der englischen Besatzungsmacht beschlagnahmt. Obwohl die verschiedenen Religionsgruppen in Indien versuchten, ihn für sich zu vereinnahmen, stand er stets für die Säkularisierung seiner Heimat. Er wird in dieser Hinsicht oft verglichen mit Berthold Brecht, Rimbaud, Majakowski und Nazim Hikmet.

In Nazruls Werken standen stets die Themen Liebe, Gerechtigkeit, Gleichheit, Freiheit, Menschenwürde und Frauenwürde im Mittelpunkt. (Mehr lesen Sie im Vorwort des Herausgebers)

Kazi Nazrul Islam

Frau (Nari)

(Übersetzt aus dem Englischen von der Indologin Dr. Monika Carbe)

Ich singe das Lied von der Gleichheit –
In meinen Augen gibt es keinen Unterschied
zwischen Mann und Frau.
Alles, was eine große Schöpfung ist
und eine Wohltat für immer,
wurde zur Hälfte vom Mann geschaffen
und zur Hälfte von der Frau.
Sünden, Leiden, Schmerzen und Tränen,
die auf die Erde kamen,
Männer haben die Hälfte davon ertragen
und Frauen den Rest.
Wer schmäht dich, Frau,
und nennt dich einen Abgrund der Hölle?
Sag ihm,
die Frau ist nicht die eigentliche Sünderin,
sondern der männliche Teufel.
Ob Teufel oder Satan,
das ist weder Mann noch Frau,
sondern ein Neutrum,
das in gleicher Weise
durch Mann und Frau fließt.
Die Blumen, die auf der Erde blühten,
und die Früchte, die gewachsen sind,
es ist die Frau, die ihnen Saft, Schönheit,
Nektar und Duft hinzugefügt hat.
Du hast den Marmor des Taj Mahal gesehen,
hast du seine Seele gesehen?
Momtaj, die Frau, bleibt in seinem Herzen,
Shahjahan bleibt draußen.

Es ist die Frau, die das Schicksal der Weisheit ist,
das Schicksal der Musik und das der Ernte,
die Frau, das Schicksal des Glanzes
raunt in allen Schönheiten.
Der Mann hat den Schmerz des Tages gebracht
Und seiner sengenden Hitze;
die Frau hat den Frieden der Nacht gebracht,
die Brise und Regen.
Die Frau hat während des Tages
für Kraft und Mut gesorgt
und wurde Weib bei Nacht.

Der Mann kam mit dem Durst der Wüste,
sie hat für Nektar gesorgt.
Das Kornfeld ist fruchtbar geworden,
der Mann hat es gepflügt:
die Frau hat Samen in das Feld gesät
und hat es grün werden lassen.
Der Mann trägt den Pflug, die Frau das Wasser,
von einem solchen Gemisch aus Erde und Wasser
wuchs das Korn im Überfluss,
in Form von goldenen Ähren.

Gold und Silber sind zu Juwelen geworden,
nur um die Organe der Frau zu berühren.
Der Mann ist zum Dichter geworden, während er sich nach der Frau sehnt
und sich mit ihr vereint,
Alle seine Worte sind zu Gedichten geworden,
alle seine Laute und Lieder.
Der Mann hat Appetit, die Frau gibt Nektar,
von diesem Gemisch aus Appetit und Nektar
wird nach und nach das große Kind des großen Manns geboren.
Alle großen Siege der Welt
und alle großen Reisen
haben Würde erreicht durch das Opfer von Müttern, Schwestern und Ehefrauen.
Wie viel Blut der Mann vergossen hat,
wird in der Geschichte berichtet,
wie viele Frauen Witwen geworden sind,
wird dort nicht beschrieben.

Außer den Erinnerungen an die Helden
auf ihren Grabsteinen,
wer hat geschrieben, wie viele Mütter
ihre Herzen ermunterten
und wie viele Schwestern ihnen dienten?
Das Schwert des Mannes ist nie allein siegreich gewesen,
die Frau, das Schicksal des Sieges, hat ihm
Inspiration und Kraft gegeben.
Der König regiert das Königreich
und die Königin den König.
Das Mitgefühl der Königin
hat alles Elend vom Königreich weggewaschen.
Der Mann war herzlos, um ihn menschlich
zu machen, lieh ihm die Frau
die Hälfte ihres Herzens.
All die großen Berühmtheiten, unsterblich,
deren Ruhm keine Grenzen kennt
und derer wir jedes Jahr gedenken,
wurden listig von ihren Vätern betrogen:

Rama verließ Lob Kush im Dschungel,
es war Sita, die ihn nährte.
Die Frau lehrte das männliche Baby
Zuneigung, Liebe, Freundlichkeit
und Mitgefühl,
sie schminkte seine Augen mit Kohle
als intensiven Schatten des Schmerzes.
Der grausame Mann zahlte diese Schuld
auf seltsame Weise:
Er bestrafte sie,
die ihn an ihrer Brust gehalten hatte.
Er war die Inkarnation des Mannes,
der auf den Befehl des Vaters hin
seine Mutter mit der Axt erschlug.
Die Frau, halb die Göttin, hat sich
im Bett der Welt zur Seite gelegt,
der Mann ist nun so lange versteckt,
wie die Frau versteckt war.
Jene Tage sind vergangen,
als nicht die Männer,

nur die Frauen gefangen waren.
Jetzt ist das Zeitalter der Gleichheit,
dass niemand der Gefangene eines anderen wird,
wird durch Trommelwirbel verkündet.
Wenn der Mann immer noch die Frau gefangen setzt,
wird die Wende kommen,
wenn der Mann verrottet und stirbt
in demselben Gefängnis, das er baute.
Es ist die Gerechtigkeit des Zeitalters,
wenn du folterst,
wird diese Folter dich eines Tages ereilen.
Hört, oh ihr Geschöpfe der Erde,
je mehr ihr andere unterdrückt,
desto mehr werdet ihr impotent.

Oh Frau, wer dich einsperrte
im Taubenschlag des Schatzes,
mit den Juwelen aus Gold und Silber?
Sag, wer ist dieser Unterdrücker?
Jetzt hast du keine Möglichkeit, dich auszudrücken,
du, die Schüchterne, sprichst nur
hinter der Gardine!
Du kannst deinem Gegenüber nicht in die Augen sehen,
du trägst immer noch Arm- und Fußreifen.

Oh Frau, reiß den Schleier ab,
den du auf dem Kopf trägst,
zerbrich diese Kette!
Wirf den Schleier ab,
der dich schüchtern gemacht hat!
Wirf allen Schmuck ab,
das Symbol der Knechtschaft!

Tochter der Erde!
Bleib nicht länger im Dschungel,
um zu den Bäumen zu singen!
Auf den Flügeln der Nacht
kam Pluto, der König des Hades,
und sperrte dich in seiner Höhle ein.
Seitdem bist du gefangen,

du lebst tot in der Hölle des Todes:
Es war das erste Mal,
als die Nacht auf die Erde herabstieg.
Zerbrich die Höhle im Hades,
tauch empor wie die Schlangenjungfrau,
die die Unterwelt besiegte!
Deine zerbrochenen Ringe
werden dir keinen Pfad in der Finsternis zeigen.
Der graue Hund, das ist der Hunger des Mannes
an deinem Bein,
und er wird dir tot zu Füßen liegen
mit dem zerstörten Yama.
So lange hast du Ambrosia angeboten,
heute ist etwas anderes nötig:
die Hand, die Ambrosia anbot,
muss jetzt Schierling bieten.
Nicht sehr fern ist der Tag,
wenn die Welt singen wird:
der Sieg der Frau an der Seite des Mannes!

Sultanas Traum

In *Sultanas Traum* erschafft Rokeya eine Welt, in der die Rollen vertauscht sind: Frauen befinden sich an der Spitze der Gesellschaftsordnung, während Männer eine untergeordnete Rolle spielen. Frauen verfügen über eine weitreichende Freiheit: Sie müssen keine Angst haben, allein in der Öffentlichkeit zu laufen und sind frei von Leid und Sünden. Das ist als Kritik an der Purdha, (Burka und andere Formen der Verschleierung) zu verstehen. Die Verschleierung wird unterschiedlich begründet: Zum einen als religiöse Pflicht, zum anderen als Garant für Privatsphäre.
Sultanas Traum wird von westlichen Literaturwissenschaftlern als eines der ersten Sozial-Science-Fiction Werke, das sich mit Frauen beschäftigt, angesehen.
Der Roman wurde 1905 in englischer Sprache verfasst und herausgegeben. Der Roman wurde auch auf Deutsch übersetzt und ist unter dem Namen *Roquia Sakhawat Hussai: Sultanas Traum*, verlegt durch Werner Pieper & The Grüne Kraft, ISBN 978-3-930442-79-9, zu finden. (Miro Nils Khan)

Rokeya Sakhawat Hossain
Sultana's Traum

Übersetzt aus dem Englischen von Dr. Alia Taissina.

Mit Hochachtung widme ich dieses Büchlein meiner älteren Schwester, die mir, als ich Kind war, gütig geholfen hat, das englische Alphabet zu lernen.

Eines Abends saß ich untätig auf dem Stuhl in meinem Schlafzimmer und dachte träge an die Situation indischer Frauen. Ich bin mir nicht sicher, ob ich im Halbschlaf war oder nicht. Aber soweit ich mich erinnere, war ich hellwach. Ich sah sehr klar den Himmel im Mondschein, an dem Tausende von Sternen wie Diamanten glänzten.
Plötzlich stand eine Dame vor mir; ich weiß nicht, wie sie hereingekommen war. Ich hielt sie für meine Freundin, Schwester Sara.
„Guten Morgen", sagte Schwester Sara. Ich lächelte innerlich, da ich wusste, dass es nicht Morgen, sondern eine sternenklare Nacht war. Trotz allem antwortete ich ihr: „Wie geht es Ihnen?"
„Danke, es geht mir gut. Willst du hinauskommen und einen Blick auf unseren Garten werfen?"

Ich schaute mir den Mond durch das offene Fenster wieder an und dachte, es sei nichts Schlimmes dran, dass ich um die Zeit hinausgehe. Die Diener draußen schliefen um die Zeit fest und ich konnte einen schönen Spaziergang mit Schwester Sara machen.

Immer, wenn wir in Darjeeling waren, ging ich mit Schwester Sara spazieren. Vielmals sind wir dort Hand in Hand im Botanischen Garten spazieren gegangen und haben unbeschwert geplaudert. Ich dachte, Schwester Sara sei wohl gekommen, um mir so einen Garten zu zeigen, nahm bereitwillig ihr Angebot an und ging mit ihr hinaus.

Während des Spaziergangs fand ich zu meiner Überraschung, dass es ein schöner Morgen war. Die Stadt war hellwach und die Straßen waren voller lebhafter Menschen. Ich war sehr verlegen, weil ich dachte, dass ich über die Straßen beim grellen Tageslicht laufe, aber es war kein einziger Mann zu sehen.

Manche von Passantinnen machten sich über mich lustig. Obwohl ich ihre Sprache nicht verstand, fühlte ich ganz genau, dass sie Witze rissen. Ich fragte meine Freundin: „Was sagen sie?"
„Die Frauen sagen, dass du wie ein Mann aussiehst".
„Wie ein Mann?", fragte ich. „Wie meinen sie das?"
„Sie meinen, dass du schüchtern und ängstlich wie Männer bist".
„Schüchtern und ängstlich wie Männer?" Das war wirklich ein Witz. Ich wurde sehr nervös, als ich entdeckte, dass meine Begleiterin nicht die Schwester Sara, sondern eine Unbekannte war. Oh, wie blöd war es, diese Frau für meine liebe alte Freundin Schwester Sara gehalten zu haben.
Sie fühlte, dass meine Finger in ihrer Hand zitterten, während wir Hand in Hand spazierten.

„Was ist los, meine Liebe?", fragte sie herzlich.
„Ich fühle mich irgendwie komisch", sagte ich, als ob ich mich entschuldigen würde.
„Als eine verschleierte Frau bin ich es nicht gewohnt, ohne Schleier herumzulaufen".
„Habe keine Angst, dass du hier einem Mann begegnest. Das ist ein Frauenland, frei von der Sünde und Bösem. Hier regiert die Tugend selbst".
Allmählich begann ich die Landschaft zu genießen. Sie war wirklich toll. Der grüne Rasen fühlte sich wie ein Samtkissen an. Ich hatte das Gefühl, dass ich über einen weichen Teppich laufe. Ich schaute nach unten und fand einen Weg, bedeckt mit Moos und Blumen.

„Es ist so schön", sagte ich.
„Gefällt es dir?", fragte Schwester Sara. Ich nannte sie weiterhin „Schwester Sara" und sie nannte mich bei meinem Namen.
„Ja, es gefällt mir sehr, aber ich mag nicht auf zarte und süße Blumen treten!"
„Mach dir keine Sorgen, liebe Sultana, deine Schritte schaden ihnen nicht, es sind wilde Blumen".
„Der ganze Ort hier sieht wie ein Garten aus", sagte ich bewundernd. „Sie haben jede Pflanze so kunstvoll arrangiert".
„Euer Kalkutta könnte ein schönerer Garten als dieser werden, wenn eure Landsleute es wollten".
„Sie denken wohl, dass es keinen Sinn hat, zu viel Aufmerksamkeit dem Gartenbau zu schenken, während sie so viele andere Dinge zu erledigen haben."
„Du könntest keine bessere Entschuldigung finden", sagte sie mit einem Lächeln.

Es interessierte mich sehr, wo die Männer waren. Während des Spaziergangs bin ich mehr als hundert Frauen begegnet, aber keinem einzigen Mann.

Männer?", fragte ich sie.
„Dort, wo sie hingehören".
„Bitte, erklären Sie mir, wo sie hingehören".
„Oh, ich sehe meinen Fehler: du kannst unsere Bräuche nicht kennen, du warst ja noch nie hier. Wir halten unsere Männer in den Häusern eingesperrt".
„Wie man uns in den Frauengemächern hält?"
„Genau".
„Wie lustig". Ich lachte. Schwester Sara lachte auch.
„Aber, liebe Sultana, wie ungerecht ist es, harmlose Frauen einzusperren und Männer frei laufen zu lassen".
„Warum? Es ist nicht sicher für uns, die Frauengemächer zu verlassen, weil wir von der Natur aus schwach sind".
„Ja, es ist nicht sicher, solange Männer auf den Straßen sind oder wenn ein wildes Tier einen Basar betritt".
„Ja-ja, so ist es".
„Stell dir vor: ein Paar Geisteskranke sind aus dem Irrenhaus geflohen und haben angefangen, Menschen, Pferden und anderen Wesen zu schaden. Was würden deine Landsleute in diesem Fall tun?"
„Sie würden versuchen, sie einzufangen und zurück in die Anstalt zu bringen".
„Ich danke dir! Du glaubst ja nicht, dass es klug ist, gesunde Menschen in einer Irrenanstalt zu halten und Kranke herumlaufen zu lassen?"
„Natürlich nicht!", sagte ich und lachte leise.
„In Wirklichkeit wird es in Eurem Land genau so gemacht! Männer, die den Schaden bringen oder es machen könnten, sind frei und unschuldige Frauen in den Frauengemächern geschlossen! Wie könnt ihr diesen ungeübten Männern draußen vertrauen?"
„Wir haben keine Stimme bei der Regelung solcher gesellschaftlichen Sachen. In Indien ist Mann Herr und Meister. Er hat an sich die ganze Macht und Privilegien gerissen und die Frauen in den Frauengemächern eingesperrt".
„Warum erlaubt ihr euch einzusperren?"
„Weil es nicht anders geht – sie sind stärker, als Frauen".
„Ein Löwe ist stärker, als Mann, aber er kann die menschliche Rasse nicht dominieren. Ihr habt auf eure Pflichten verzichtet und euer natürliches Recht verloren, indem ihr die Augen für eure eigene Interessen geschlossen habt".
„Aber, meine liebe Schwester Sara, wenn wir alles selbst machen, was werden dann Männer tun?"
„Sie müssen nichts tun, entschuldige: sie sind zu nichts fähig. Fangt sie nur ein und steckt in die Frauengemächer".

„Wird es denn so leicht sein, sie zu fangen und in die vier Wände zu stecken?" sagte ich. „Und wenn das gemacht werden kann, wandern nicht alle ihre Geschäfte, politische und kommerzielle, auch mit ihnen in die Frauengemächer?"
Schwester Sara antwortete nicht. Sie lächelte nur zärtlich. Vielleicht dachte sie, es hätte keinen Sinn, mit jemand zu diskutieren, der nicht besser sei, als ein Frosch in einer Quelle.
Zu dem Zeitpunkt erreichten wir das Haus von Schwester Sara. Es lag in einem schönen herzförmigen Garten. Es war ein Bungalow mit gewelltem eisernem Dach. Es war kühler und schöner, als jedes unserer Häuser für reiche Menschen. Ich kann nicht beschreiben wie ordentlich und schön möbliert und geschmackvoll dekoriert es war.
Wir saßen nebeneinander. Sie brachte aus dem Salon eine Stickerei und begann eine neue Arbeit.
„Kannst du stricken und nähen?"
„Ja, wir haben keine andere Arbeit in unseren Frauengemächern."
„Aber wir vertrauen den Bewohnern unserer Frauengemächer keine Stickereien an", sagte sie lachend, „weil ein Mann keine Geduld hat, um einen Faden durch die Öse zu ziehen".
„Haben Sie das alles selbst gemacht?", fragte ich sie und zeigte auf verschiedene bestickte Kleidungsstücke.
„Ja".
„Wie finden Sie Zeit für das alles? Sie müssen ja auch im Büro arbeiten? Oder nicht?"
„Ja. Ich verbringe im Labor nicht den ganzen Tag. Meine Arbeit ist in zwei Stunden fertig".
„In zwei Stunden? Wie schaffen Sie das? In unserem Land arbeiten Beamte und Magistrate sieben Stunden täglich".
„Ich habe gesehen, wie manche von ihnen arbeiten. Glaubst du, dass sie all die sieben Stunden arbeiten?"
„Natürlich tun sie das!"
„Nein, liebe Sultana, sie tun das nicht. Sie vertrödeln ihre Zeit beim Rauchen. Manche rauchen zwei oder drei Zigarren während der Bürozeit. Sie reden viel über die Arbeit, aber machen wenig. Stell dir vor: eine Zigarre braucht eine halbe Stunde, um zu verbrennen, und ein Mann raucht zwölf Zigarren täglich; dann siehst du, dass er jeden Tag sechs Stunden verliert nur um zu rauchen".
Wir redeten über verschiedene Dinge; und ich sah, dass sie keine epidemischen Krankheiten hatten, sie litten auch nicht an Stechmückenstichen wie wir. Ich staunte sehr, als ich hörte, dass im Frauenland keiner in der Jugend starb außer an seltenen Unfällen.
„Willst du unsere Küche sehen?", fragte sie mich.

„Gerne", sagte ich und wir gingen in die Küche. Natürlich hatte man die Männer gebeten abzuräumen, als ich dahin kam.
Die Küche befand sich in einem schönen Küchengarten. Jede Kletterpflanze, jede Tomatenpflanze war sie selbst und gleichzeitig eine Dekoration. Ich fand keinen Rauch und ebenso keinen Rauchabzug in der Küche, - sie war sauber und hell. Die Fenster waren mit Blumengirlanden geschmückt. Es gab keine Spur von Kohle und Feuer.
„Wie kocht ihr?", fragte ich.
„Mit Solarenergie". Sie sagte es, während sie mir ein Rohr zeigte, durch das das konzentrierte Sonnenlicht und Sonnenwärme kamen. Und ab und zu kochte sie etwas, um mir den Prozess zu zeigen.
„Wie schafft ihr, die Sonne hier zu sammeln und aufzubewahren?", fragte ich sie neugierig.
„Lass mich dir etwas aus unserer Geschichte erzählen. Vor dreißig Jahren, als unsere erste Königin dreizehn Jahre alt war, erbte sie den Thron. Sie war eine Königin nur dem Namen nach, in Wirklichkeit regierte der Premierminister das Land.
Unsere gute Königin liebte Wissenschaft sehr. Sie gab den Befehl, dass alle Frauen in ihrem Land eine Bildung bekommen sollten. Der Zahl der Mädchen entsprechend wurden Schulen gegründet und von der Regierung unterstützt. Die Bildung breitete sich unter Frauen aus. Und frühe Heiraten wurden verboten. Keine Frau war durfte heiraten, bevor sie einundzwanzig war. Ich muss dir sagen, dass wir vor dieser Wende streng abgeschottet waren".
„Wie der Spieß umgedreht wurde!", warf ich ein und lachte.
„Aber die Geschlechtertrennung ist die gleiche", sagte sie. „Ein paar Jahre später hatten wir getrennte Universitäten, in die keine Männer aufgenommen wurden.
In der Hauptstadt, wo unsere Königin lebt, gibt es zwei Universitäten. Eine von ihnen erfand ein Wunderballon, an welches man einige Rohre anschloss. Mithilfe dieses Ballons, welches man über den Wolken schweben ließ, konnte man so viel Wasser aus der Atmosphäre bekommen, wie man wollte. Weil das Wasser ununterbrochen von den Universitäts-mitarbeiterinnen geholt wurde, gab es keine Regenwolken, und die geniale Frau Rektorin stoppte dadurch Regen und Stürme."
„Echt? Jetzt verstehe ich, warum es hier keinen Schlamm gibt", sagte ich. Aber ich konnte nicht fassen, wie es möglich war, Wasser in den Rohren zu sammeln. Sie erklärte mir, wie es gemacht wurde, aber ich konnte sie nicht verstehen, weil meine wissenschaftlichen Kenntnisse sehr gering waren.
Trotzdem fuhr sie fort. „Dann haben sie versucht, etwas noch Ungewöhnlicheres zu machen. Sie erfanden ein Gerät, mit dem sie so viel Sonnenwärme speichern konnten, wie sie wollten. Und sie speicherten sie, um an andere nach Bedarf zu verteilen.

Während Frauen sich mit wissenschaftlicher Forschung beschäftigten, bemühten sich die Männer darum, ihre Militärmacht zu erhöhen. Als sie erfuhren, dass die Frauenuniversitäten gelernt haben, Wasser aus der Atmosphäre zu ziehen und die Sonnenwärme zu speichern, lachten sie über die Forscherinnen aus den Universitäten und nannten das Ganze ' einen sentimentalen Albtraum '».
„Ihre Errungenschaften sind wirklich toll! Aber sagen Sie mir, wie Sie geschafft haben, Männer ihres Landes in die Frauengemächer zu bekommen. Haben Sie sie zuerst eingesperrt?"
„Nein".
„Sie würden kaum ihr freies und offenes Leben freiwillig aufgeben und sich für die vier Wände in den Frauengemächern entscheiden. Die sind wohl überwältigt worden."
„Ja, so war es!"
„Von wem? Ich nehme an, von Kämpferinnen?"

„Nein, nicht durch Waffen".

„Aber es kann nicht sein. Männerwaffen sind stärker, als Frauenwaffen. Dann wie?"

„Mit Gehirn".

„Sogar ihre Hirne sind größer und schwerer, als die von Frauen, oder?"

„Ja, und? Ein Elefant hat ein größeres und schwereres Hirn, als ein Mann. Aber ein

Mann kettet einen Elefanten an und lässt ihn arbeiten nach seinem Wunsch".

„Gut gesagt, aber erzählen Sie mir bitte, wie das alles passiert ist. Ich sterbe vor Neugier, es zu wissen".
„Frauen denken etwas schneller, als Männer. Vor zehn Jahren, als Offiziere unsere wissenschaftlichen Entdeckungen 'einen sentimentalen Albtraum ' nannten, wollten manche von unseren jungen Damen darauf antworten. Aber beide Rektorinnen hielten sie zurück und sagten, sie sollten antworten, aber nicht mit Worten, sondern durch Taten, wenn sich eine Möglichkeit ergeben würde. Und sie mussten auf diese Möglichkeit nicht zu lange warten".
„Ach, wie schön!", ich klatschte von Herzen Beifall.
„Und jetzt träumen die stolzen Herren selbst sentimentale Träume".
„Bald darauf kamen einige Menschen vom Nachbarland und haben bei uns Asyl bekommen. Sie hatten Schwierigkeiten, weil sie dort politisch aktiv waren. Der König, dem es mehr um die Macht ging, als um eine gute Regierung, bat unsere gutherzige Königin diese Menschen seinen Beamten zu übergeben. Sie lehnte es ab, weil Asylanten auszuliefern gegen ihre Prinzipien war. Wegen dieser Weigerung erklärte der König unserem Land den Krieg.

Unsere Offiziere sprangen sofort auf die Beine und marschierten los, um den Feind zu treffen. Aber der Feind war zu stark für sie. Unsere Soldaten kämpften ohne Zweifel tapfer. Aber trotz ihrer Tapferkeit eroberte die feindliche Armee unser Land Schritt für Schritt.
Fast alle Männer gingen in den Krieg, sogar sechzehnjährige Jungen blieben nicht zu Hause. Die meisten von unseren Soldaten wurden getötet, der Rest wurde zurückgedrängt und der Feind stand in 25 Meilen von der Hauptstadt.
Im Palast der Königin fand eine Versammlung von weisen Frauen statt, um zu beraten und zu entscheiden, was gemacht werden soll, um das Land zu retten. Manche haben angeboten, zu kämpfen wie Soldaten: andere widersprachen und sagten, dass Frauen nicht ausgebildet waren, mit Schwertern und Kanonen zu kämpfen, sie waren auch nicht gewohnt andere Waffen zu nutzen. Die dritte Partei bedauerte, dass sie körperlich hoffnungslos schwach sei."
„Wenn ihr unser Land wegen des Mangels an physischer Kraft nicht retten könnt", sagte die Königin, „versucht das mit der Kraft des Gehirns zu machen".
„Einige Minuten lang war es totenstill. Dann sagte ihre königliche Hoheit wieder: „Wenn ich das Land und meine Ehre verliere, muss ich Selbstmord begehen".
„Dann sagte die Rektorin der zweiten Universität (die die Sonnenwärme gespeichert hatte), die während der Besprechung in Gedanken versunken war, dass sie noch nicht verloren seien und es etwas Hoffnung für sie gäbe. Sie hätte einen Plan und würde versuchen, ihn umzusetzen, und das würde der erste und letzte Versuch sein: wenn sie verlieren würden, es bliebe nichts anderes, als Selbstmord zu begehen. Alle, die dabei waren, haben feierlich geschworen, dass sie nie erlauben würden, sie wieder zu versklaven, egal was passierte.
„Die Königin dankte ihnen herzlich und bat die Frau Rektorin ihren Plan umzusetzen. Frau Rektorin stand wieder auf und sagte: „Bevor wir gehen, müssen die Männer in die Frauengemächer gehen. Ich werde für sie beten." „Ja, natürlich", antwortete ihre königliche Hoheit.
„Am nächsten Tag rief die Königin alle Männer auf, sich in die Frauengemächer zu begeben, um der Ehre und - Freiheitswillen.
Verwundet und übermüdet wie sie waren, hielten sie diesen Befehl eher für einen Segen! Sie verneigten sich tief und gingen in die Frauengemächer ohne ein Wort des Protestes. Sie waren sich sicher, dass es gar keine Hoffnung für dieses Land mehr gab.

Dann ging die Frau Rektorin mit ihren zwei Tausend Studentinnen auf das Schlachtfeld und als sie dort ankamen, richteten sie all die Strahlen von konzentrierter Sonn,- Licht,- und Wärmeenergie auf die Feinde.
Diese konnten die Hitze und das Licht nicht ertragen. Sie alle rannten in Panik weg.

In ihrer Verwirrung wussten sie nicht, wie sie dieser sengenden Hitze widerstehen sollten. Während sie wegliefen, ihre Gewehre und andere Waffen liegen lassend, wurden sie von der Sonnenhitze verbrannt.
Seitdem versuchte keiner unser Land noch einmal zu erobern."
„Und haben dann eure Landsmänner nie versucht aus den Frauengemächern zu kommen?"
„Ja, sie wollten frei sein. Manche von den Polizeibeamten und Magistraten schickten ein Schreiben an die Königin, in dem stand, dass die Berufssoldaten es natürlich verdient haben, eingekerkert zu sein dafür, dass sie versagt hätten, aber sie haben ihre Pflicht nicht vernachlässigt und deshalb darf man sie nicht bestrafen. Und sie baten, ihnen zu erlauben in ihre Ämter zurückzukehren.
Ihre königliche Hoheit schickte ihnen einen Rundbrief, in dem es stand, dass wenn man ihre Dienste je brauchen würde, würde man nach ihnen schicken, und in der Zwischenzeit sollen sie bleiben, wo sie sind.
Jetzt, wo sie sich an das Geschlechtertrennungssystem gewohnt haben und aufgehört haben wegen ihrer Isolation zu murren, nennen wir das System „Murdana (Männergemächer)" statt „Zenana (Frauengemächer)".
„Aber wie schafft ihr das", -fragte ich Schwester Sara, „ohne Polizei oder Stadträte auszukommen im Fall eines Mordes oder eines Diebstahls?"
„Seit das „Murdana"- System eingeführt wurde, hat es keine Verbrechen oder Sünden mehr gegeben; seit der Zeit brauchen wir keinen Polizisten um einen Täter zu finden oder einen Richter, um eine Gerichtsverhandlung zu leiten."
„Das ist wirklich sehr gut. Ich vermute, dass wenn es eine unehrliche Person geben würde, könntet ihr sie leicht bestrafen. Wie ihr einen entscheidenden Sieg errungen habt, ohne einen einzigen Tropfen Blut zu vergießen, so konntet ihr Verbrechen und Verbrecher ohne viel Aufwand loswerden."
„Liebe Sultana, willst du hier sitzen bleiben oder gehen wir in mein Wohnzimmer?", - fragte sie mit sanftem Lächeln. „Aber hier müssen wir jetzt weg, weil die Herren mich verfluchen werden dafür, dass ich sie von ' ihren Pflichten in der Küche so lange abhalte '". Wir beide lachten von Herzen.
„Wie werden meine Freundinnen zu Hause amüsiert und erstaunt sein, wenn ich zurückkehre und ihnen sage, dass im fernen Frauenland Frauen das Land regieren und all die sozialen Angelegenheiten kontrollieren, während Männer in den Männergemächern gehalten werden, um Kinder zu versorgen, zu kochen und alle Arten von Hausarbeit zu machen; und das Kochen ist eine so einfache Sache, dass es einfach ein Vergnügen ist zu kochen!"
„Ja, erzähl ihnen über alles, was du hier siehst."
„Erzählen Sie mir bitte, wie ihr die Erde kultiviert und wie ihr pflügt und andere schwere körperliche Arbeiten verrichtet."

„Unsere Felder werden mithilfe der Elektrizität bestellt, welche auch als Triebkraft für andere schwere Arbeiten dient und wir nutzen sie auch für unseren Luftverkehr. Wir haben keine Eisenbahnen und keine gepflasterten Straßen hier".
„Deshalb geschehen hier keine Straßenverkehrs- und Eisenbahnunfälle", sagte ich.
„Vermisst ihr nie das Regenwasser?", fragte ich. „Nie, seit die 'Wasserballons ' installiert wurden. Du siehst den großen Ballon und dort angeschlossene Rohre. Mit deren Hilfe können wir so viel Regenwasser holen wie wir brauchen. Wir leiden auch nie an Überschwemmungen oder Gewittern. Wir alle sind sehr damit beschäftigt, dass die Natur so viel Ertrag bringt, wie sie kann. Wir haben keine Zeit miteinander zu streiten, weil wir niemals untätig sitzen. Unsere edle Königin ist ganz von der Botanik begeistert; ihr Ziel ist das ganze Land in einen großen Garten zu verwandeln."

„Die Idee ist exzellent. Was esst ihr hauptsächlich?" „Obst". „Wie haltet ihr euer Land kühl bei heißem Wetter? Wir halten Regen im Sommer für Gottes Segen".
„Wenn die Hitze unerträglich wird, besprenkeln wir die Erde mit vielen Regenschauern, die von künstlichen Springbrunnen kommen. Und bei kaltem Wetter wärmen wir unsere Zimmer mit der Sonnenwärme auf."
Sie zeigte mir ihr Badezimmer, dessen Dach man aufklappen konnte. Sie konnte eine Dusche nehmen, wann immer sie wollte. Dafür musste sie bloß das Dach aufklappen, das wie ein Deckel einer Box aussah, und an dem Wasserhahn der Dusche drehen.
„Ihr seid glückliche Menschen", rief ich. „Ihr kennt keine Wünsche. Darf ich fragen, welche Religion ihr habt?" „Unsere Religion gründet auf Liebe und Ehrlichkeit. Unsere religiöse Pflicht ist einander zu lieben und ganz ehrlich zu sein. Wenn jemand lügt, wird sie oder er..." „Hingerichtet?"
„Nein, nicht hingerichtet. Uns macht es kein Vergnügen ein Geschöpf Gottes zu töten, besonders einen Menschen. Die Person, die gelogen hat, wird gebeten, das Land im Guten zu verlassen und nie wieder zurückzukehren."
„Wird einem Täter nie vergeben?" „Doch, wenn dieser Mensch ehrlich bereut".
„Ist es euch nicht erlaubt, einen Mann, außer euren Verwandten zu sehen?"
„Unser Kreis von geheiligten Verwandtschaftsbeziehungen ist sehr eng: sogar Cousins ersten Grades gehören nicht dazu."
„Aber unser ist sehr groß: sogar ein entfernter Cousin ist so geheiligt wie ein Bruder." „Das ist sehr gut. Ich sehe, in eurem Land regiert die Reinheit selbst. Ich würde gerne die gute Königin sehen, die so scharfsinnig und weitsichtig ist und alle diese Gesetze gemacht hat." „Gut", sagte Schwester Sara.
Dann schraubte sie ein paar Sitze auf ein quadratisches Holzbrett. An diesem Brett befestigte sie zwei glatte gut polierte Bälle. Als ich sie fragte, wofür die Bälle seien, sagte sie, es wären Wasserstoffbälle und man benutzte sie, um die Schwerkraft zu überwinden.

Die Bälle hatten unterschiedliche Leistungsfähigkeit, damit sie für den Transport von verschiedenen Gewichten verwendet wurden. Dann befestigte sie an dem Luftschiff zwei flügelartige Blätter, die, wie sie sagte, von der Elektrizität angetrieben wurden. Nachdem wir uns bequem gesetzt haben, berührte sie den Knopf und die Blätter begannen sich zu drehen und jede Sekunde drehten sie sich schneller und schneller. Zuerst stiegen wir auf eine Höhe von sechs oder sieben Fuß über dem Ort, von dem wir geflogen sind. Aber bevor ich verstanden habe, dass wir uns in Bewegung gesetzt haben, erreichten wir den Garten der Königin. Meine Freundin senkte das Luftschiff, indem sie ihre Bewegungen in umgekehrter Reihenfolge wiederholte, und als das Schiff die Erde berührte, stoppte sie es und wir stiegen aus.
Ich habe aus dem Luftschiff die Königin mit ihrer kleinen Tochter, die vier Jahre alt war, und ihren Hofdamen im Garten wandern sehen. „Hallo! Sie sind hier?", rief die Königin zu Schwester Sara. Ich wurde ihrer königlichen Hoheit vorgestellt und wurde von ihr herzlich ohne jegliche Zeremonie empfangen.
Ich war begeistert, ihre Bekanntschaft gemacht zu haben. Während des Gesprächs haben wir – die Königin sagte, dass sie nichts dagegen habe – über den Handel mit anderen Ländern gesprochen. „Aber", setzte sie fort, „kein Handel ist möglich mit Ländern, wo Frauen in Frauengemächern gehalten werden und dadurch nicht imstande sind zu kommen und mit uns Handel zu treiben. Männer, haben wir herausgefunden, haben eher eine niedere Moral und deshalb mögen wir nicht mit ihnen zu tun zu haben. Wir erobern nicht das Land anderer Menschen, wir führen keinen Krieg um einen Diamanten, wenn er auch tausend Mal strahlender als Koh-i-Noor ist, und missgönnen keinem seinen Pfauenthron. Wir tauchen tief in den Ozean vom Wissen und versuchen kostbare Juwelen zu finden, welche die Natur für uns aufbewahrt hat. Wir genießen die Gaben der Natur so gut wie können."
Nachdem ich mich von der Königin verabschiedet habe, besuchte ich die berühmten Universitäten und man zeigte mir manche der Werkstätten, Labors und Observatorien.

Nach dem Besuch der obigen Sehenswürdigkeiten stiegen wir wieder in das Luftschiff, aber sobald es in Bewegung kam, glitt ich irgendwie hinaus, und durch den Fall wurde ich aus meinem Traum aufgeschreckt. Und als ich die Augen aufmachte, fand ich mich in meinem eigenen Schlafzimmer immer noch auf dem Stuhl sitzend.

Dr. Alia Taissina Autorin, literarische Übersetzerin, Verlegerin Freiberuflich/Selbstständig. **Alia Taissina** ist Germanistin und übersetzt tatarische und baschkirische Bücher ins Deutsche. Sie verlegt sie in ihrem Bertugan-Verlag. Ihre Übersetzungen wurden auch in den Republiken Tatarstan und Baschkortostan veröffentlicht. Alia Taissina lebt in Weiler bei Bingen.

Feministische Ideen in Begum Rokeya Sakhawat Hossains „Sultanas Traum“

Begum Rokeya Sakhawat Hossain (1880-1932), die Pionierin des bengalischen muslimischen Feminismus, war eine prominente Autorin, die über Frauenangelegenheiten schrieb. Als Zeitgenossin von Virginia Woolf (1882-1941) hatte sie ähnliche Ideen über die Befreiung von Frauen. Die meisten ihrer Schriften sind auf Bengali, aber einige ihrer Werke sind auf Englisch geschrieben; äußerst bemerkenswert darunter ist "Sultanas Traum". In dieser kurzen Erzählung schrieb sie über ein weit entferntes Frauenland, in dem Frauen über das Land herrschten und alle sozialen Angelegenheiten kontrollierten, während die Herren in Murdanas sich um Babys kümmerten, kochten und alle Arten von Hausarbeit erledigten. Es wurde erstmals 1905 im „Indian Ladies Magazine“ veröffentlicht. Im Jahr 1908 wurde es in Form eines Buches veröffentlicht. Eine bengalische Übersetzung von "Sultanas Traum" ist auch im zweiten Teil des „Maticur“ enthalten, einer Anthologie, in der Begum Rokeyas Werke unterschiedlicher Art, wie Satire, Essays, und Kurzgeschichten 1921 veröffentlicht wurden. Zu diesem Zeitpunkt hatte Begum Rokeya bereits in ihrer zeitgenössischen Gesellschaft für großes Aufsehen als Schriftstellerin, Verfechterin der Frauenrechte, Pädagogin und Sozialarbeiterin gesorgt.

Begum Rokeya wurde am 9. Dezember 1880 in Pairaband geboren, einem Dorf im Bezirk Rangpur in Bangladesch. Sie gehörte zu einer sehr konservativen Familie der Landaristokraten, die, der zeitgenössischen bengalischen muslimischen Gesellschaft folgend, Bildung für Frauen nicht vorsah.

Der Name ihres Vaters war Zahiruddin Ali Saber und ihr Mutter war Rahatunnesa Sabera Chaudhurany. Chaudhurany Rahatunnesa selbst gehörte der berühmten Baliadi-Zamindar-Familie von Dhaka an. Zahiruddin beherrschte Bengalisch und Persisch. Er beherrschte auch Hindi und Englisch. Neben Rahatunnesa hatte Zahiruddin noch drei weitere Ehefrauen, und eine von denen war nach lokaler Tradition eine englische Dame, die er während der Zeit der Sepoy-Meuterei in 1857 heiratete. Er hatte neun Söhne und sechs Töchter. Rahatunnesa, seine erste Frau, war sehr konservativ und eine glühende Verfechterin des Purdah-Brauchs. Zahiruddin war ein großer Geldausgeber und liebte es, ein Leben von Leichtigkeit und Luxus zu führen. Er verlor einen Großteil des Grundbesitzes und des vererbten Reichtums während seiner Lebenszeit durch seinen extravaganten Lebensstil und verschiedene Rechtsstreitigkeiten.

Rahatunnesa hatte zwei Söhne: Abdul Asad Ibrahim Saber und Khalil Saber. Sie hatte auch drei Töchter: Karimunnesa, Rokeya und Homaira. Nach dem Sepoyaufstand in 1857, oder dem ersten indischen Unabhängigkeitskrieg, erkannte die muslimische Eliteklasse Indiens die Notwendigkeit eines Zuganges zu westlicher Bildung: In Zusammenarbeit mit den britischen Regenten bemühten sich prominente muslimische Persönlichkeiten wie Nawab Abdul Latif, Sir Syed Ahmed, Syed Ameer Ali sehr, die indischen Muslime zur Erkenntnis zu bringen, dass sie für ihr eigenes Vorankommen jede Gelegenheit, westliche Bildung zu erhalten, nutzen, jedoch die Einstellung, Trost und Stolz im Ruhm der vergangenen Tagen zu suchen, unterlassen sollten.

Nach und nach begann sich die westliche Bildung unter den indischen muslimischen Männern zu verbreiten. Aber westliche Ideen, die durch westliche Bildung in der muslimischen Gemeinschaft ankamen, hatten das Schicksal der muslimischen Frauen kaum berührt. Diese lebten weiter in Abgeschiedenheit und Ignoranz, und die Bräuche der Polygamie und des frühen Heiratens machten ihnen das Leben schwer.

Dem Trend der aristokratischen muslimischen Klasse von Bengalen folgten Zahiruddin Sabers Söhne Abdul Asad, Ibrahim Saber und Khal. Saber erhielt eine westliche Ausbildung am St. Xavier's College in Kalkutta. Aber die Ausbildung von Sabers Töchtern wurde vernachlässigt. Sie lernten nur das Lesen des Korans, Urdu und Persisch. Begum Rokeya und ihre ältere Schwester Karimunnesa lernten Bengalisch und Englisch mit Hilfe ihrer Familienmitglieder. In ihrer Ausbildung erhielt Begum Rokeya Hilfe und Unterstützung von ihren älteren Brüdern. Ibrahim kam in Kontakt mit Said Ameer Ali, einem der Pioniere in der Verbreitung der westlichen Bildung, und er half seinen Schwestern, eine Ausbildung zu erhalten. Unter Ibrahims persönlicher Aufsicht lernten Karimunnesa und Rokeya Englisch. Rokeya dankte ihrem Bruder dafür, indem sie ihm ihren Roman „Padma Rag" („Rubin") widmete, mit großer Hingabe, sodass sie ihn zu ihrem Philosophen und Führer ernannte. Dass Rokeya Bengalisch lernen konnte, verdankt sie der Unterstützung und Ermutigung, die sie von ihrer älteren Schwester Karimunnesa, einer Frau von großen Charakterqualitäten und außergewöhnlichen Mut, erhielt.

Wie alle weiblichen Mitglieder der Familie, musste Begum Rokeya ebenfalls ab dem Alter von fünf Jahren hinter einem Vorhang leben. Die Säbel-Frauen mussten den Purdah-Brauch auch vor Frauen, die nicht ihre Angehörigen waren, einhalten. Begum Rokeya heiratete Sayed Sakhawat Hossain von Bihar, als sie etwa sechzehn Jahre alt war. Herr Hossain war ein westlich gebildeter Mann. Er war ein Stellvertretender Minister im Magistrat und ging sogar zwecks Hochschulbildung nach England. Er war ein Mann der liberalen und progressiven Ideen und half Begum Rokeya beim Aneignen des Wissens, indem er ihr alle Unterstützung beim Studium anbot. Mit seiner Hilfe und Ermutigung begann sie innerhalb kurzer Zeit fließend Englisch zu sprechen. Es scheint, dass Begum Rokeyas die außergewöhnliche Persönlichkeit und Qualitäten ihres Ehemanns geschätzt hatte, und es ist auffällig, dass Begum Rokeya die meisten ihrer kühnen, liberalen und kreativen Werke über soziale Probleme der Frauen während seiner Lebenszeit schrieb. Unter dem Einfluss seiner Frau erkannte Sakhawat Hossain die dringende Notwendigkeit der Bildungsverbreitung unter muslimischen Frauen. Für die Förderung der muslimischen Gesellschaft, vor seinem Tod am 3. Mai 1909, schuf er einen Fonds von 10 Tausend Rupien aus seinen eigenen Ersparnissen für die Gründung einer Schule für muslimische Mädchen, benannt nach Begum Rokeya.

Rokeya, deren zwei Töchter im Kleinkindalter starben, widmete ihr ganzes Leben ab 1909 der Emanzipation von bengalischen muslimischen Frauen. Ihre Schule für muslimische Mädchen war die erste Schule gegründet in Bhagalpur, Bihar, und dann wechselte sie nach Kalkutta in 1911. In Kalkutta wurde die Schule "Sakhawat Memorial Girls“ zur ersten muslimischen Mädchenoberschule in der Provinz Bengalen im Jahr 1930. Begum Rokeya gründete auch die erste Vereinigung der bengalischen muslimischen Damen namens „Anjuman-e-Khawatin-e-Islam“ („Vereinigung der muslimischen Damen“). Diese war auch „Calcutta Mohamedan Ladies' Association“ und „Nikhil Vanga Muslim Mahila Samiti“ genannt („Vereinigung aller bengalischen muslimischen Frauen“). Die Schule und der Damenverband wurden von Begum Rokeya gegründet, um ihre feministischen Ideen umzusetzen, die sie in ihrem literarischen Werk beschrieb.

Auf diese Weise begann mit Begum Rokeya die Bewegung für die Emanzipation der bengalischen muslimischen Frauen. Sie war die erste unter den bengalischen Muslime, die öffentlich die Frage der Gleichberechtigung aufwarf, und damit begann sie eine neue Ära in der Geschichte der bengalischen muslimischen Gesellschaft. Als Beginn der Emanzipationsbewegung von bengalischen muslimischen Frauen könnte man das Jahr 1903 festhalten, als Begum Rokeyas Essay über Frauenfragen mit dem Titel "Alankar Na Abzeichen der Sklaverei" („Ornamente oder Abzeichen der Sklaverei“) veröffentlicht wurde.

Von dieser Zeit an schrieb Begum Rokeya weiterhin über Frauenfragen und durch ihre fortschrittlichen Ideen zur Frauenbildung und Frauenstatus. Den Brauch, Frauen hinter dem Vorhang zu halten, machte sie zum Zeichen für die Emanzipationsbewegung der Frauen in ihrer Gesellschaft.

Die meisten von Rokeyas Schriften sind in Bengali, darunter zwei Anthologien von Essays, Satiren, Kurzgeschichten. Diese tragen die Titel „Maticur, Teil 1“ und „Maticur, Teil 1“; dann noch ein Roman mit dem Titel „Padma Rag“ („Rubin“); auch „Abarodavasini“ („Die Frauen hinter dem Vorhang“), eine Erzählung von 50 historischen und wahren Begebenheiten der erbärmlichen Notlage und der Demütigungen, die Frauen im Namen des Purdah-Brauchs erlitten. Begum Rokeya schrieb auch einige Werke in englischer Sprache, von denen „Sultanas Traum“ das berühmteste ist, in dem sie das Bild eines Frauenlandes zeichnete, in dem physisch schwächere Frauen über Männer aufgrund ihrer überlegenen Intelligenz herrschen und die Männchen in Unterwerfung halten.

Rokeya glaubte, dass die Frauen ihrer Gesellschaft in einem erniedrigten Zustand waren, weil sie nicht die gleichen Entwicklungsmöglichkeiten wie Männer hatten. In „Sultanas Traum“ stellt sie ein Frauenland dar, in dem Frauen über Männer herrschen und volle Freiheit genießen, weil sie den Männern geistig überlegen und intelligenter sind. Sie schreibt dieses Werk als eine Ich-Erzählung und ihr Name darin ist Sultana. Im Traum begegnet sie einer Dame, die sie für ihre Freundin Sara hielt, auf der Straße: „Die Stadt war völlig wach und die Straßen voller Leben Menschenmassen. Ich fühlte mich sehr schüchtern und dachte, ich gehe auf der Straße tagsüber, aber es war kein einziger Mann zu sehen.“ Als Sultana das Gefühl hatte, dass die Passanten, die alle Frauen waren, sich über sie lustig machten, fragte sie Sara: „Was sagen sie?“ Darauf antwortete Sara: „Die Frauen sagen, Sie sehen sehr männlich aus.“ Und sie erklärte den Begriff "sehr männlich" so: „Sie meinen, dass Sie schüchtern sind und zaghaft wie Männer.“

Außerdem gab sie Sultana, die es nicht gewohnt war, unverschleiert zu laufen, die Zusicherung: „Sie brauchen keine Angst davor zu haben, hier einem Mann zu begegnen. Dies ist Frauenland, frei von Sünden und Leid. Hier regiert die Tugend selbst.“

Bei einem Spaziergang durch das grüne, mit Moos und Blumen bedeckte Grasland begegnete Sultana mehr als hundert Frauen, aber keinem einzigen Mann. Aus Neugierde fragte Sultana Sara:
„Wo sind die Männer?“ Darauf antwortete Sara: „An ihren richtigen Plätzen, wo sie sein sollten.“
Auf die weitere Frage nach der Bedeutung von "ihrem Platz" antwortete Sultana: "O, ich sehe meinen Fehler, Sie können unsere Gebräuche nicht kennen, da Sie noch nie hier waren. Wir schlossen unsere Männer drinnen ein.“

Sultana fragte erneut: „So wie wir in der Zenana gehalten werden?“ Sara antwortete: „Exakt so“.

Damit versuchte Sultana, das System von Zenana (das System der Zurückgezogenheit der Frauen) zu rechtfertigen: „Es ist nicht sicher für uns, aus dem Zenana herauszukommen, da wir von Natur aus schwach sind.“ Aber Sara verglich Männer mit Tieren und sagte: „Ja, es ist nicht sicher, solange sich Männer auf der Straße aufhalten, und es ist auch nicht sicher, wenn ein wildes Tier einen Marktplatz betritt.“

Sara bemerkte weiter, dass in Sultanas Land "Männer, die Unheil anrichten oder zumindest dazu in der Lage sind, (...) freigelassen und die unschuldigen Frauen in der Zenana eingeschlossen" werden. Als Erklärung für die Situation der Frauen in ihrem Land sagte Sultana: "Wir haben weder Hand noch Stimme bei der Verwaltung unserer sozialen Angelegenheiten.

Sara verglich einen Löwen und einen Menschen, wobei Löwen sogar mit größerer körperlicher Kraft nicht in der Lage gewesen sind, die menschliche Rasse zu beherrschen. Sie wies ferner darauf hin, dass die unglücklichen indischen Frauen diesen Zustand auf ihre eigene Fahrlässigkeit zurückzuführen haben: „Sie haben die Pflicht vernachlässigt, die sie sich selbst gegenüber haben, und sie haben ihre natürlichen Rechte verloren, indem sie die Augen vor ihren eigenen Interessen verschlossen haben.“

Sara bemerkte auch die Nutzlosigkeit der Männer: „... sie sind zu nichts zu gebrauchen. Fangen Sie sie nur und bringen sie in Zenana.“

Sultana besuchte dann Saras ordentlich und geschmackvoll eingerichteten Bungalow in einem schönen herzförmigen Garten. Sultana und Sara gingen in das Wohnzimmer des Hauses,
wo Sara ihre Arbeit begann, ein frisches Muster einer Stickerei aufzubringen. Auf Nachfrage von Sultana erklärte Sara, dass sie diese Arbeit nicht ihren Zenana anvertraute: "Hat ein Mann genug Geduld, um einen Faden durch eine Nadelarbeit zu führen?" Frauen haben die Stickereiarbeiten selbst ausgeführt. Sie sagte auch, dass sie ihre Büroarbeit in zwei Stunden beendete, damit sie Zeit für Stickereiarbeiten hatte. Sultana drückte ihre Verwunderung darüber aus, wie Sara es schaffte, ihre Büroarbeit so schnell zu erledigen und sagte: „In unserem Land arbeiten Beamte, zum Beispiel, die Richter, sieben Stunden täglich.“

In ihrer Antwort wies Sara darauf hin, dass Beamte im Sultanas Land nicht alle sieben Stunden arbeiteten. In diesem Zusammenhang kommentierte sie: „Die Trödler vertrödeln ihre Zeit mit Rauchen. Manche rauchen zwei oder drei Cheroots während der Amtszeit. Sie sprechen viel über ihre Arbeit, aber tun wenig. Angenommen, eine Cheroot braucht eine halbe Stunde, um abzubrennen, und ein Mann raucht täglich zwölf Cheroots. Dann sieht man, er verschwendet sechs Stunden täglich beim Rauchen."

Sultana und Sara sprachen über verschiedene Themen. Aus ihren Gesprächen mit Sara erfuhr Sultana, dass es in diesem Frauenland weder Epidemien gab, noch litten die Menschen in diesem Land unter Mückenstichen, wie sonst in Indien. Hier weiter: "Niemand starb hier in der Jugend, außer durch seltene Unfälle."

Sultana besuchte auch Saras Küche, mit einem Gemüsegarten, sauber, hell, Fenster dekoriert mit Blumen, ohne Anzeichen von Kohle oder Feuer, da man in diesem Frauenland mit Solarwärme kochte, die durch ein Rohr geleitet wurde.

Sultana fragte: „Wie haben Sie es geschafft, die Sonnenwärme zu sammeln und zu speichern?" Sara erzählte ihr, dass die Königin, die die Herrscherin dieses Damenlandes war, sich sehr interessiert an der Entwicklung der Wissenschaft und an der weiblichen Bildung zeigte. Die Königin unternahm Schritte zur Verbreitung von Bildung unter Frauen durch die Gründung und Unterstützung von Mädchenschulen. Sie machte sie auch zu einem Gesetz, dass keine Frau heiraten durfte, bevor sie einundzwanzig war. Innerhalb weniger Jahre wurden separate Universitäten für Frauen gegründet, wo keine Männer zugelassen wurden. Es gab zwei Universitäten für Frauen in der Hauptstadt, in der die Königin residierte. Die geniale Rektorin einer dieser beiden Universitäten stoppte Regen und Stürme mit einem wunderbaren Ballon, der auf einer Reihe von Rohren befestigt war, und hielt sich über den Wolken, um so viel Wasser wie möglich aus den Wolken zu ziehen, damit sich keine Wolke ansammeln konnte. Sultana erkannte nun, warum es im Damenland keinen Schlamm gab. Die Wissenschaftler der anderen Universität für Frauen erfanden ein Instrument, mit dem sie so viel Sonnenwärme sammeln konnten, wie sie wollten, und sie hielten die gespeicherte Wärme auch so, dass sie bei Bedarf unter anderen verteilt werden konnte.

Sara erzählte weiter: „Während die Frauen in der wissenschaftlichen Forschung tätig waren, waren die Männer dieses Landes damit beschäftigt, ihre militärische Macht zu vergrößern." Und sie nannten die erfolgreichen wissenschaftlichen Experimente der Wissenschaftlerinnen "einen sentimentalen Alptraum". Als Sara auf Sultanas Frage, wie die Männer das Land in Zenana eingeschlossen hatten, "Mit dem Gehirn" antwortete, kommentierte Sultana: "Sogar ihre Gehirne sind größer und schwerer als die von Frauen." Sara antwortete: "Ja, aber was ist damit? Auch ein Elefant hat ein größeres und schwereres Gehirn, als der Mensch. Dennoch kann der Mensch einen Elefanten nach eigenen Wünschen beschäftigen." Sara kommentierte dies weiter: „Die Gehirne von Frauen sind etwas schneller als die von Männern."

Sara erzählte über die Ereignisse, die dazu führten, dass Männer ins Haus gesteckt wurden.
Einmal nahm eine Person aus einem Nachbarland politisches Asyl im Damenland. Der König dieses Landes bat die Königin der Damenlandes, die Asylanten zurückzugeben, was die Königin ablehnte. Dann entstand ein Krieg zwischen den beiden Ländern, und in diesem Krieg erlitten die Soldaten des Damenlandes eine Niederlage nach der anderen, und der Feind kam nur fünfundzwanzig Meilen von der Hauptstadt entfernt." Bei dem Treffen der weisen Damen im Stab der Königin, sagte die Königin zu ihnen: „Wenn sie Ihr Land nicht retten können, weil Ihnen die körperliche Kraft fehlt, versuchen sie um dies durch Gehirnleistung zu erreichen." Dann sagte sie: „Ich muss Selbstmord begehen, wenn das Land und meine Ehre verloren sind." Dann verkündete die Rektorin der Universität, die die Sonnenhitze aufgefangen hatte, dass sie einen Plan zur Rettung des Landes hatte. Aber sie sagte auch, dass die Männer, bevor wir hinausgehen, in die Zenanas gehen müssen.

Am folgenden Tag zogen sich alle Männer in die Zenanas zurück, und zwar auf Anordnung die Königin. Dann marschierte die Rektorin mit ihren zweitausend Schülern zum Schlachtfeld, und dort lenkten sie alle Strahlen des konzentrierten Sonnenlichts und der Hitze auf die feindlichen Soldaten. Die unerträgliche Hitze und Licht ließen die Feinde in Panik geraten, und sie flohen vom Schlachtfeld. Nach diesem Sieg der Soldatinnen durften die Männer des Frauenlandes aus den Zenanas herauskommen und wieder frei sein. Aber ihnen wurde keine Freiheit mehr zugestanden. Nach und nach wurden sie an das Purdah-System gewöhnt und hörten auf, über Abgeschiedenheit zu klagen. Sara nannte dieses System, Männer in Abgeschiedenheit zu halten, Murdana, statt Zenana. Auf die Frage, wie das weibliche Landvolk die Verwaltung ohne Polizei und Richter erledigt, sagte Sara: „Seit der Einrichtung des Murdana-Systems gibt es keine Verbrechen oder Sünden mehr; deshalb brauchen wir keine Polizei. Wir wollen auch nicht, dass ein Richter in einem Strafverfahren ein Urteil fällt."

Sara informierte Sultana ferner, dass sie ihr Land mit Elektrizität versorgten und diese auch für den laufenden Transport nutzten, dass sie weder eine Eisenbahn noch gepflasterte Straßen hatten. Sultana wurde auch über die wissenschaftlichen Geräte informiert, mit denen das Land bei Hitze kühl und bei Kälte warmgehalten wurde. Ihre Hauptnahrung sind Früchte.

Über ihre Religion sagte Sara: „Unsere Religion basiert auf Liebe und Wahrheit." Die Frauen des Frauenlandes durften männliche Verwandten sehen, zu denen auch entfernte Cousins und Cousinen gehörten.

Sultana besuchte die Königin in einem Luftwagen mit zwei flügelartigen Klingen, die mit Elektrizität betrieben wurden. Die Königin sagte ihr, dass sie nur mit Ländern Handel betrieb, in denen Frauen Händlerinnen seien, da sie möchte sich nicht mit einem Mann befassen, dessen Moral eine niedrigere war. Die Königin sagte ihr auch, dass ihre Staatspolitik Frieden und Freundschaft mit allen und eine glühende Liebe zum Wissen und ein aufrichtiges Bemühen, die Gaben der Natur herauszufinden und zu nutzen, sei.
Sultana besuchte auch die berühmten Universitäten, und einige der Manufakturen, Laboratorien und Observatorien des Damenlandes. Dann stieg sie zusammen mit Sara wieder in das Luftauto und sobald es losging, sich zu bewegen, rutschte Sultana herab. Das weckte sie aus ihrem Traum auf.

„Sultanas Traum" ist eine kurze Fiktion, die Begum Rokeyas Traum von einem Frauenland, in dem Frauen alle grundlegenden menschlichen Rechte und ihre geistigen Fähigkeiten so weit entwickelt haben, dass in ihrem Land Tugend und Frieden herrschen. Männer, die den Frieden durch ihre niedere Moral stören, werden in Abgeschiedenheit gehalten. In Begum Rokeyas anderen literarischen Werke wie „Maticur" und „Padma Rag" schreibt sie über die Notwendigkeit weiblicher Bildung, wirtschaftliche Unabhängigkeit und die geistige Emanzipation der Frauen. Sie betont auch die Chancengleichheit für Frauen in allen Lebensbereichen. In „Sultanas Traum" schafft sie eine Utopie, in der Frauen die Herrscherinnen sind und überall Frieden und Wohlstand herrschen. Über dieses Buch schreibt der prominente bengalische muslimische Intellektuelle Abul Hossain: „ ...Frau R. S. Hossain hat wahrscheinlich „Sultanas Traum" geschrieben, um die Saat des Selbstbewusstseins und Selbstvertrauens in den Köpfen von hilflosen bengalischen Frauen zu säen. ...indem wir in den Köpfen der Frauen den Glauben an ihre immensen Fähigkeiten schaffen. Durch „Sultanas Traum" konnte Frau R. S. Hossain "das große Wohlergehen der Gesellschaft signalisieren".

Es ist kein anderes Werk vergleichbar mit „Sultanas Traum" in Bengalen bekannt. Dieses Werk zeigt die visionäre Macht von Begum Rokeya und ihren festen Glauben an die Fähigkeit von Frauen. In ihrer Zeit wurden Frauen in Südasien für Wesen mit geringeren Fähigkeiten als Männer gehalten. Begum Rokeyas „Sultanas Traum" ist eine große Herausforderung für alle traditionellen Vorstellungen über Frauen Südasiens. „Sultanas Traum" kann mit Charlotte Perkins Gilmans "Her Land" verglichen werden, einer feministischen Utopie. Das Buch wurde 1915 von Gilman geschrieben, ein Jahrzehnt später, als Begum Rokeyas „Sultanas Traum".

Als visionäre Feministin überragt Begum Rokeya alle Feministinnen ihrer Zeit in ganz Südasien. Ihre mutigen und rationalen Gedanken machen sie nicht nur zur Pionierin des bengalischen muslimischen Feminismus, sondern auch zu einer der ersten bengalischen modernen Musliminnen.

Primärquelle

I. Sultanas Draam, Rakeya Racanabali (Werk von Rokeya), Hrsg. Von
Abdul Kader (Dhaka : Bangle-Akademie, 1985). In der Arbeit werden alle Referenzen aus Sultanas Traum aus oben erwähntem Buch zitiert

Referenzwerke

Tahmina Alam, 1990. Begum Rokeya Sakhawal Hossain : Cima Celanar Dhara O Samaj Karma (Begum Rokeya Sakhawat Hossain: „The Trends of Her Thoughts and Her Social Works"), M. Phil. Dissertation, Universität Rajshahi, 1991.

Shahanara Husain, 1981 "Begum Rokeya Sakhawat Hossain und die Bildung der bengalischen muslimischen Frauen". Studien im modernen Bengali. BS-Seminar. Band, Nr. 2.

Rajshahi, 1985, „Begum Rokeya Sakhawat Hossain: Pionierin des muslimischen Feminismus in Bengalen. Frauenentwicklung, Devotionalismus, Nationalismus: Bengalen Studien. Michigan Stale Univesity".

Sabzawari. 1975. Syed Kaniz Shugra. Begum Roquiah. Kalkutta.

Aus dem Englischen übersetzt von Elizaveta Kuryanovich

Eingang zum „Government Rokeya College Rangpur, gegründet 1963"

Die öffentliche Mädchen-High School vor dem Erinnerungszentrum in Pairaband wurde ebenfalls Rokeya gewidmet: „Pairaband Begum Rokeya Memorial High School, gegründet 1964"

Das Rokeya-Frauencollege befindet sich direkt gegenüber ihrem Geburtshaus.

Eingang des „Begum Rokeya Erinnerungszentrum Pairaband, Rangpur"

Cricketspiel auf dem Gelände der Rokeya-Universität Rangpur

Einkaufszentrum **auf dem Gelände Erinnerungszentrum Pairaband**

2008 wurde in Rangpur die Begum Rokeya University gegründet

Dieser Stein erinnert an die Einweihung des ersten Abschnitts der Rokeya-Universität durch die Premierministerin Sheikh Hasina Wazed **am 8. Januar 2011.**

Begum Rokeya Sakhawat Hossain: die erste muslimische Feministin von Bengalen

Der Name von Begum Rokeya Sakhawat Hossain, der ersten bengalischen muslimischen Feministin, ist unsterblich in die Geschichte von Bengalen eingegangen. Eine Frau, weit fortgeschritten in ihrem progressiven Denken im Vergleich zu ihren Zeitgenossinnen aus der damaligen Gesellschaft, sie schwang ihre Feder, um die Ideen der Frauenrechte zu propagieren und löste viele Debatten in der Gesellschaft aus, indem sie tapfer die Missstände kritisierte, unter denen die Frauen ihrer Zeit litten.
Begum Rokeya spielte die Rolle der Wegbereiterin und ihr Platz in der Geschichte des Kampfes bengalischer muslimischer Frauen für Emanzipation von uralten sozialen Fesseln ist unvergesslich.

Wenn man sich die Geschichte Indiens Ende des 19. und Anfang des 20.Jh anschaut, sieht man, dass sich die soziale und gesetzliche Lage der bengalischen Hindu-Frauen in dieser Periode sehr verbesserte. Im 19.Jh. wurden in die Hindu-Gesellschaft große Männer, solche wie Raja Ram Mohan Ray und Ishwar Chandra Vidyasagar, hineingeboren. Die Unterdrückung der Hindu-Frauen berührte ihre Herzen und sie kämpften um die Verbesserung der sozialen und gesetzlichen Lage der Hindu-Frauen, indem sie gegen alle gesellschaftlichen Sitten kämpften, die auf falsch interpretierten religiösen Vorschriften beruhten. Begeistert von den neuen Ideen der bengalischen Renaissance, versuchten sie die erniedrigende Lage der Frauen durch Förderung sozialer Reformen und Verbreitung der Bildung unter den Frauen zu verbessern. Nach der Zerschlagung des sogenannten Sepoy-Aufstandes oder des ersten indischen Unabhängigkeitskrieges im Jahr 1857 verstanden die Muslime vom Subkontinent die Notwendigkeit, die westliche Bildung in der eigenen Gesellschaft zu verbreiten. Aber auch damals dachten sie kaum an die Situation der Frauen in ihrer Gesellschaft. In die bengalische muslimische Gesellschaft des 19.Jh wurde kein Humanist wie Raja Ram Mohan Ray oder Ishwar Chandra Vidyasagar hineingeboren. Die fortschrittlichen Ideen der bengalischen Renaissance, die einen großen Beitrag zur Verbesserung der sozialen und gesetzlichen Lage der Hindu-Frauen geleistet haben, bezogen sich gar nicht auf die muslimischen Frauen. Während der ersten Dekade des 20.Jh spielte Begum Rokeya die Rolle der Wegbereiterin in der Bewegung für die Emanzipation bengalischer muslimischer Frauen. Sie war die erste unter den bengalischen Muslimen ihrer Zeit, die die Frage der Gleichberechtigung für Frauen öffentlich gestellt und somit eine neue Ära in der Geschichte der bengalischen muslimischen Gesellschaft eingeleitet hatte.

Begum Rokeya Sakhawat Hossain wurde am 9. Dezember 1880 im Dorf Pairaband des Kreises Rangpur in Ostbengalen geboren. Ihr Vater hat Jahir Mohammad Abu Ali Saber und ihre Mutter Rahatunnesa Sabera Chaudhurani geheißen. Die Familie Saber gehörte zum Landadel, dessen Leben durch veraltete Bräuche voller Aberglaubens und Vorurteile geregelt wurde, die für das Leben von damaligen dekadenten muslimischen Aristokraten vom ganzen indischen Subkontinent charakteristisch waren. Jahir Saber konnte Persisch und Arabisch gut. Obwohl er Frau und Kinder hatte, heiratete er während des Sepoy-Aufstandes noch eine Engländerin. Ungeachtet seiner Bemühungen, seiner englischen Frau zu gefallen, dauerte diese Ehe nicht lange. Die Engländerin scheint aber, ihn ein etwas beeinflusst zu haben. Es ist sehr möglich, dass dank ihrem Einfluss zwei Sönne von Jahir Saber ihre Bildung beim St. Xavier's College in Kalkutta bekamen. Er war ein extrem konservativer Mann und ein großer Geldverprasser. Er liebte Luxus und Komfort und verschwendete seine immensen Reichtümer und Grundbesitz.
Die Mutter von Rokeya, Rahatunnesa Sabera Chaudhurani, war eine strenge Unterstützerin der Verschleierung von Frauen (Hossain, 1929: Frontispiz). Außer der zwei Söhne, Abul Asad Ibrahim Saber und Khalil Saber, hatten Rahatunnesa und Jahir Saber drei Töchter: Karimunnesa, Rokeya und Homera. Die westliche Bildung, die Rokeyas Brüder bekamen, übte eine starke Wirkung auf ihre jungen Geister aus; besonders Ibrahim Saber wurde ein großer Unterstützer der Frauenbildung und half seinen Schwestern Karimunnesa und

Rokeya eine Bildung zu bekommen. Laut einigen Quellen kam Ibrahim in Kontakt mit Sayed Ameer Ali, der einer der Pioniere auf dem Gebiet der Verbreitung der westlichen Bildung unter bengalischen Muslimen war. Unter persönlicher Aufsicht von Ibrahim lernten Karimunnesa und Rokeya Englisch. Rokeya fühlte sich ihrem Bruder verpflichtet und widmete ihm ihren Roman „Padmarag". In dem Werk „Education" (Kader 1973: 319) nannte sie ihn einen Philosophen und ihren Wegweiser.

Dem dominierenden Brauch folgend wurden die Saber-Töchter nur gelehrt, den Koran zu lesen und Urdu und Persisch. Aber als Jahir Saber sah, dass sich seine älteste Tochter von sich aus bemühte, Bengalisch zu lernen, engagierte er einen Lehrer, damit er ihr das richtige Bengalisch beibringt. Aber kurze Zeit später stoppte er den Bengalisch-Unterricht von Karimunnesa, als die Älteren und orthodoxe Mullas der Gesellschaft anfingen ihn zu beschimpfen und zu kritisieren dafür, dass er seine Tochter Bengalisch lernen lässt. Rokeya konnte Bengalisch dank der Hilfe und Ermunterung lernen, die sie von ihrer älteren Schwester Karimunnesa bekam. Später machte Begum Rokeya einen bedeutenden Eintrag auf dem Gebiet der bengalischen Literatur und sie bestätigte, dass sie das ihrer Schwester verdankte. Als Zeichen ihrer Liebe und Hochachtung widmete Rokeya Karimunnesa den 2. Band ihres Buches „Matichur". Die Berichten, die wir über Karimunnesa haben, zeigen, dass sie wirklich ein verborgenes Juwel war. Eine außerordentlich tapfere Frau, kämpfte sie in ihrer Jugend allein gegen den Widerstand, um Rokeya die Möglichkeit zu geben, Bengalisch zu lernen und später widersetzte sie sich denen, die missbilligten, dass Rokeya auf englischer Bildung für ihre (Karimunnesas) Söhne bestand. Sie schickte ihren ältesten Sohn für diesen Zweck sogar nach England.
Karimunnesa konnte Bengalisch, Urdu, Persisch und Englisch, sie schrieb Gedichte und sie leistete finanzielle Hilfe der bengalischen Zeitschrift „Ahmadi", die zweimal im Monat erschien (Hossain 1978/79, 63-5).
Das abgeschottete Leben begann für Rokeya, als sie 5 Jahre alt war. Sie und andere Frauen mussten ihr Gesicht nicht nur vor nicht-verwandten Männern, sondern auch vor nicht-verwandten Frauen verbergen. Rokeya lernte den Koran

zu rezitieren und Persisch, Urdu, Bengalisch und Englisch zu lesen. In der Dunkelheit der Nacht, als alle schliefen, brachte Ibrahim seiner jüngeren Schwester Rokeya Englisch bei. Wenn sie etwa 16 Jahre alt war, wurde Rokeya an den Saiyad Sakhawat Hossain von Bhagalpur in Bihar verheiratet, der ein stellvertretender Richter war. Obwohl es seine zweite Heirat war, wurde die Ehe glücklich. Sakhawat Hossain war ein gebildeter Mann, der mit einem staatlichen Stipendium nach England ging, bevor er in den Staatsdienst eintrat. Er scheint die außergewöhnliche Persönlichkeit und Qualitäten seiner gebildeten Frau hochgeschätzt zu haben. Die meisten ihrer Werke, welche ihren kreativen, freien und mutigen Geist zeigen, waren während seiner Lebenszeit geschrieben.

Hossain starb 1909, aber er machte vor seinem Tod ein Testament, in dem er 10 Tausend Rupien extra dafür bestimmte, dass eine Mädchenschule gegründet und von seiner kinderlosen Witwe Rokeya geleitet wurde. Dementsprechend gründete sie im Jahr seines Todes Sakhawat Memorial Girls School in Bhagalpur, die 1911 nach Kalkutta verlegt wurde. Von der Zeit an verwendete Rokeya ihr ganzes Geld, Energie und Zeit dafür, dass diese Schule eine ideale Schule für muslimische Mädchen wurde. 1916 gründete Rokeya eine Assoziation von muslimischen Frauen, genannt Anjumane Khawatine Islam. Sie starb am 9.Dezember 1932.
Begum Rokeya initiierte die Bewegung für die Emanzipation von bengalischen muslimischen Frauen in der ersten Dekade vom 20.Jh. Man kann annehmen, dass diese Bewegung 1905 begann, als das erste vollständige Werk von Begum Rokeya, „Matichur“ (eine indische Süßigkeit), veröffentlicht wurde. „Matichur“ entfesselte eine Flut von liberalen und freigeistigen Gedanken in der engen und erstarrten muslimischen Gesellschaft der damaligen Zeit.
Dieser Band ist eine Sammlung von Rokeyas Artikeln, die 1903 und 1904 in den periodischen Zeitschriften „Nabaprabha“, „Mahila“ u.a. veröffentlicht wurden. Beste feministische Ideen und Gedanken von Begum Rokeya spiegeln sich in „Matichur“ wider.
Der zweite Artikel in diesem Band, „Strijatir Abanati“ (Unterdrückung von Frauen), wurde zuerst in „Nabanur“ (im August-September 1904) unter dem

Titel „Amader Abanati“ (unsere Unterdrückung) veröffentlicht. In diesem Artikel erklärt Rokeya den damaligen untergeordneten Status der Frauen, die Gründe ihrer Unterdrückung und Wege und Mittel zur Verbesserung ihrer Lage. Gleich am Anfang des Essays stellt sie den Lesern eine herzzerreißende Frage: Liebe Leserinnen, haben Sie je über Ihr Unglück nachgedacht? Wie sieht unsere Lage in der zivilisierten Welt des 20.Jh aus? Wir sind Sklavinnen! Wir hören, dass die Sklaverei in dieser Welt abgeschafft wurde. Aber wurde auch unsere Sklaverei abgeschafft? Nein. Warum sind wir Sklavinnen? Es gibt Gründe dafür“ (Kader 1973:17).
Rokeya identifiziert die fehlenden Möglichkeiten einen konstruktiven Beitrag in die Gesellschaft zu leisten als den Hauptgrund der Unterdrückung der Frauen: je weniger die Frauen beitragen, desto weniger fähig zum Beitrag-Leisten werden sie, so dass sie letztendlich nichts mehr als ein wertvolles Eigentum von Männern werden.

Rokeya macht die Liebe der Frauen zum Schmuck lächerlich und in ihrem Angriff drückt sie tiefe Sorge einer verletzten Seele. Sie schreibt:
„Und alle diese unsere Lieblingsschmuckstücke sind ein Zeichen unserer Sklaverei… In Wirklichkeit sind Schmuckstücke nichts anderes als Zeichen der Sklaverei. Und selbst wenn diese Schmuckstücke als ein Mittel sich schöner zu machen gelten, statt als Zeichen der Sklaverei interpretiert zu werden, verdienen sie weniger Verurteilung? Sind die Versuche sich schöner zu machen Symptome einer geistigen Schwäche?“ (Kader 1973:19-20).
In derselben Schrift kritisiert Rokeya scharf und mit ätzender Ironie Männer als Beschützer und Aufseher von Frauen und weist auf schädliche Wirkung von dieser übermäßigen Obhut und des Schutzes hin.

„Indem sie uns zu den Gefangenen ihrer Herzen machen, rauben sie uns das Sonnenlicht des Wissens und frische Luft und deshalb sterben wir allmählich. Weiter sagen sie: „Wir werden für sie alles besorgen, was sie brauchen, warum sollen sie sich bemühen, wenn wir da sind?“ Wir bedanken uns bei dieser Art der Redner für ihre gütigen Bemerkungen. Aber, Brüder, diese harte Welt ist nicht nur ein Dichterstraum vom Glück – es ist eine ganze komplizierte und harte Welt... Deshalb sieht man, dass diese überflüssige Obhut der Grund unseres Untergangs ist. Weil wir immer vor den Gefahren dieser Welt behütet sind, haben wir unseren Mut, Selbstsicherheit und Kraft verloren. Statt sich auf sich selbst verlassen zu können, sind wir ganz abhängig von unseren Männern geworden". (Kader: 1973: 22-23)

Die Diskrepanz zwischen den Bildungsmöglichkeiten, die Männern und Frauen zur Verfügung stehen und Hindernisse, Widerstände und Vorurteile, die in der Gesellschaft gegen Bildung für Frauen dominierten, quälten Rokeya.
„So wie die Sonne unsere Schlafzimmer nicht betritt, so kann das Licht des Wissens in unser Hirn nicht hinein. Der Grund dafür ist, dass es keine Schule oder Kolleg gibt, das uns passen würde.

Ein Mann kann studieren, soviel er möchte. Aber wird der Lagerraum des Wissens, welches dem Honig gleicht, für uns irgendwann ganz offen sein? Wenn ein großer Mann mit liberalen Ansichten je versuchen wird uns hochzuheben, indem er unsere Hände hält, dann werden Tausende sofort Hindernisse und Widerstände zutage fördern. Vorwärtsgehen, indem man die Opposition von Tausend Menschen auf die Seite schiebt, kann ein einzelner Mensch nicht. So, sobald ein Strahl der Hoffnung erscheint, verschwindet er in der Dunkelheit der ewigen Hoffnungslosigkeit. Die meisten Menschen haben solche Vorurteile gegen Frauenbildung, dass sie schon erschrecken, wenn sie das Wort „Frauenbildung" hören, und schlechte Folgen davon voraussagen, die in der Zukunft Schreckliches bewirken würden. Fehler einer ungebildeten Frau vergibt die Gesellschaft gern.

Aber eine Frau mit ein wenig Bildung, wenn sie auch keinen Fehler macht, wird von der Gesellschaft einer erfundenen Schuld beschuldigt. Und weil man diese Schuld ihrer Bildung zuschreibt, wird die Schuld hundertmal schwerer. Und Hunderte von Stimmen beginnen im Sprechchor zu rufen „Auf Wiedersehen, die Frauenbildung!" (Kader 1973:26)

Im Originalartikel unter dem Titel „Amader Abanati" im „Nabanur" beschwert sie sich, dass Frauen im Namen der Religion in ihrer heutigen unterdrückten Lage gehalten werden. „Sobald eine Schwester versuchte ihren Kopf zu heben, dann wurde er im Namen der Religion oder mit einem Satz aus einer nicht-religiösen Schrift zerschmettert…Was wir zuerst nicht so einfach akzeptierten, dem mussten wir uns später beugen, weil wir dachten, es sei eine nicht-religiöse Anordnung, wie solche , die wir hören, sobald wir zur Welt kommen: „ Ihr seid geboren als Sklavinnen, ihr werdet Sklavinnen bleiben". (Kader 1973:11).
Für den rationalen Verstand von Rokeya Sakhawat Hossain waren die religiösen Schriften künstlich gemachte Mittel, um Frauen in Dunkelheit zu halten und Männer herrschten über Frauen im Namen der Religion.
„Männer haben diese Schriften Gottes veröffentlicht, um uns im Dunkeln zu halten…in alten Zeiten erklärte sich jeder, der bei anderen durch seine Tugenden bekannt wurde, sich zu Gott oder einem Gesandten Gottes und versuchte nichtzivilisierte Barbaren zu erziehen. Allmählich, als sich die Intelligenz und Aufnahmefähigkeit von der Weltbevölkerung verbesserten, vermehrten sich die Propheten (d.h. Gesandte Gottes) und Götter und sie wurden klüger. So seht Ihr, dass diese religiösen Schriften nichts Anderes sind, als Regeln, die von Männern gemacht wurden. Was Ihr in den Vorschriften von den Weisen hört, könnte in diesem Land auch von einer weisen Frau stammen... Auf jeden Fall müssen wir nicht im Namen der Religion noch länger die unerträgliche Macht der Männer mit gebeugten Häuptern ertragen". (Kader 1973: 12).

Dann versucht Rokeya die unvermeidbaren Schläge von orthodoxer Kritik für diese außergewöhnliche Aussage abzuwehren, indem sie sagt:
„… jemand kann sagen: „Während Sie über Gesellschaft reden, warum dringen sie in die Religion ein?" Zur Antwort sage ich, dass die Religion unsere Sklavenfesseln letztendlich noch stärker gemacht hat. Männer herrschen jetzt über Frauen im Namen der Religion. Das ist warum ich gezwungen bin, in die Religion einzudringen. Dafür mögen mir Gläubige verzeihen". (Kader 1973:13).

Die These von Rokeya Sakhawat Hossain, dass Männer jetzt über Frauen im Namen der Religion herrschen und das religiöse Schriften nichts anderes als von Männern erfundene Regeln sind, zog nach sich eine scharfe Reaktion in muslimischer Gesellschaft. In der Zeitschrift „Nabanur“ (Oktober-November 1904) protestierte Al Musabbhi gegen die Ansichten von Rokeya. „Frauen können nie bei allem Respekt gleich den Männern sein – wenn das passiert, wird das gegen die Natur sein“. (Kader 1973:13). In der nächsten Ausgabe vom Journal Nauser kritisierte Ali Khan Yusufi, ein bekannter muslimischer Schriftsteller, vehement die Ansichten von Rokeya:

„Was war die Notwendigkeit diese ungebetenen und abscheulichen Worte zu sagen? Würde es irgendwelche Hindernisse bei der Ermittlung der Gründe ihrer Unterdrückung geben, wenn diese unwichtigen Äußerungen nicht geschrieben wären? Sie werden frei sein und das ist schön und gut. Aber wir bitten Sie nur, Ihre Freiheit nicht zu missbrauchen“. (Kader 1973:13)
Von großer Bedeutung ist, dass diese Passagen überarbeitet wurden, als ihr Artikel in der Anthologie „Matichur“ erschien.
Trotzdem ruft Rokeya immer noch die Frauen auf, sich Richtung Freiheit zu bewegen, von selbst, gemeinsam und bei Gefahr einer Bestrafung und Verfolgung durch die Gesellschaft:

„Wir sollen die Türen zu unserem Vorwärtskommen mit unseren eigenen Händen öffnen. Einmal sagte ich: „Unsere einzige Hoffnung ist der Erlöser der Gefallenen“. Aber es sei daran erinnert, dass wenn wir unsere Hände nicht zu dem Erlöser der Gefallenen heben, wird er uns nicht an unseren Händen hochziehen. Gott hilft denen, die sich selbst helfen. Deshalb sage ich, dass wenn wir nicht an unsere Situation denken, macht es keiner für uns. Und wenn es sogar Einer macht, werden wir davon nicht ganz profitieren“.

Laut Rokeya soll die Unabhängigkeit für Frauen als ein fortgeschrittener Zustand wie der der Männer sein, und das Erreichen der Gelichberechtigung mit Männern soll das Ziel der Frauen sein.

„Um die Gelichberechtigung mit den Männern zu erreichen sollen wir das tun, was notwendig ist. Wenn wir jetzt Freiheit bekommen können, indem wir unseren Lebensunterhalt selbst verdienen, werden wir das machen. Es ist wichtig, dass Frauen Beamte, Richterinnen, Rechtsanwältinnen, Schiedsrichterinnen werden – wir werden alle Arten von Positionen innehaben. Warum sollen wir nicht Geld verdienen? Haben wir keine Hände, Füße und Gehirne? Was fehlt uns? Können wir uns denn nicht mit der Arbeit, die wir im Haushalt unserer Männer machen, selbständig machen?“ (Kader 1973: 29-30). Rokeya zeigt die Mängel der Gesellschaft, in der Frauen unterdrückt werden. In jeder Beziehung – sei es eine arrangierte Ehe oder Elternschaft – leidet die Frau unter der Minderwertigkeit.

Frauen sind die Hälfte der Gesellschaft und solange die Gesellschaft nicht aufhört die Frau als ein geringeres menschliches Wesen zu betrachten und zu behandeln, kann die Gesellschaft nicht vorwärtsschreiten. Dann weist Rokeya Frauen darauf an, dass „wir nicht geboren sind, ein Puppenleben von Nichts-Tun zu führen“ (Kader 1973: 31).

Der 4. Artikel von „Matichur“ heißt „Ardhangi“ (die bessere Hälfte).
Hier finden wir Rokeya wieder, wie sie die Gesellschaft tapfer und humorvoll attackiert. Sie zeigt geistige Unfähigkeit, die von dem Ungebildet-Sein und Ignoranz hervorgerufen werden, welche ihrerseits eine große Entfernung zwischen Ehemann und Ehefrau hervorrufen, indem sie ihre Beziehung behindern. Die Minderwertigkeit, die den Frauen anhaftet, verhindert auch die Weiterbewegung des Landes auf dem Weg des Fortschritts. Sie schreibt: «Das Fahrzeug, das ein großes Rad (der Ehemann) und noch ein kleines Rad (Ehefrau) hat, kann nicht weit kommen. Es wird sich nur an einem Ort bewegen, um die Ecke des Hauses. Deshalb können die Inder nicht den Weg des Fortschritts gehen“ (Kader 1973: 38).
Rokeya spricht über die Rechte, die den Frauen vom Islam gegeben sind und beklagt sich, dass Frauen in der muslimischen Gesellschaft keine materiellen Besitztümer haben, was gegen die Religionsvorschriften verstößt. Sie beklagt

sich auch, dass Frauen auch keine „immateriellen Besitztümer haben".
Jetzt werde ich über immaterielle Besitztümer reden. Die Liebe des Vaters, Sorge usw. sind immaterieller Besitz. Hier finden wir mehr Unterschiede. Wo bekommen wir „die Hälfte von Vaters Sorge, Liebe und guten Wünschen? Der vier Lehrer für die vorzügliche Bildung von seinem Sohn anstellt,

stellt er zwei Lehrerinnen für die Tochter an? Es gibt viele Schulen für die Söhne, während man kaum eine für die Töchter findet" (Kader 1973:41)."
In diesem Kontext diskutiert Rokeya über die Rolle des Propheten Muhammed als Beschützer der Frauen, wenn sie schreibt:
„In der Geschichte des Propheten hören wir, dass jedes Mal, wenn Männer zu viel Unterdrückung und zu viele unmoralische Praktiken ausübten, erschien der Prophet und bestrafte die Bösen und beschützte die Gerechten. In Arabien waren die Frauen sehr unterdrückt und die Araber töteten ihre Töchter. Da stand Prophet Muhammed als Beschützer bei Frauen. Nicht nur stoppte er diese Praktiken indem er verschiedene Lösungen niederschrieb. Er statuierte ein Exempel, indem er eine Tochter großzog. Während seines Lebens mit Fatima zeigte er, dass Töchter Anhänglichkeit und Liebe verdienen. Dass Liebe, dass Anhänglichkeit wirklich mit nichts in der Welt vergleichbar sind. „Oh, wir sind unglücklich, weil er nicht mehr da ist" (Kader 1973: 42).
Während der bengalischen Renaissance des 19 Jh. Bemühten sich große Männer wie Raja Ram Mohan Ray und Ishwar Chandra Vidyasagar die Frauen der indischen Gesellschaft aus ihrem Zustand der Unterdrückung zu befreien. Um die schwere Lage der hinduistischen Frauen zu erleichtern, die im Namen der Religion in Unterdrückung gehalten wurden, nahmen sie als Waffen die Vorschriften der Autoren von heiligen Büchern und waren erfolgreich in ihren Bemühungen. Ähnlich wandte sich Rokeya in dem ersten Jahrzehnt des 20 Jh. an die islamischen Vorschriften und Tradition und zeigte dabei, dass die muslimische Gesellschaft ihre Frauen der Rechte beraubt, die ihnen der Islam gegeben hatte. Im Artikel „Ardhangi" gibt Rokeya zu, dass die Hauptbedürfnisse vom Leben Essen und Kleider sind. Deshalb muss man

Kochen und Nähen lernen. Aber es bedeutet nicht, dass das Leben eines Menschen von der Küche begrenzt werden kann (Kader1973: 43). Hier ist die Botschaft von Rokeya an Zeitgenossinnen sowie an künftige Generationen klar: Frauen müssen sich als Individuum und ein unabhängiges menschliches Wesen erfüllen. Rokeya bestritt das Recht des Mannes über der Frau zu herrschen, weil sie körperlich schwach ist.
Sie schreibt: „Ich gebe zu, dass Frauen von der Hilfe des Mannes abhängig sind, weil sie physisch schwach sind. Aber deshalb können Männer keine „Herren" sein. Weil wir in dieser Welt finden, dass jeder jeden um Hilfe bittet, als ob man nicht weiterkommen würde ohne Hilfe vom Anderen bekommen zu haben…Unsere blöde Brüder sollten nicht Anspruch darauf nur auf Grund der physischen Kraft erheben" (Kader 1973: 43-44)

Rokeya unterstreicht, dass der wirkliche Grund für die Rückständigkeit der Frauen ist, dass sie keine Möglichkeit haben, sich wie Männer bilden zu lassen. (Kader 1973: 43-44). Die Ignoranz und das Nicht-Lebendigsein ihrer Zeitgenossen ließ Rokeya keine Ruhe. In jeder Zeile ihres Essays finden wir den Zorn von Rokeya und ihre Sorge wegen der unterdrückten Lage der der Frauen in einer Männer-dominierten Gesellschaft. Zur gleichen Zeit als sie das soziale System, das von Männern errichtet wurde, kritisiert- beteuert sie die Männer, dass kein Komplott gegen sie geplant ist (Kader 1973:44).
Der fünfte Artikel von „Matichur" ist „Sugrihini" (eine gute Hausfrau). In diesem Essay bringt Rokeya starke Argumente zugunsten der Bildung der Frauen, weil Frauen Bildung brauchen, um gute Hausfrauen zu werden.
Hier bemüht sie sich die öffentliche Meinung zugunsten der Bildung für Frauen zu formen. Sie behauptet, dass die Hausfrau Gehirn benötigt, um ihre täglichen Pflichten im Haushalt zu erfüllen, um das Geld, das ihr Mann verdient, richtig auszugeben und sich um das Glück und Komfort vom Ehemann und anderer Verwandten zu kümmern. Das Kultivieren solch einer Intelligenz ist nur durch Bildung möglich (Kader 1973: 45-46). Rokeya behauptet, dass die Verantwortung der Mutter bei der Formung des Charakters sehr groß ist:

„Eine heldenhafte Frau wird zur Mutter eines Helden. Wenn Mutter es will, kann sie die Fähigkeiten ihres Kindes erhalten, indem sie ihn kräftig, mutig, gefasst macht… deshalb ist die Bildung notwendig, um Kinder großzuziehen, weil Mutter unsere erste, wichtigste und echteste Lehrerin ist" (Kader 1973: 53).
Sie schließt ihre Tirade so ab:
„So ist es klar, dass die Intelligenz notwendig ist, um sogar die Pflichten zu erfüllen, die Frauen bis jetzt hatten. So wie die mentale Kultur wichtig für Männer ist, damit sie Geld verdienen, so ist die mentale Kultur notwendig für Frauen, damit sie ihre Hausarbeit machen" (Kader 1973: 56).
Im Artikel „Burka" (ein Kleidungsstück, dass die fundamentalistischen Frauen tragen und das sie von Kopf bis Fuß bedeckt) schreibt Rokeya mit großer Umsicht über den Brauch der Purdah (der Abschirmung der Frau). Hier finden wir Rokeyas Einstellung als ein Kompromiss mit dem Zustand der muslimischen Gesellschaft und Sitten im Land. Sie sieht keinen Widerspruch zwischen dem Erhalten der Abschirmung und dem Fortschritt. Das Tragen einer den ganzen Körper bedeckenden Kleidung sieht Rokeya als normal und moralisch (Kader 1973: 57). Ihre Einstellung und Gedanken über die Abschirmung entwickeln sich weiter in ihren Kommentaren zu europäischen Frauen:
„In der heutigen Zeit haben europäische Schwestern den höchsten Punkt der Zivilisation erklommen. Wer sagt, dass sie keine Abschirmung haben?

Niemand kann ihr Schlaf- oder Wohnzimmer ohne Erlaubnis betreten. Ist dieser Brauch schlecht? Natürlich nicht" (Kader 1973: 58).
Aber zur selben Zeit merkt sie:
„alle Regeln sollen ihre Grenzen haben. In diesem Land ist der Brauch der Abschirmung zu hart geworden... Wir werden diese künstlichen Bräuche der Abschirmung moderater machen müssen… Wir werden nur die wesentliche Abschirmung behalten und die Ungerechte aufgeben" (Kader 1973:61).
Rokeya beschuldigt nicht die Abschottung, sondern den Mangel an der richtigen Bildung als Grund von der Unterdrückung der Frauen.:

„Es ist nicht weil wir isoliert leben, dass wir in der letzten Zeit so niedergeschlagen, eingegrenzt und müde sind. Wegen des Mangels an der richtigen Bildung sind unsere geistigen Fähigkeiten geschrumpft… Die fehlende Bildung hat uns unfähig gemacht, Freiheit zu erlangen. Wir haben verloren, weil wir schwach sind“ (Kader 1973: 61).

Sie ruft Männer vehement auf, ihre Töchter bilden zu lassen:
„Jetzt rufe ich meine Brüder dazu auf, dass sie versuchen ihre Töchter mit dem Schmuck des Wissens zu schmücken von dem Geld, das sie vergeuden, indem sie sie mit leblosem Schmuck aus Gold und Perlen schmücken“ (Kader 1973:62).

Stattdessen schlägt sie vor mit dem Geld, das für Schmuck ausgegeben wird, Schulen für Mädchen zu gründen. Zum Schluss schreibt sie im „Burka“ über Lehrerinnen und getrennte Schulen, Kollegs und Universitäten für Frauen, weil sie realistisch genug ist zu begreifen, dass „kein Muslim wird auf dem Gebiet der Bildung vorwärtskommen, indem er den Brauch von wesentlicher Abschirmung schwächt“ (Kader 1973: 62-63).
Der letzte Artikel von „Matichur“ heißt „Grha“ (Zuhause). In diesem Essay hat Rokeya die Leiden und die unterdrückte Lage von hilflosen Frauen dargestellt, die von Männern überwacht werden und nicht glücklich zu Hause sind. Rokeya schreibt:

Wenn wir auf unseren sozialen Zustand schauen, sehen wir, dass die meisten indischen Frauen nicht glücklich zu Hause sind. Menschen, die anderen unterstellt sind, die das Haus ihres Wächters nicht für ihr eigenes Haus halten dürfen, für die scheint ihr Zuhause ein Gefängnis zu sein. Für einen Menschen, der im Familienleben nicht glücklich ist, der nicht wagt, sich als Familienmitglied zu sehen, kann sein Zuhause kein Ort des Friedens sein. Ob ein Mädchen, eine verheiratete Frau oder eine Witwe – die Situation von all diesen Frauen ist trostlos“ (Kader 1973: 64).

Der Herr eines bengalischen Hauses ist die männliche Person in der Familie und er denkt: „Das Haus ist nur meine Wohnstätte". Die anderen Mitglieder der Familie sind für ihn von ihm abhängig (Kader 1973: 66). Zeile nach Zeile zeigt die Wunden, die so eine Einstellung den Frauen beibringt. Rokeya ruft aus: „Wer könnte den hilflosen Bewohnern der Innenräume helfen, wenn nicht der Gott?" (Kader 1973: 67).

Mit viel Ironie klagt Rokeya: „Egal in welcher Situation wir leben, leben wir im Haus von unseren Wächtern…Ich weiß nicht, vielleicht sogar im Grab leben wir im Haus unseres Wächters"… (Kader 1973:73-74). Bewegt von der Hilflosigkeit und Unterdrückung von Frauen in einem sozialen System, das von Männern erschaffen wurde, ruft Rokeya dann aus: „Wir haben nicht mal eine eigene Hütte mit Strohdach! In der Tierwelt ist kein Wesen so schutzlos, wie wir! Alle haben ein Zuhause – nur wir nicht!" (Kader 1973: 74).

Fazit

Die Artikel von Rokeya, versammelt in „Matichur", haben viel Aufregung und Hetze hervorgerufen, als sie zum ersten Mal in verschiedenen Zeitschriften veröffentlicht wurden. Allmählich setzten sich die Aufregung, Ärger und Hetze und an deren Stelle finden wir eine sich entwickelnde kritische Ambivalenz. Auf den Literaturseiten von „Nabanur" schreiben Munshi Abdul Karim Sahitya Visharad und Saiyad Imdad Ali bezüglich des „Matichur" Folgendes:
„Als wir die Artikel von „Matichur", die zum ersten Mal in „Nabanur" gedruckt wurden, lasen, brach der Damm unserer Geduld. …dann klang diese Aufregung etwas ab und wir lasen das Buch zum zweiten Mal und dann dachten wir etwas wohlwollender an „Matichur". Wenn auch nicht alle Behauptungen der Schriftstellerin wahr sind, ist ein großer Teil vom Geschriebenen Realität"… Die Schriftstellerin hat ihre Thesen gut verfasst. Vor ihr hat kein muslimischer Schriftsteller so viele Themen besprochen. Ein Fehler von der Autorin des „Matichur" muss unbedingt erwähnt werden: wir fühlen, dass das Buch von den Flugblättern inspiriert worden ist, die von der Christlichen Traktat -Gesellschaft in Madras veröffentlicht wurden. Egal was die Missionare sagen oder sagten

über uns, indem sie hierher kamen um Christentum zu predigen, all das zählt als unfehlbar. Sie meint, dass alles Unsere schlecht ist und alles von Europa und Amerika gut.

Soziale Reformen machen ist das Eine, aber die Gesellschaft zu peitschen, ohne ihr eine Ruhepause sogar zum Aufatmen zu gönnen, ist etwas Anderes. Die Peitschenhiebe können Wunden im Körper der Gesellschaft verursachen, aber sie können nicht irgendwelche soziale Verluste oder Wünsche kompensieren. Die Autorin von „Matichur" peitscht die Gesellschaft ständig aus. Wir glauben nicht, dass es gute Ergebnisse bringt" (Kader 1973: 14-15).

Unter anderen Werken von Rokeya müsste man Band 2 von „Matichur" (veröffentlicht 1921) und den Roman mit dem Titel „Padmarag" (veröffentlicht 1924) erwähnen. Und eine Erzählung in English mit dem Titel „Sultanas Traum" (veröffentlicht 1928). Der 2.Band von „Matichur" ist eine Kompilation von verschiedenen Arten des Schreibens, und das Buch wurde von der zeitgenössischen bengalischen Gesellschaft warm empfangen. In der Zeitschrift „Sahacar" vom August-September 1922 finden wir folgende Rezension zum 2.Band von „Matichur".

„Das ist das Nachdenken über den Schmerz und die Not der Frauen. Das ist ein Donnerschlag für blinde Frauen. Das Erwachen der Gesellschaft ist sehr schön. Der Schreibstil ist exzellent" (Kader1973:17).
Der Roman von Rokeya „Padmarag" (Rubin) ist auch von Bedeutung. Die Heldin Siddiqua ist Rokeyas Tochter, geboren aus ihrem Geist. Siddiqua ist eine außergewöhnliche und mutige Frau, welche, wenn es ihr misslingt Gerechtigkeit von der männer-dominierter Gesellschaft zu bekommen, erklärt:
„Ich werde versuchen mein ganzes Leben dem Wohl von Frauen zu widmen und werde die Wurzel des Abschottungsbrauches ziehen. Ich will der Gesellschaft zeigen, dass das Eheleben nicht das ultimative Ende des Frauenlebens ist... „(Kader 1973: 594-595).
In „Sultanas Traum" hat Rokeya das Bild eines Frauenlandes gemalt, wo körperlich schwache Frauen über Männer regieren mithilfe der überlegenen Intelligenz und halten Männer in Unterwerfung. "Abarodhvasini" (Frauen

hinterm Vorhang) ist das andere berühmte Werk von Rokeya, welches 1928 veröffentlicht wurde. Mit Humor und schriftstellerischem Können erzählte sie über 50 historisch wahre Begebenheiten über Unglücksfälle und Demütigungen, welche Frauen im Namen der Abschirmung ertragen mussten. In diesen und allen anderen Werken von Rokeya finden wir scharfe Attacken auf die Krankheiten der Gesellschaft, ihre mentale Qualen, die vom Leiden der Frauen hervorgerufen wurden und ihre Botschaft für sie, dass sie versuchen sollten, die Gleichberechtigung mit den Männern zu erreichen indem sie eine

Hochschulbildung bekommen. Auf diese Weise würden sie „sich als Individuen und als unabhängige Menschenwesen erfüllen sowie für ihr eigenes Wohl als auch für die allgemeine Wohlfahrt und den Fortschritt der Gesellschaft". Begum Rokeya war die Verkünderin eines neuen Zeitalters von ihrer Gesellschaft. Sie begann die Bewegung für die Emanzipation der bengalischen muslimischen Frauen. Als Schriftstellerin, als Pädagogin und als Sozialarbeiterin widmete sie ihr ganzes Erwachsenenleben der Sache der Frauen. Rokeyas Gedanken und Ideen, welche sich in ihren Werken

widerspiegeln, haben ihr einen Platz als eine große und mutige Denkerin, als die erste muslimische Feministin Bengalens gesichert. Sie geißelte die Gesellschaft und Ärger, der von ihren Attacken hervorgerufen wurde, führte dazu, dass die Zeitgenossen sie verurteilten, aber die Fragen, die sie aufwarf, wurden im Licht der modernen Ideen überdacht. Begum Rokeya vereinte in sich den Rationalismus von Raja Ram Mohan Ray und tiefe Gefühle von Ishwar Chandra Vidyasagar. Sie war die erste beim Marsch der bengalischen muslimischen Frauen zum Fortschritt. Dieser Marsch geht immer noch weiter.

Anmerkungen:

1. Näheres über ihr Leben findet man bei M.S.Mahmud (1973), Gupta (nd:254, 389-91), M.Mahmud (1965). Kader (1973:8-10), Joarder and Joarder (1980).
2. Jogendranath Gupta, (nd). Vange Mahila Kabi, Calcutta
3. R.S.Hosain, 1929. Abarodhvasini. Calcutta
4. Shahanara Husain., 1978/79. Karimunnesa Khanum Chaudhurani – A Notable Bengal Muslim Lady oft he 19th Century. Rajshani University Studies 9&10:63-66.
5. Hasina Joarder and Safiuddin Joarder, 1980, Begum Rokeya: The Emancipator. Dhaka.
6. Abdul Kader, (ed.) 1973. Rokeya Racanavali. Dhaka.
7. Begum Shamsunnahar Mahmud, 1937. Rokeya Jivani, Calcutta
8. Moshfequ Mahmud, 1965. Patre Rokeya Pariciti. Dhaka.

Aus dem Englischen übersetzt von Dr. Alia Taissina.

In diesem Text aus dem Jahr 1919 protokolliert Rokeya ihr Bemühen, eine Konferenz der muslimischen Frauen aus ganz Indien einzuberufen, um ihr sechstes jährliches Treffen in Kalkutta durchführen zu können. Der Text zeigt, dass nicht nur das freie Reisen für die Frauen schwierig war, sondern dass Rokeya gezielt in ihrer organisatorischen Arbeit behindert wurde. Er dokumentiert, wie viele Steine ihr in den Weg gelegt wurden, wofür die Planung dieser Konferenz nur ein Beispiel ist.

Rokeya Sakhawat Hossein
Die Konferenz der muslimischen Frauen aus ganz Indien im Jahr 1919

Vorbemerkung:

Die sechste Veranstaltung der Konferenz der muslimischen Frauen aus ganz Indien wird in Kalkutta im Mellyville House, 8, Ripon Street am 10., 11. und 12. Februar 1919 unter dem Vorsitz von Begum Sabeha of Mayor Khediva Jung Bahadur (Hyderabad) durchgeführt. Es wird täglich zwei Sitzungen von jeweils 10:00 bis 14:00 Uhr und von 15:00 bis 17:00 Uhr geben. Muslimische Frauen, die vom Mofassil kommen, um an der Konferenz teilzunehmen, erhalten freie Unterkunft und Verpflegung in 86 A, Lower Circular Road, das heißt, auf dem Gelände der Sakhawat Memorial Girls' School. Sie werden an den Bahnhöfen abgeholt, um rechtzeitig die nötigen Informationen zu bekommen, mindestens 24 Stunden vor ihrer Ankunft. Sie werden gebeten, sich mit der Unterzeichnenden in Verbindung zu setzen. Ortsansässige Damen werden gebeten, in großer Zahl an der Konferenz teilzunehmen. Die Einladungskarte ist mit dem Anmeldeformular erhältlich.
(Frau) R. S. Hossein
86. Lower Circular Road
Kalkutta
27. Januar 1919

21. Februar 1919
Die Konferenz der muslimischen Frauen endet mit einem Fiasko
Bedauernswertes Einschreiten

Wir haben den folgenden Text zur Veröffentlichung erhalten:
Das Folgende ist ein Statement, das mit der sechsten jährlichen Veranstaltung der Konferenz der muslimischen Frauen aus ganz Indien zusammenhängt, die kürzlich in Kalkutta durchgeführt wurde. Da es auf meine Initiative zurückging, dass zur Konferenz nach Kalkutta eingeladen wurde, halte ich es für angebracht, die Öffentlichkeit wissen zu lassen, was tatsächlich stattfand und warum meine Mitarbeiterinnen und ich uns von den Treffen fernhalten mussten.

Der Anjuman-i-Khawateen Islam, Kalkutta, beschloss bei einem seiner Treffen, zur Konferenz der muslimischen Frauen aus ganz Indien einzuladen, damit sie ihr sechstes jährliches Treffen in Kalkutta abhalten konnten. Dementsprechend schrieb ich an die Sekretärin, Nafis Dulhan Saheva, und als Antwort erhielt ich die Information, dass unsere Einladung akzeptiert wurde. Der Zeitraum, der zuerst festgelegt wurde, um die Konferenz während der Weihnachtswoche abzuhalten, wurde wegen der Influenza verschoben. Nach einiger Korrespondenz wurde beschlossen, das Treffen am 10., 11. und 12. dieses Monats abzuhalten. Dann wurde ein Empfangskomitee gebildet und Frau Abdul Latif Ahmad wurde als seine Präsidentin gewählt und ich als seine Sekretärin. Da bestimmte Dinge wie die Auswahl des Ortes und der Aufbau des Panels nicht ohne die Hilfe der männlichen Mitglieder der Gemeinde realisiert werden konnten, wurde schließlich Mitte Januar ein Komitee repräsentativer muslimischer Herren, die an dem Thema interessiert waren, gebildet. Bei seinem zweiten Treffen, das am 23. Januar stattfand, hat das Komitee sorgfältig die Frage des Ortes behandelt. Es wurde beschlossen, dass die Konferenz an einem zentralen Ort stattfinden sollte, wo strikte Purdah sichergestellt sein konnte und wo man für eine sichere Rückkehr der Damen, die an dem Treffen teilnahmen, sorgen konnte. Es war auch notwendig, dass der Ort nicht weit entfernt vom Büro des Empfangskomitees – 86 A, Lower Circular Road – entfernt sein sollte, so dass die Aufgabe des Aufbaus eines Panels und andere Arrangements ohne Probleme beaufsichtigt werden konnten. Im Hinblick auf diese Bedingungen wurde der Rasen, der zu Frau Ariff Bhams Haus, Nr. 8, Ripon Street, gehörte, ausgewählt und man erhielt Frau Bhams Zustimmung nach einigen Schwierigkeiten am nächsten Tag. Ich sollte auch erwähnen, dass an dem Treffen, bei dem der Ort ausgewählt wurde, ein paar Herren der Surit-Gemeinde und Shaikh Mahbub Ali Saheb teilnahmen, dessen Ehefrau eine der Vizepräsidentinnen des Anjuman-i-Khawateen Islam ist. Keiner dieser Herren hatte etwas gegen die Wahl dieses Ortes. Übrigens, bei dem Treffen des Anjuman-i-Khawateen, das kurz danach stattfand, wurde die Wahl des oben genannten Ortes pflichtgemäß angezeigt, und nicht ein einziges anwesendes Mitglied ließ etwas gegen den Vorschlag vernehmen.

2. Sechshundert Einladungskarten wurden gedruckt und am 4. und 5. dieses Monats verteilt und das Gelände Nr. 8, Ripon Street wurde als Ort des Treffens genannt. Genau am 7. Februar, zwei Tage nach der Aussendung der Karten und drei Tage vor dem Termin des Treffens, erhielt ich einen Brief, datiert vom 6. Februar, von Naziri Begum Saheba (Frau Suleiman Arif), in dem sie ihre Überraschung und ihr Bedauern ausdrückte, dass die Konferenz auf dem Gelände von Frau Bham stattfinden sollte, wo einige Mitglieder des Ajuman nicht teilnehmen würden. Ich antwortete ihr, dass kein anderes Mitglied sich gegen eine Teilnahme ausgesprochen hätte, selbst wenn sie irgendwelche Einwände aus irgendeinem persönlichen Grund hätte, denn es war

eine kommunale Angelegenheit, für die Frau Bham ihren Rasen dem Empfangskomitee zur Verfügung gestellt hätte, an den Tagen, an denen die Treffen dort stattfinden sollten.

3. Am 7. Februar um 14 Uhr (an dem Tag, an dem Naziri Begum Sahebas Brief eintraf) erhielt ich ein Telegramm von Nafis Dulhan Saheba, dass sie um 16 Uhr am Bahnhof Howrah eintreffen würde, begleitet von der gewählten Präsidentin Frau Khedive Jung Saheba und ein paar anderen Damen. Ich fuhr sofort mit einigen anderen Damen zum Bahnhof und traf Nafis Dulhan Saheba und ihre Begleitung im Wartesaal 1. Klasse für Damen. Als wir uns mit den Damen unterhielten und als ihr Gepäck verstaut wurde, kam Herr G. H. Ariff zum Bahnhof und brachte die Damen zu seinem Wohnsitz in der Amratala Lane. Einige Zeit, bevor sie hierher kamen, war es per Korrespondenz geregelt worden, dass Nafis Dulhan Saheba und ihre Begleitung ein oder zwei Tage bei Herrn Ariff bleiben sollten, der ein guter Freund von ihrem Ehemann, Moulvi Habibur Rahman Khan Shirwani Saheb ist, und danach sollte sie herüberkommen und bei mir in der Schule übernachten, die für diese Zeit zu einem Gästehaus umgestaltet worden war, und Frau Khedive Jung Saheba würde Gast von Lady Shamsul Hzda sein. Da dies die Vereinbarung war, die kurz zuvor getroffen worden war, erhob ich keine Einwände dagegen, dass die Damen zu Herrn Ariff gingen. Ich erwähne dies, weil verschiedene Damen es als meinen Fehler ansahen, dass ich Herrn Ariff erlaubte, die Damen zu seinem Wohnsitz mitzunehmen.

4. Am 8. Februar suchte Nafis Dulhan Saheba mich um 10 Uhr morgens in Begleitung von Frau Khedive Jung Saheba und Naziri Begum in der Schule auf und informierte mich zu meiner großen Überraschung, dass die Konferenz nicht in 8., Ripon Street stattfinden könne, da einige Leute nicht bereit seien, dorthin zu gehen. Da ich nicht in der Lage war, etwas ohne Beratung mit dem Empfangskomitee zu sagen, wurde vereinbart, dass Nafis Dulhan Saheba und die anderen am Nachmittag wiederkommen sollten, um darüber zu diskutieren. Dementsprechend kamen sie, als viele Mitglieder des Empfangskomitees vorschlugen, die Konferenz anderswo stattfinden zu lassen. Da die Einladungskarten bereits verteilt waren und da keine Zeit war, um etwas zu ändern, konnten wir nicht mit einem Ortswechsel einverstanden sein. Dennoch bestand Nafis Dulhan Saheba darauf, die Konferenz anderswo abzuhalten und schickte sich an, die notwendigen Vereinbarungen selbst zu treffen. Das Treffen wurde am späten Abend abgebrochen, ohne dass man zu irgendeiner Entscheidung gekommen wäre. Als sie gingen, informierte mich die

Begleiterin von Frau Khedive Jung Saheba und Nafis Dulhan, dass sie und ihre Gruppe am nächsten Tag zu uns kommen würden, um bei uns zu übernachten. Am 9. Februar begleiteten mich Frau Abdul Latif Ahmad, die Vorsitzende des Empfangskomitees, und drei andere Damen zum Wohnsitz von Herrn G. H. Ariff, um Frau Khedive Jung Saheba, Nafis Dulhan Saheba und andere abzuholen. Wir wurden jedoch kühl empfangen und wiederholt darauf hingewiesen, dass sie selbstständig zu uns kommen würden. Als wir darauf drangen, dass sie mit uns kommen sollten, gaben sie uns zu verstehen, dass sie dabei seien, auszugehen und am Nachmittag vorbeikommen würden. Bevor sie kamen, versammelten sich viele Mitglieder unseres Anjuman in der Schule und danach traf sich auch das Komitee der Herren dort. Bei der Ankunft mit ihrer Gruppe informierte uns Nafis Dulhan Saheba, dass sie bereits vereinbart hätte, die Konferenz im Galstaun Park abzuhalten, und hätte dies kundgetan. Es wurde dargelegt, dass ihr Vorgehen völlig unangemessen war, dass es die Aufgabe des Empfangskomitees wäre, einen passenden Ort zu wählen und die notwendigen Vorkehrungen zu treffen, um die Konferenz abzuhalten, und dass sie kein Recht hätte, die Konferenz dort abzuhalten, wo es ihr passte, indem sie unsere ganzen Pläne über den Haufen warf und unsere Gefühle strapazierte. Doch unsere ganzen Argumente und Einwände waren nutzlos, Nafis Dulhan Saheba bestand darauf, alles auf ihre Art und Weise zu tun. Das Treffen brach nach 23:00 ab, als Nafis Dulhan Saheba mit ihrer Gruppe ging. Es wurde vereinbart, dass ihnen unsere endgültige Entscheidung am nächsten Morgen mitgeteilt werden sollte. Nachdem sie gegangen waren, wurde das Thema wiederum von den Damen und Herren, die anwesend waren, diskutiert; es ging um ihre künftigen Treffen und man kam zu dem Schluss, dass es in keiner Weise wünschenswert und angemessen war, eine solche Eigenmächtigkeit und ein solches Vorgehen zu dulden. Dementsprechend wurde Nafis Dukhan Saheba am nächsten Morgen eine telefonische Nachricht überbracht, mit der Wirkung, dass die Mitglieder des Empfangskomitees nicht mit ihr zusammenarbeiten würden, was das Abhalten der Konferenz im Galstaun Park betraf, und dass sie nicht an dem Treffen teilnehmen würden.

5. Ab etwa 11:00 Uhr am 10. Februar waren über 200 muslimische Damen, die nicht wussten, was geschehen war, zur 8 Ripon Street gegangen und sie kamen zu mir, und als sie all die Umstände in Erfahrung gebracht hatten, zogen sie es vor, wieder nach Hause zurückzukehren, statt an der Konferenz im Galstaun Park teilzunehmen. Um die enttäuschten Damen etwas zu trösten und um jenen, die nichts davon wussten, die bedauernswerten Umstände zu erklären, die uns davon abhielten, an der Konferenz teilzunehmen, wurde beschlossen, am 12. Februar unter der Aufsicht

des lokalen Anjuman-i-Khawateen Islam ein allgemeines Treffen der muslimischen Frauen aus Kalkutta in 8 Ripon Street stattfinden zu lassen. Es war für uns eine angenehme Überraschung, festzustellen, dass an diesem Treffen über sechshundert Damen teilnahmen, vielleicht mehr als je in Indien zusammenkamen. Unter anderen waren die folgenden Damen anwesend:

Nawab Begum Baduruddin Haidar, Frau Abdul Karim, Umme Salma Begum (die Mutter von Lady Shamsul Huda), Frau H.K. Fazlul Huq, Frau Abdur Rahim Buksh Ellahi, Frau Khan Bahadur Daudur Rahman, Frau Khan Bahadur Md. Khorshed, Afsar Jahan Begum (dir Schwester von Prinz Mirza Akram Hossein Bahadur), Frau Abdul Latif Ahmed, Frau Ahmed Zakarya, Frau Shamsul Ulama Velayet Hossain, Frau Shamsul Ulama Zulfiqar Ali, Frau Shamsul Ulama Kamaluddin Ahmed, Frau Kabiruddin Ahmed, Frau Matloob Ahmed Khan Chaudury, Frau Syed Muhtashem Hossein, Frau Abbad, Frau Abul Kalam Azad, Frau Syeed Abdus Salek, Frau Anisuzzaman Khan, Frau Syed Fida Ali, Frau Musaji Salehji, Frau Soleiman Salehyi, Frau Ahmed Duply, Herr Qasem Ebrahim Salhji, Frau Ahmed Ibrahim Salehji, Frau Ebrahim Salehji, Frau Md. Elias und Fräulein Rabia Elias, Frau Saleh Md. Daud, Frau Mulla Mahmud, Frau Ahmed Md. Mamsa, Frau Osman Jamal, Frau Abul Muzaffar Ahmed, Frau Hedayet Ali, Frau Azizul Kader, Frau Nashiruddin Ahmed, Frau Baker Shirazi, Frau Murtaza Shustari, Frau Bashir Mirza, Frau Aladin Chandoo, Frau Abdul Ghaffar, Frau Derajuddin Ahmed, Frau Abu Imam, Frau Mokarem, Frau Habib Mohamed, Frau Shaikh Abduallah (Aligarh), Fatema Arzoo Begum (Bhopal), Momena Begum (Bulandshahar), die Schwester von Herrn Zahid Suharawardy, Frau Aga Md. Karim, Frau Qutbuddin Ahmed, Frau Ihtisham Rasul, Frau Abdul Aziz Khan (Gaya), Frau Mirza Md. Zeigt dBeweist iBBeweist ewist ese Khorasani und Frau Mirza Mehdi Khorasani.

Beweist die große Zahl der Teilnehmerinnen – muslimischer Damen, die zu verschiedenen Schichten der Gemeinde gehören – nicht, dass unsere Vereinbarungen die herzliche Akzeptanz der muslimischen Damen von Kalkutta hatten und dass es keine Ablehnung geben konnte gegenüber einem Treffen auf dem Anwesen von Frau Bham? Tatsächlich kam die einzige Ablehnung, die wir erfuhren, von Frau Soliman Ariff (Naziri Begum Saheba). Wir haben Grund zu der Annahme, dass dies ganz und gar auf familiären Auseinandersetzungen zwischen den Ariffs und den Bhams beruhte, die durch Heiraten miteinander verbunden waren. Es ist sehr zu bedauern, dass es so viel Gram verursacht, wenn Leute in eine bestimmte Ecke gedrängt werden. Ich sollte nicht unerwähnt lassen, dass die Bekanntgabe aller Treffen des Anjuman-i-Khawateen, bei dem die Vereinbarungen für die Konferenz diskutiert und getroffen wurden, an Naziri Begum Saheba gesandt wurden, die eine der Vize-

Präsidentinnen des Anjuman-i-Khawateen ist, sie nahm aber an keinem der Treffen teil. Daher liegt der Fehler bei ihr und nicht bei uns, dass sie nicht rechtzeitig wusste, wo die Konferenz sattfinden sollte.

Bei dem besagten Treffen nahm Frau Abdul Latif Ahmad den Sitz der Präsidentin ein. Als erstes verlas ich ein Statement, in dem es darum ging, zu erklären, was dazu geführt hatte, dass wir uns von der Konferenz der muslimischen Frauen aus ganz Indien fernhielten. Danach ging man zur Tagesordnung über.

Zwei Resolutionen wurden bei dem Treffen angenommen, das erste drückte das Bedauern über den Tod von Suhrawardiya Begum aus und Mitgefühl mit der verlassenen Familie und das zweite würdigte die Aktion des Empfangskomitees, nicht an dem Treffen im Galstaun Park teilzunehmen. Von einigen Damen wurden Papiere zur weiblichen Erziehung und verwandten Themen verlesen.

Meine Aufmerksamkeit hatte sich auf die Berichte über das Vorgehen der Treffen der Konferenz gerichtet, die im Galstaun Park abgehalten wurde und die in einigen Zeitungen veröffentlicht wurden. Ich bedauere es, sagen zu müssen, dass die Berichte nicht korrekt sind. Aus sehr glaubwürdigen Quellen geht hervor, dass an dem Treffen am ersten Tag nur 15 Damen teilnahmen, von denen einige keine Musliminnen waren. Während dies der Fall ist, ist es nicht äußerst irreführend, zu konstatieren, „dass das weiträumige Areal, das zu diesem Zweck eingerichtet worden war, vollständig besetzt war von Damen aus Kalkutta und jenen, die aus fernen Teilen Indiens gekommen waren"? Die Teilnehmerinnenzahl am zweiten Tag des Treffens betrug laut der Information von jenen, die anwesend waren, 25 und am dritten Tag nur zehn, auch wenn in den Zeitungen veröffentlicht wurde, dass an dem letzteren rund 400 Damen teilnahmen. Frau Shaikh Abdullah Saheba von Aligarh und Fatema Arzoo Begum Saheba, die Schwester von Maulana Abul Kalam Azad und die Privatsekretärin Ihrer Hoheit, der Begum von Bhopal, bekräftigten Statements, bezeugt von einer anderen Augenzeugin der Treffen der Konferenz. Es wurde konstatiert, als die gewählte Präsidentin auf dem Areal erschien, hieß Frau

G.H. Ariff sie im Namen der Damen von Kalkutta sie in einer Rede auf Englisch willkommen. Dürfen wir nachfragen, ob irgendein neues Empfangskomitee gebildet wurde und wann und von wem Frau Ariff autorisiert wurde, die Gastgeberin zu spielen und die Gäste im Namen der Damen von Kalkutta willkommen zu heißen? Es wurde gesagt, dass die Purdah-Arrangements perfekt waren. Wenn unsere Informationen stimmen, sind solche Arrangements an einem Ort wie dem Galstaun Park nicht möglich, da der Park auf allen Seiten von Hochhäusern umgeben ist.

Außerdem steht ein dreistöckiges Haus, in dem verschiedene Leute leben, mittendrin.Zusammenfassend möchte ich klarstellen, dass absolut nichts dagegen sprach, die Konferenz in 8 Ripon Street abzuhalten, und es ist unsere feste Überzeugung, dass die unglückselige Attitüde, die Frau Kjedive Jung und Nafis Dulhan an den Tag legten, auf den Einfluss der Familie Ariff zurückzuführen war, und als Außenseiter waren sie nicht in der Lage, das Gefühl der Öffentlichkeit richtig einzuschätzen. Wir konnten die lokalen Gegebenheiten am besten einschätzen und als wir ihnen versicherten, dass nichts dagegen sprach, die Konferenz an dem Ort abzuhalten, den wir gewählt hatten, und wie die Ereignisse bewiesen, zögerten die muslimischen Damen von Kalkutta nicht, das Treffen in großer Zahl dort zu besuchen, und sie sollten mit unserer Versicherung zufrieden sein.
Kalkutta, 19. Februar 1919

(Frau) R. S. Hossein
Ehrensekretärin
Anjuman-i-Khawateen Islam

Aus dem Englischen übersetzt von Dr. Monika Carbe
Vorbemerkung von Dr. Susanne Czuba-Konrad

Seminar

Wir veranstalteten 2005 und 2006 zwei Seminare über die Situation von Frauen in Bangladesch. 2005 war das Thema „Der Status von Frauen in der Gesellschaft von Bangladesch“ und 2006 „Halbierung der Armut und Bildung der Frauen in Bangladesch“ Dazu waren jeweils deutsche und bengalische Referenten eingeladen. Wir haben die schriftlichen Reden der beiden Referentinnen aus Bangladesch Prof. Dr. Akimun Rahman und Prof. Dr. Nashid Kamal übersetzt und in diesem Buch abgedruckt

Martina Feldmaier (die Grünen), Mesabahuddin Ahmed (Journalist), Dr. Akimun Rahman (Schrifstellerin und Literaturwissenschaftlerin) Dirk Saam, von Dr. Maik Wagner Referent für Enwicklungspolitik bei NETZ

Christian Weiss , Dr. **Susanne Konrad und Dr. Akimun Rahman**

Das Kulturprogramm nach der Pause moderierte **Alexandra Müller** vom ZDF. Es begann mit einer Lesung des Indologen und Literaturwissenschaftlers **Christian Weiss**. Im Anschluss las **Dr. Akimun Rahman** eine ihrer Kurzgeschichten. Moderiert wurde der Literaturteil von Dr. **Susanne Konrad**.

Aus Indien war Baul-Sänger *Kartick Das Baul* angereist.

Seminar und Kulturprogramm

Nikita Bhuiyan mit klassischen indischen Tanz

Kartick Das Baul und Ranju Baul

Der Status von Frauen in der Gesellschaft von Bangladesch

Prof. Dr. Akimun Rahman

Zusammenfassung: Diese Studie zielt darauf ab, die Situation der Frauen im heutigen Bangladesch darzustellen. Obwohl es Anzeichen für Fortschritte gibt, was die Bildung und berufliche Autonomie von Frauen aller Klassen betrifft, leben die meisten unter religiösen und sozialen Repressalien - ihr Leben ist geprägt von Gewaltanwendung, Unterdrückung, politischen Unruhen und allgemeiner Unsicherheit. Diese Studie konzentriert sich auf die Bedingungen sowohl für die Verbesserung der Lebensbedingungen von Frauen als auch auf die Bedingungen für Gewalt und Unterdrückung. Zudem wird das fehlende Bewusstsein von Frauen für ihre Situation und ihr Opportunismus betrachtet.

Inhalt

6. Bildung der Frauen
   6.1. Regelschulsystem
   6.2. Madrasa-Bildung
   6.3. Berufsausbildung
7. Politische Rechte von Frauen
8. Gesundheitliche Situation
9. Fazit

1. Realität und Illusion: die gegenwärtige Lage

Es scheint, dass Frauen in Bangladesch ein hohes Maß an Emanzipation besitzen. Man hat den Eindruck, dass sie die Ehre und die vollen bürgerschaftlichen Rechte erlangt und dass sie auch im Bereich ihrer Autonomie viel erreicht haben: In Bangladesch haben wir eine Frau, die fast zwei Amtszeiten lang Premierministerin war und die gleichzeitig die Leitung einer der führenden politischen Parteien des Landes innehat. Eine andere Frau, die derzeitige Oppositionsführerin, war ebenfalls Premierministerin; und es gibt andere Aktivistinnen in führenden Rollen in verschiedenen politischen Parteien. Es scheint also, dass die Gleichberechtigung der Frauen in Bangladesch ein hohes Entwicklungsniveau erreicht hat, da sie den Staat politisch führen.

1.1. Die Frauen der Mittelschicht

Auch wenn wir den Blick auf die Bildungsrate der Frauen der Mittelklasse richten, scheint es deutlich voranzugehen. Mit Erfolg erreichte Bildungsabschlüsse sind bei Frauen aus der Mittelschicht häufig. Eine gute Anzahl von ihnen macht den Meister; viele erlangen höhere Abschlüsse an Ingenieuruniversitäten; viele werden Architektinnen, Ärztinnen oder Bildhauerinnen. Einige von ihnen unterrichten an Bildungseinrichtungen oder arbeiten für multinationale Unternehmen oder NGOs. Viele Frauen werden zu Führungskräften in der Medienwelt. Viele präsentieren sich als Nachrichtenmoderatorinnen, Sängerinnen oder Models. Die Bildungsrate unter Frauen ist stark gestiegen. Diese Tatsachen aber könnten aber zu dem falschen Eindruck führen, dass wir bangladeschischen Frauen, im eigentlichen Sinne oder in allen Belangen, durchweg große Fortschritte machen.

Wenn wir uns Schulen und Hochschulen, öffentliche und private Universitäten betrachten, können wir sehen, dass insbesondere die Mädchen ihre Zeit mit einem Gefühl der Unsicherheit verbringen. Wenn sie möchten, können sie sich nach Abschluss des Sekundarbereichs II an anerkannten Hochschulen einschreiben lassen. Sie stellen ihre Qualifikation unter Beweis, indem sie in öffentlichen Universitäten Zulassungstests machen. Viele von ihnen studieren verschiedene technologie- und wirtschaftsorientierte Fächer an privaten Universitäten. Dies kann als Zeichen der Weiterentwicklung von Frauen in Bangladesch angesehen werden.
Außerdem werden in nationalen Tageszeitungen häufig Nachrichten darüber veröffentlicht, dass Studentinnen sich intensiv mit Parteipolitik beschäftigen. Sie sind immer dann aktiv, wenn es sich um eine Bewegung für oder gegen etwas handelt. Es kommt die Nachricht, dass die Fraktionen dieser Studentinnen die Gruppen von Studentinnen einer anderen politischen Partei angreifen. Studentische Aktivistinnen tragen ebenso physische Konflikte aus wie männliche Studentenaktivisten. Dies kann auch als Zeichen des Fortschritts von Frauen in Bangladesch angesehen werden.

Gleichzeitig stellen wir fest, dass sich bei den politischen Aktivistinnen eine andere Art von Streben sehr stark durchgesetzt hat. Die Aktivistinnen sind entschlossen, das alte System der Auswahl von Frauen als Parlamentarierinnen zu beenden. Sie wollen jetzt durch normale Wahlverfahren direkt von den Menschen gewählt werden. So können wir überall Anzeichen für verschiedene Arten von Aktivitäten von Frauen aus der Mittelklasse sehen; Man kann sagen, dass die Anzeichen für den Aufstieg von Frauen aus der Mittelschicht zu Empowerment und Aufklärung jetzt sehr deutlich sind.

1.2. Die Frauen aus der Unterschicht

Auch bei den Analphabetinnen und nur wenig gebildeten Frauen aus der unteren Klasse der Gesellschaft kann man Anzeichen für einen Fortschritt finden. In der Vergangenheit, vor ein oder zwei Jahrzehnten, hatten arme Dorffrauen überhaupt nur geringe Überlebenschancen. Armut und Hunger waren untrennbare Bestandteile ihrer Existenz. Sie verbrachten meistens ihre Tage in Hunger und vergossen Tränen – sie hatten keine Arbeit außer einem Bisschen Beschäftigung während der wenigen Tage der jährlichen Ernte. Heute stehen ihnen viele Möglichkeiten offen, um ihren Lebensunterhalt zu verdienen, da es viele NGOs gibt, die Mikrokredite vergeben. Durch die Viehzucht, die Aufzucht von Enten und Hühnern oder den Anbau von Obst und Gemüse, selbst durch die Anpflanzung von Blumen oder die Zucht von Fischen in dafür angelegten Teichen können sie selbstständig arbeiten. Obwohl die Programme für Mikrokredite sehr umstritten sind, können all diese Hilfsmaßnahmen als Zeichen des Fortschritts bei Frauen aus der unteren Klasse angesehen werden. Eine weitere große Anzahl von ihnen hat Arbeit als Arbeitnehmerin in der Bekleidungsindustrie übernommen. Diese Frauen sind in der Lage, für sich und ihre Familien einen anderen Lebensstandard zu etablieren, der weit vom Standard einer Hausangestellten entfernt ist. Man kann also allgemein sagen, dass die Frauen in Bangladesch - ob sie nun der oberen, mittleren oder unteren Klasse angehören - begonnen haben, ein Leben voller Aktivität und Tempo zu führen - ein Leben, wie es für eigenständige Menschen würdig ist.

1.3. Trügerischer Schein?

Diese Sicht der Situation verschafft dem Betrachter zweifellos einen angenehmen und hoffnungsvollen Eindruck vom Status bangladeschischer Frauen. Doch unter der Flamme der Hoffnung herrscht tiefe Dunkelheit. Die Frauen arbeiten zwar jetzt und erreichen dadurch ein gewisses Maß an Eigenständigkeit, aber in Wirklichkeit sind Frauen in Bangladesch weiterhin von verschiedenen Hemmnissen und Blockaden umgeben. Hier ist niemand sicher – weder aus der oberen, mittleren, noch aus der unteren Gesellschaftsschicht. Das Leben einer Frau vollzieht sich innerhalb der Grenzen von Aberglauben, religiösem Konservatismus, orthodoxen Bräuchen und politischen Unruhen. Die Kombination dieser Faktoren ist vielfältig. Der Konservatismus unterdrückt die Frauen auf unterschiedliche Weise und die Frauen führen ein schrecklich hilfloses und unsicheres Leben.

Wie geht es den Frauen hier in Bangladesch jetzt? Den Frauen, die auf Bildung und Eigenständigkeit zusteuern? Den Mädchen, die für ihre Arbeitsplätze das Haus verlassen? Nein, weder sie selbst noch ihre Familien können mit Sicherheit sagen, dass sie abends noch gesund und munter sind. In dieser Gesellschaft gibt es keine Möglichkeit, sicher zu sein, dass sie nicht vergewaltigt, nicht von Entführern gefährdet oder von den Bomben fundamentalistischer Attentäter in Stücke gerissen werden. Oder sicher zu sein, dass sie von ihren männlichen Kollegen nicht sexuell belästigt werden und körperlich und geistig sicher wieder zu Hause ankommen.

Auch die Eltern von Mädchen, die Schulen oder Hochschulen besuchen, haben Angst, wenn sie daran denken, ihre Töchter unbegleitet nach draußen gehen zu lassen. Denn manchmal scheint es, dass sich die Welt außerhalb der Häuser inzwischen von einer zivilisierten menschlichen Gesellschaft in eine prähistorische Region verwandelt hat, die von wilden Raubtieren heimgesucht wird. Die Mädchen werden von ungehobelten Männern geärgert und irritiert. Sie belästigen die

Mädchen, ziehen ihnen die Odnas (ein Stück dünnes Tuch, das normalerweise von bangladeschischen Frauen als Bescheidenheitsschal getragen wird) vom Kopf und werfen ihnen schmutzige Worte zu - ob sie zur Schule gehen oder auf einem anderen Weg sind.

1.4. Wertlose Leben

Abgesehen davon, dass Frauen bereitwillig den Tod auf sich nehmen, gibt es für sie hier keinen Ausweg, sich dieser Situation zu entziehen. In der Gesellschaft Bangladeschs sind selbst junge Mädchen und Kinder nicht sicher. In diesem Zusammenhang erinnern wir uns an den jungen Teenager namens Trisha aus der Region Mymensing. Vor einigen Jahren ging sie eines Tages alleine zur Schule. Die Schule war nicht weit von ihrem Zuhause entfernt. Während sie zurückkam, umkreisten einige Rowdies Trisha und begannen, sie mit schmutzigen Worten zu belästigen, ihr Kleid anzufassen und es ihr vom Körper zu ziehen.
Trisha versuchte ihr Bestes, um sich aus dieser Zwangslage zu retten. Irgendwie konnte sie sich aus der Umzingelung befreien und rannte nach Hause. Aber die Schurken kannten keine Gnade und nahmen die Verfolgung auf. Trisha sah keinen Ausweg und sprang in den nahe gelegenen Teich. Sie hoffte, sich dort schützen zu können. Da sie nicht gut schwimmen konnte, musste sie ertrinken.
Obwohl die Gesellschaft dem Kind keine Sicherheit und keinen Schutz gewährte, war Mutter Natur da, um zumindest all ihren weiblichen Kindern den Schoß des Todes zu gewähren, wo sie in Frieden bleiben können.

Wir erinnern uns an das tragische und entsetzliche Leben von Rumi, die sehr talentiert und attraktiv war. Wenn Rumi nicht gut ausgesehen hätte, hätte es ihr zumindest geholfen, in dieser Gesellschaft zu leben. Trisha wurde vor ihrem Haus attackiert; Rumi wurde zu Hause in der sogenannten sicheren Umgebung ihrer Eltern belästigt. Talentiert und anmutig, wie sie war, hatte Rumi einen aggressiven Verehrer - einen Terroristen – aus dem Umfeld eines einflussreichen Führers der regierenden politischen Partei. Als dieser Terrorist zu Rumi nach Hause kam, drohte er Rumis Eltern und sagte, er wolle, dass sie ihn heirate. Wenn die Eltern nicht zustimmen würden, würden sie das Recht verlieren, in ihrem Haus zu leben, und Rumis Vater würde ebenfalls getötet werden. Die Polizei und die Nachbarn kamen nicht, um der Familie zu helfen, da der Terrorist einen Paten hatte und das Gesetz keinen so starken Arm besaß, um diese Art von mächtigen Göttern unserer Gesellschaft zu erreichen.
Nun: Druck, Morddrohungen, schmutzige Worte und Spuk gingen ununterbrochen weiter. Um die hilflosen Eltern und ihr Haus zu schützen, beging Rumi Selbstmord.

Sie hat sich mithilfe ihrer Odna erhängt. So schützte sich Rumi und machte deutlich, dass Frauen nicht viele andere Wege offen stehen, um sich selbst zu schützen, als sich selbst zu töten. Wenn sie sich nicht selbst umbringen, sind die Gesellschaft und ihre männlichen Vertreter dazu bereit, ihr Leben preiszugeben. Ich erinnere mich an den Vorfall einer hohen Beamtin, die von ihrem männlichen Kollegen ermordet wurde. Messerstiche durch ihren Geliebten töteten sie. Das Urteil in diesem Mordfall wurde noch nicht verkündet; und der Mörder ist außerhalb des Gefängnisses und genießt ein freies Leben.

1.5. Proteste gegen die Gewalt

Die Vorfälle, die ich oben erwähnt habe, sind möglicherweise genug Informationen darüber, was Frauen hier in der bangladeschischen Gesellschaft erleiden. Aber das sind wirklich nicht alle Formen der Gewalt. Es gibt verschiedene andere Arten von Gewalt gegen Frauen - nur wenige davon wurden in Zeitungen veröffentlicht, ein größerer Teil ist unbekannt.

In Bangladesch protestieren jetzt alle Frauenverbände, NGOs, politischen Parteien und Zeitungen gegen den unsicheren Zustand von Frauen und gegen die Feindseligkeit und Gewalt gegen sie. Schon früh am Morgen machen Zeitungen die Hilflosigkeit der Frauen deutlich. Wir bekommen ein klares Bild über die Folter und Belästigung von Frauen. Die Menschen sind sich der Problematik bewusst geworden und sie protestieren allmählich dagegen. Aber das hilft nicht einmal ein wenig, diese Gewalt zu reduzieren. Sie wird weiter verübt und es scheint, dass es auch die nächsten Jahrhunderte so weitergehen wird. Was im Laufe der Zeit besser geworden ist, ist, dass mehr Menschen ein Bewusstsein zu Gewalt und Folter gegenüber Frauen zeigen. Folter an Frauen wird jetzt als Delikt klassifiziert.

Dies geschieht jedoch nicht spontan. Frauen haben dabei eine einflussreiche Rolle gespielt. Ihr Fortschritt und ihre Aktivitäten verpflichten die von Männern dominierte Gesellschaft, diese gewalttätigen Aktivitäten der Gesellschaft gegen Frauen bekannt zu machen.
Davor war es üblich, Frauen auszubeuten, zu belästigen und zu foltern. In dieser Gesellschaft war ihr Status niemals sicher; Sie mussten immer ein Leben im Ungewissen führen. Als Mädchen noch im Elternhaus lebten (wie wir im frühen oder mittelalterlichen Zeitalter sehen), begann ihre Unsicherheit mit dem Problem, rechtzeitig einen geeigneten Bräutigam zu finden. Je mehr sich die Suche nach einem geeigneten Bräutigam verzögerte, desto mehr neckten ihre Verwandten sie als unglückseliges Mädchen. Selbst jetzt müssen gut ausgebildete oder auch nur einfach

gebildete Mädchen das gleiche Schicksal akzeptieren wie ihre zeitlich entfernten Vorgängerinnen. Und auch nach der Heirat sind Frauen unterschiedlichen Unsicherheiten ausgesetzt. Die Gefahr einer Scheidung ist eine häufige Angelegenheit im Leben gewöhnlicher Frauen. Eine Frau der Mittelklasse muss stillschweigend die Feindseligkeit der Schwiegereltern als untrennbaren Bestandteil der Ehe ertragen.

2. Die Vergangenheit war nicht anders: Belege aus der Literatur

Wenn wir uns die bengalischen literarischen Werke verschiedener vergangener Zeiten genauer ansehen, stellen wir fest, dass der Status von Frauen fast der gleiche war wie heute.

Die literarischen Werke der frühen und mittelalterlichen Periode der Bangla-Literatur helfen uns, Ideen über den Status von Frauen in diesen Perioden zu bekommen. Obwohl alle literarischen Werke des frühen und mittelalterlichen Zeitalters (etwa 1360-1800) zu Ehren der Göttlichkeit, der Religion und der Wunderkraft der Götter und Göttinnen verfasst wurden, wurde auch das irdische Leben als repräsentativ angesehen. Hier können wir uns auf einige mittelalterliche Balladen beziehen, die Malua, Dewyan Bhabna, Dewyana Madina, Chandrabati usw. heißen und in der letzten Hälfte des Mittelalters in der Region Mymensing in Bangladesch komponiert wurden. In diesen Balladen findet das menschliche Leben als Hauptthema Platz. Hier werden das unerfüllte Verlangen der Menschen; Drang und Liebeskrisen dargestellt. Wir finden Frauen unter den Protagonisten. Die Balladen bieten einen intimen Einblick in den Status von Frauen im Mittelalter, besonders dem 17. und 18. Jahrhundert. Wie war der Status von Frauen zu dieser Zeit? Wie ging es meinen Vorgängerinnen im Mittelalter, wie in einigen Balladen aufgezeichnet?

2.1. Frauenschicksale aus der Literatur

Das Los der Frauen war, mit fehlenden Perspektiven zu kämpfen. Für Mädchen, die im Elternhaus lebten, begann ihre Unsicherheit mit dem Problem, zum richtigen Zeitpunkt einen geeigneten Bräutigam zu finden. Außerdem gab es den gefährlichen Brauch des Entführens oder Ergreifens durch die lokalen oder regionalen Herrscher. Diese Herrscher waren mächtig und wohlhabend; Sie nahmen jede Hausfrau mit, die ihnen hübsch erschien. Oder, wenn sie es nicht taten, schufen sie eine schreckliche Situation für den Ehemann, indem sie ihn einsperrten; und schließlich wurde die

Frau sogar vom Schwiegervater losgeschickt, damit er seinen eigenen Sohn zurückbekam, und er setzte die Schwiegertochter als Lösegeld ein. Wahrscheinlich war dies zwischen dem 17. und 18. Jahrhundert in der Gegend von Mymensing üblich geworden. und so haben Balladen es wiederholt dargestellt. Malua, Chandrabati, Madina oder Sunai - wie auch immer die Frauen hießen, das Schicksal blieb dasselbe.

Chandrabati (1550-1600) gilt als die erste Dichterin bangalischer Sprache. Sie bekam eine fundierte Ausbildung von ihrem Vater, da er auch ein Dichter war. Sie war in eine Liebesbeziehung mit ihrer Geliebten Joydeva verwickelt, die sie im letzten Moment zurückwies. Alle waren entsetzt, aber sie vergaßen nicht, auf Chandrabati als unglückliche Frau mit den Fingern zu zeigen. Chandrabati musste den Rest ihres Lebens fast im Exil in einem dunklen Tempel verbringen, wo sie ihre Gedichte und Balladen schrieb.

Vergleichbar ist es in der Ballade mit dem Titel Malua. Als Malua gerade ihr eheliches Leben mit Chand Binod begonnen hatte, sah Kazi - der örtliche Herrscher - sie eines Tages und fühlte sich endlos von ihr angezogen. Obwohl er auf viele Arten versuchte, Malua zu verführen, hatte er keinen Erfolg. Dann setzte er seine letzte Waffe ein. Er informierte den Dewan - den obersten Herrscher der Provinz - über Malua. Sie wurde vom Dewan entführt und drei Monate lang in seinem Harem festgehalten. Endlich retteten ihre Brüder sie. Aber die Familie der Schwiegereltern weigerte sich, sie zu akzeptieren, da man ihr vorwarf, unkeusch gewesen zu sein. Malua musste viele Prüfungen durchleiden, um ihre Keuschheit zu beweisen; schließlich beging sie Selbstmord, um ein sehr demütigendes Leben loszuwerden.

Auch Sunai aus Dewyan Bhabna musste in ihrem kurzen Leben größere Prüfungen bestehen. Der Zauber ihrer Schönheit ließ den regionalen Herrscher - Dewyan Bhabna - verrückt nach ihr werden. Eines Tages entführte Dewyan sie, aber zum Glück wurde Sunai von ihrem Geliebten Madhab gerettet. Sunai und Madhab heirateten. Als sie jedoch gerade ihr gemeinsames Leben begonnen hatten, wurde Madhabs Vater vom Dewyan verhaftet und eingesperrt. Als Madhab diese schreckliche Nachricht erhielt, ging er, um seinen Vater freizulassen. Nachdem der Vater freigelassen worden war und anfing zu weinen, wurde Madhab an seiner Stelle eingesperrt.

Er beschuldigte Sunai als eine unglückliche Frau, die diesen Fluch auf sein friedliches Zuhause gebracht hatte. Der Schwiegervater bat sie, bei den Dewyan zu wohnen, damit Madhab seine Freiheit zurückerhielt.

Gab es für Sunai eine andere Möglichkeit, als sich selbst zu zerstören? Die Antwort lautet: Nein. Sunai hat sich ergeben. Sie ergab sich unter der Bedingung, dass Dewyan Madhab freigeben würde, und beging schließlich Selbstmord.

Die Situation von Dewyana Madina war völlig anders. Es schien, dass sie einen fürsorglichen und liebevollen Ehemann hatte, der es liebte, bei jedem Schritt ihres Alltags neben ihr zu bleiben. Madina hatte den Glauben, dass ihr Leben absolut sicher war, da Dulal, ihr Ehemann, immer an ihrer Seite war. Doch eines Tages erhielt Madina einen Scheidungsbrief von Dulal, in dem er seine Scham darüber zum Ausdruck brachte, die Tochter eines Bauern als seine Frau zu haben. Denn er war in dieser Zeit zu der Überzeugung gelangt, dass er selbst von edler Geburt war. Er ließ sich von Madina scheiden, ohne einen Blick zurückzuwerfen, und verließ sie für immer. Was geschah mit Madina, die ihrem Ehemann vertraut hatte? Sie konnte die Last des Lebens nicht ertragen, nachdem sie von ihrem Ehemann verraten worden war, und ein vorzeitiger Tod befreite sie von irdischen Bindungen.

2.2. Schlussfolgerungen für die tatsächliche Situation der Frauen im Mittelalter

Die Geschichten, die wir hier zu hören bekommen, sind zweifellos sehr traurig und herzzerreißend; aber aus diesen Geschichten lernen wir einige Wahrheiten über den Status von Frauen kennen, die wir wie folgt einordnen können:

1. Einige Frauen mittleren Alters konnten lesen und schreiben; einige schrieben sogar Gedichte; aber ein großer Teil von ihnen konnte weder lesen noch schreiben. Trotz all dieser Unterschiede blieb ihr Status derselbe: unsicher und voller Unwägbarkeiten.
2. Die Ehe war das einzige Ziel für sie. Und auch im Eheleben gab es keine Gewissheit.
3. Die Gesellschaft war bereit, ihr Leben unglücklich zu machen. Niemand aus der Familie der Schwiegereltern, auch nicht der Ehemann, war dort der Freund einer Frau. Sie musste alleine leben und überleben.
4. Folter und Belästigung waren für sie unvermeidlich.

3. Der Status der Frauen in der heutigen Zeit

Wir haben gerade eine Bestandsaufnahme des Status der Frauen aus früheren Jahrhunderten gemacht. Aber sind die Frauen jetzt freier? Eine zutreffende und kurze Antwort auf diese Frage lautet: „Nein". Der einzige Unterschied zwischen dem Status von Frauen im Mittelalter und der Gegenwart besteht darin, dass in der Vergangenheit keine bewussten Anstrengungen unternommen wurden, um einen Fortschritt zu erzielen und die Gewalt gegen Frauen in der Gesellschaft zu dokumentieren, und dies ist mittlerweile eine gängige Praxis. Frauen sind jetzt aber nicht sicherer - weder in der Familie noch in der Gesellschaft.

Wenn nun einige Frauen einen größeren Bildungsumfang erhalten, dann sind diese in vielfältigen Berufen erfolgreich beschäftigt. Wenn zudem verschiedene Arten der Berufsausbildung Frauen auf dem Land die Möglichkeit geben, durch Viehzucht, Aufzucht von Geflügel oder in der Stadt durch die Ausbildung zu Schreibkräften, Computerbetreibern, Schneidern usw. selbstständig zu sein, wieso befinden sie sich dann noch in völlig unsicheren Bedingungen? Jetzt können wir uns auf ihren gegenwärtigen Status konzentrieren. Hier gibt es Anzeichen für Fortschritte und gleichzeitig Gewalt und Unterdrückung gegen Frauen in Bangladesch.

Bevor wir die Art und das Ausmaß des Fortschritts erörtern, richten wir unseren Blick nach einmal auf die weit verbreitete Gewalt gegen Frauen in der bangladeschischen Gesellschaft.

In Bangladesch haben Frauen verfassungsrechtliche Garantien für die Gleichstellung der Geschlechter und gesetzgeberische Interventionen. Trotzdem ist der Status der bangladeschischen Frauen düster. Frauen sind, obwohl sie sowohl dem ländlichen als auch dem städtischen Umfeld sowie verschiedenen kulturellen Gruppen und Klassen angehören können, Diskriminierung und Gewalt innerhalb der Familie, am Arbeitsplatz und in der Gesellschaft im weiteren Sinne ausgesetzt.
Ob es sich um geistige oder körperliche Gewalt handelt, sie kommt häufig vor. In der Gesellschaft gibt es sehr starre Vorstellungen von Patriarchat und Religion. Nach diesen Vorstellungen wird auf Frauen sehr herabgesehen. Sie gelten als Eigentum von Männern. Ihr Einkommen, ihre Arbeit und ihre sexuelle Aktivität werden von den Männern in ihren Familien kontrolliert.

Die sozialen Erwartungen von Frauen beschränken sich immer noch auf Kindererziehung und Haushaltsführung. Wenn Frauen nach den sozialen Normen des Patriarchats von Kindheit an gezwungen sind, in einer Kultur zu leben, die unmenschliche Behandlung toleriert und zulässt, ist es offensichtlich, dass Frauen in vielerlei Hinsicht diskriminiert werden müssen. Es gibt auch einige religiöse Vorschriften, die all diese Diskriminierung und Gewalt unterstützen.

Die Mehrheit der Bevölkerung hier in Bangladesch ist muslimisch, obwohl es auch andere Religionen gibt. Nach islamischer religiöser Überzeugung sind Frauen Männern nicht gleichgestellt. Als Zeugen vor Gericht gelten 2 Frauen als 1 Mann. Es wird auch allgemein angenommen, dass sich im Schädel einer Frau keine graue Substanz befindet. Es wird angenommen, dass eine Gesamtmenge an Gehirnsubstanzen von sechs Frauen im Schädel eines Mannes gesammelt wurde. Wir haben eine Verfassung, die besagt, dass Frauen in allen Bereichen des öffentlichen Lebens die gleichen Rechte wie Männer haben. In der Gesellschaft ist das Szenario jedoch anders. Hier diskriminieren persönliche religiöse Gesetze die Frauen.

Infolgedessen werden Diskriminierung und Gewalt gegen Frauen hier aus der Sicht von Männern und sogar von Frauen als normales Phänomen angesehen. Frauen in der bangladeschischen Gesellschaft leiden unter verschiedenen Formen von Gewalt, einschließlich häuslicher Gewalt, Mitgift, Vergewaltigung, Fatwa, Menschenhandel und Säureangriffen und anderen psychologischen und wirtschaftlichen Formen der Unterdrückung. Gewalt gegen Frauen ist zu einem der bekanntesten sozialen Themen in Bangladesch geworden.

Schauen wir uns diese Gewalt gegen Frauen genau an.

4. Formen der Gewalt

Die häufigsten Phänomene von Gewalt in der bangladeschischen Gesellschaft sind nachstehend aufgeführt. Lassen Sie uns vorher einen Blick auf die verfügbaren Daten der Polizei werfen. Das hilft uns, einen klaren Überblick über die zunehmende Gewalt zu bekommen. Die folgenden Daten stammen aus dem Jahr 2004:

Ausbruch von Gewalt gegen Frauen: Januar bis Dezember 2004

Folter Zum Mitgift	Acid Werfen	Entführung	Rape	Mord oder Verletzung Nach dem Vergewaltigen	Mord	BeatingHurt	Andere Formen Von Gewalt	Gesamt Nr. Von Heftig Vorfälle	Gesamt Nr. Von Angeklagte	TNo. von Verhaftet /Angeklagte
3081	198	1608	3083	17	62	134	4563	12,746	34,061	5584

Häusliche Gewalt: Häusliche Gewalt ist heute ein großes soziales Problem in Bangladesch. Diese Art von Gewalt wird von Familienmitgliedern gegen Frauen begangen. Die Haupttypen sind: (a) körperliche Misshandlung oder Prügel von verheirateten Frauen durch Ehemann und Schwiegereltern; (b) Beschimpfungen, seelische Folter und Entzug von Nahrungsmitteln und anderen Dienstleistungen und (c) Gewalt im Zusammenhang mit Mitgift.

In Bangladesch sind Frauen von jedem wirtschaftlichen Status anfällig für Erniedrigungen und Misshandlungen durch Ehemänner, Schwiegereltern und andere Familienmitglieder. Die verfügbaren Daten deuten auf ein unaufhörlich zunehmendes Volumen häuslicher Gewalt gegen Frauen hin.

Berichte über häusliche Gewalt, veröffentlicht in 9 Tageszeitungen für den Zeitraum 2001-2004: [1]*

Jahr der Berichterstattung	2001	2002	2003	2004
Anzahl der Fälle von Inland Gewalt gemeldet	530	540	587	1164

4.1. Häusliche Gewalt

Das Schlagen von Frauen ist in Bangladesch weit verbreitet. Laut einem Bericht der Vereinten Nationen (September 2000) belegte Bangladesch den ersten Platz in Bezug auf körperliche Gewalt gegenüber Frauen. Verbaler Missbrauch und psychische Folter sind auch in Familien der Mittelklasse weit verbreitet, während hingegen Schläge, Nahrungsentzug und solche anderen Arten körperlicher Gewalt besonders häufig in ländlichen Familien mit niedrigem Einkommen vorkommen.

In Bangladesch ist es üblich, dass Ehemänner Autorität ausüben und Frauen körperlich und geistig angreifen, um selbst geringfügige Fehler zu bestrafen. Hier

[1] Mit freundlicher Genehmigung des Resource Centers der Bangladesh National Women Lawyers Association (BNWLA)

gibt es an jedem Tag, sogar in jedem Moment Tausende von Gründen für bangladeschische Ehemänner, mit ihren Frauen unzufrieden zu werden - unbefriedigendes Essen, lautes Schreien des neugeborenen Babys, ungeordnete Haushaltsgegenstände, unordentliches Zimmer, ein Gespräch mit einem anderen Mann – allein Meinungsverschiedenheiten mit dem Ehemanns oder Ungehorsam können den Ehemann unzufrieden machen. Hier gibt es eine tief verwurzelte Idee, dass es die einzige Mission im Leben der Frauen ist, alle Familienmitglieder der Schwiegereltern zufrieden und glücklich zu machen. Ein sehr beliebtes Sprichwort, das für Frauen häufig zitiert wird, lautet wie folgt: „Das Glück einer Familie hängt von einer Frau ab…".

Wenn eine Frau eine Forderung der Familie der Schwiegereltern nicht erfüllt, gibt es verschiedene Arten von Misshandlung für sie. Das muslimische Persönlichkeitsrecht befürwortet auch die Misshandlung der Frau. Es wird gesagt und allgemein angenommen, dass eine Frau, da sie ja aus der krummen Brustrippe Adams erschaffen wurde, sich nicht gerne aufrichtig verhält und lebt. Und wie bei der Geburt vorherbestimmt, sind ihre Natur und ihr Charakter schief, so dass das Schlagen unerlässlich ist, um die totale Kontrolle über sie zu behalten. Die Schrift warnt auch die Ehemänner, die Frauen nicht schrecklich zu schlagen. Wenn der Knochen krumm ist, kann er durch viel Schlagen völlig gebrochen werden. Es wird jedoch betont, dass eine begrenzte Anzahl von Schlägen sehr hilfreich sei, um die Kontrolle über die Frauen zu behalten. Außerdem sind Männer seit ihrer Kindheit davon überzeugt, dass sie wertvoller und verdienter sind als Frauen. Darüber hinaus lehren bestehende soziale Normen, dass ihre Meinungen und Ansichten mehr Gewicht haben als die von Frauen. Auf diese Weise können sich Männer vormachen, sie hätten das Recht, ihre Frauen zu schlagen oder zu missbrauchen. Sie fühlen sich in ihren Handlungen und Äußerungen vollkommen im Recht.

Auch können wir eine der häufig praktizierten häuslichen Gewalttaten erwähnen gegen Haushaltshilfen in der bangladeschischen Gesellschaft. Am Arbeitsplatz werden Frauen auf unterschiedliche Weise Opfer. Die Folter ist gegenüber Frauen, die in fremden Haushalten arbeiten, besonders schlimm. Eine Studie des Bangladesh Institute of Labour Studies zeigt, dass nach Berichten verschiedener Zeitungen von September 2000 bis September 2005 169 Haushaltshilfen von Frauen getötet, 122 verletzt und 52 vergewaltigt wurden. Hier ist die Ironie, dass die Frauen, Hausfrauen und Arbeitgeberinnen alle anderen Verbrechen außer Vergewaltigung begangen haben. Auf diese Weise wird deutlich, dass nicht nur von Männern, sondern auch von Frauen Gewalt gegen Frauen ausgeübt wird, was auf die schreckliche Unordnung des soziokulturellen Zustands hinweist.

4.2. Gewalt im Zusammenhang mit Mitgift

Die Geschichte der Mitgift ist in bengalischen muslimischen Familien nicht sehr alt. Aber in den letzten Jahren hat sich die Praxis der Mitgift als großes soziales Übel verbreitet. Normalerweise wird Eigentum, das die Familie der Braut dem Bräutigam und seiner Familie gibt, als Mitgift bezeichnet. Trotz des Mitgiftverbotsgesetzes (1980) nehmen Mitgifttransaktionen von Tag zu Tag weiter zu. Mitgifttransaktionen sind in der bangladeschischen Gesellschaft zu einem sozial untrennbaren und anerkannten Bestandteil der Ehe geworden.

Einerseits haben Gier und Kommerzialisierung der Ehe eine wichtige Rolle gespielt, um die Praxis der Mitgift zu stärken. Andererseits hat auch die steigende Arbeitslosenquote zu dieser bösen Praxis beigetragen. In einkommensschwachen, ländlichen Familien wird die Ehe heute als Einkommensquelle angesehen. Die Familie des Bräutigams verlangt wertvolle Dinge - Ornamente, Eigentum oder große Geldsummen von der Familie der zukünftigen Braut. Tatsächlich werden in ländlichen Gebieten nur wenige Hochzeiten ohne Mitgift gefeiert. In den meisten Fällen erfüllt die Familie der zukünftigen Braut zum Zeitpunkt der Heirat nicht die vollständige Forderung nach Mitgift. Sie können möglicherweise einen Teil der Forderung vor der Heirat erfüllen und versprechen, den Rest so bald wie möglich nach der Heirat zu zahlen. In den meisten Fällen halten die Familien der Bräute die Fristen nicht ein. Und das führt zu einer Katastrophe im Leben der Braut. Der Ehemann und die Schwiegereltern beginnen sie verbal und körperlich zu misshandeln, damit ihre Familie bald den Restbetrag zahlt. Nicht nur männliche Familienmitglieder des Bräutigams, sondern auch weibliche Mitglieder foltern die Braut und üben schrecklichen Druck auf ihre Familie aus. Und in den meisten Fällen ist die Mitgift keine einmalige Zahlungssache mehr. Sie ist zu einem kontinuierlichen Nachfragefluss geworden. Misshandlungen aus Mitgiftgründen werden in vielen Fällen zu akuter Praxis. Frauen werden verbrannt, mit Säure angegriffen oder sogar wegen unbezahlter Mitgift ermordet.

4.3. Warum Frauen die Gewalt gegen sie tolerieren

Jetzt stellt sich die Frage, warum Frauen all diese häusliche Gewalt tolerieren, die gegen sie begangen wird. Warum schweigen sie und warum bleiben sie weiterhin bei den sie missbrauchenden Ehepartnern?
Als Antwort darauf sollten wir uns zunächst an den sozialen Zustand erinnern, in dem sie aufwachsen und leben. In der bangladeschischen Gesellschaft wird den Frauen von klein auf beigebracht, aufopferungsvoll, unterwürfig und nachgiebig zu sein. Eine der Aussagen des persönlichen Religionsrechts ist ebenfalls tief in ihren

Köpfen verwurzelt: "Der Himmel der Frau liegt unter den Füßen des Ehemanns". Es macht sie auch toleranter gegenüber allen Missbräuchen. Außerdem gibt es hier ähnliche soziale Überzeugungen. Es ist tief in den Köpfen der Frauen verwurzelt, dass der Platz einer Frau im Haus ihres Mannes ist - nirgendwo anders.

Ein weiterer wichtiger Grund für übermäßige Toleranz ist, dass Frauen nur sehr wenige Alternativen haben, außer bei ihren Ehemännern zu bleiben. In den meisten Fällen haben Frauen keine Möglichkeit, in ihre väterlichen Häuser zurückzukehren oder Unterstützung von dort zu erhalten. In unserer patriarchalischen Gesellschaft wird das Recht eines Mannes, seine Frau zu missbrauchen, von Familie und Gesellschaft anerkannt. Deshalb betrachtet die Gesellschaft häusliche Gewalt nicht als schweres Verbrechen. Sie betrachtet dies eher als persönliche Angelegenheit der Menschen. In Fällen von Ehekonflikten werden Frauen eher beschuldigt, ihre persönlichen Probleme innerhalb der Familien nicht gelöst zu haben. Frauen kennen keine Alternative, keinen Ausweg und müssen ihre tragischen Bedingungen ertragen.

4.4. **Vergewaltigung**

In Bangladesch hat sich Vergewaltigung als die widerwärtigste Art von Gewalt herausgestellt. Alle Frauen leben jetzt hier im Schatten der Vergewaltiger. Die verfügbaren Daten zeigen, dass der Anteil von Vergewaltigungsverbrechen in der Gesellschaft alarmierend hoch ist.

Gemeldete Fälle von Vergewaltigung in den Jahren 2000 bis 2004 in 9 Tageszeitungen:

Jahr der Berichterstattung	2000	2001	2002	2003	2004
Anzahl der Fälle von Vergewaltigung Berichtet	564	604	1434	1550	1043

Laut der feministischen Kritikerin Brown Miller ist Vergewaltigung nicht nur die Krankheit einer perversen Person, sondern die Krankheit des Patriarchats. Vergewaltigung ist eine Situation großer Angst und großen Drucks für Frauen. Es zeigt, dass Frauen ständig den Schutz von Männern brauchen. Es ist eine extreme Art und Weise, wie Männer die Frauen unterwerfen und terrorisieren. Es ist ein extremer Ausdruck von Bosheit gegen Frauen (Azad, 1995: 253).

In der bangladeschischen Gesellschaft nimmt der religiöse Fundamentalismus jetzt wieder zu. Das Ziel islamischer Fundamentalisten ist es nicht nur, eine vollständige Kontrolle über das gesellschaftspolitische System zu erlangen, sondern auch in alle Bereiche der Gesellschaft vorzudringen. Sie wollen, dass Frauen die Köpfe mit Schleiern bedecken und innerhalb der häuslichen Grenzen bleiben. Wenn sie diesen Druck der Vergewaltigungsdrohung aufrechterhalten, wird es für sie einfacher sein, den Aufstieg von Frauen zu stoppen.

4.5. Die Fatwa

In der ländlichen Gesellschaft leiden Frauen unter einer anderen Art von Gewalt namens Fatwa, die im Namen der Religion ausgeübt wird. Fatwas werden von Imamen (von Moscheen) und Madrasa Moulanas mit Unterstützung der Dorfältesten ausgegeben. Diese Laienrichter bezichtigen Frauen sogenannter unmoralischer Aktivitäten, die Zina genannt werden (gemäß der islamischen Moral ist die Beteiligung an außerehelichen Angelegenheiten Zina). In Medienberichten wurden seit Anfang der 90er Jahre Vorfälle mit anderen Arten von Fatwas hervorgehoben - Fatwas wurde gegen den Einsatz von Verhütungsmitteln, gegen Bildung, gegen Frauen, die für das Geldverdienen arbeiten, und für Entwicklungsaktivitäten dafür ausgegeben.

Presseberichten zufolge gaben in einigen ländlichen Gebieten lokale Imame und Dorfälteste eine Fatwa heraus, derzufolge Verhütung gegen die Scharia war und dass 35 Dorffrauen, die Verhütungsmittel verwendeten, von den Dorfbewohnern geächtet werden sollten. In einem anderen ländlichen Gebiet von Bogra wurde eine Fatwa ausgestellt, um berufstätige Frauen in ihren Häusern einzusperren mit der Begründung, dass „Arbeiten außerhalb des Hauses gegen den Islam war". (Mit freundlicher Genehmigung: Resource Center, BNWLA)

Wieder wurde die Fatwa in Durgapur, Khulna, an die Ehemänner von 10 Frauen ausgegeben, damit sie sich von ihren Frauen scheiden lassen, die mit NGOs zusammenarbeiten. Gleichzeitig wurden 60 Familien aus demselben Grund zu Ausgestoßenen erklärt. Fatwa wurde im Dorf Kishorganj in Mahinand Galailo ausgestellt, um 6000 Maulbeerbäume zu fällen, die von Frauen im Rahmen eines Nahrungsmittelprogramms gepflanzt und gepflegt wurden. Madrasa-Jungen fällten die von Frauen aufgezogenen Maulbeerbäume. In der Maldah-Kolonie in Rajshahi wurde eine Fatwa ausgestellt, um zu verhindern, dass Kinder NGO-Schulen besuchen, weil sie somit Ungläubige oder Nicht-Muslime werden. Außerdem haben Imame Frauen geächtet, die Kredite von NGOs aufgenommen, in NGO-Schulen studiert oder im Freien gearbeitet haben.

Die Bestrafung unter diesen Fatwas besagt, dass Frauen mit 101 Steinen gesteinigt oder ausgepeitscht werden oder dass sie durch Rasieren der Köpfe oder Schläge mit Schuhen bestraft werden. In einigen Fällen mussten sie ihre Dörfer verlassen. Infolge von Fatwa-Dekreten haben sich eine Reihe von Frauen zum Selbstmord verpflichtet gesehen, einige wurden zur Ehe gezwungen, andere mussten aus ihrem Dorf fliehen.

Auf diese Weise wird deutlich, dass diese im Namen der Religion ausgegebenen Dekrete nichts anderes als Drohungen gegen die Sicherheit, den Aufstieg und die Rechte armer Frauen auf dem Land einerseits und gegen alle Arten von fortschreitenden Veränderungen in der bangladeschischen Gesellschaft waren. Dr. Hameeda Hossain bemerkt: „Die Chronologie der Verletzung von Gesetzen und Menschenrechten, die in den letzten zwei Jahren im Namen der Religion begangen wurden, zeigt insbesondere die Bedrohungen für die Zivilgesellschaft. Die Angriffe richteten sich insbesondere gegen Frauen, aber auch gegen andere fortschrittliche Gruppen." (Hossain, 1996: 14)

Obwohl Bangladesch selbst mit dem Bekenntnis zum Säkularismus ins Leben gerufen wurde, haben in den letzten Jahren islamische fundamentalistische Kräfte die Situation in den Griff bekommen. Im Namen des Zoll- oder Religionsrechts haben Fundamentalisten Kampagnen gegen Frauen, Minderheitengemeinschaften, Entwicklungsagenturen, Schriftsteller und die Presse gerichtet. Durch Terror und Gewalt versuchen sie den Eindruck zu erwecken, dass sie eine starke populistische Unterstützung haben. Wir können also sagen, dass Bangladesch heute wirklich am Scheideweg steht.

Es gibt viele andere Arten von Gewalt wie Menschenhandel, Säureangriffe, Gewalt gegen Frauen, die Garnelen anbauen, und andere Jobs verrichten, die derzeit in Bangladesch üblich sind. Inmitten dieser Widrigkeiten machen Frauen in Bangladesch aber Fortschritte.

5. Die Förderung von Frauen

Es ist allgemein bekannt, dass in Bangladesch verschiedene Formen von Gewalt gegen Frauen an privaten und öffentlichen Orten stattfinden, die von Familienmitgliedern oder Fremden begangen werden. Diese machen das Dasein von Frauen lebensunwürdig und schaffen große Hindernisse für ihren Aufstieg. Dennoch gibt es unter den Frauen unserer Gesellschaft Hoffnungen und Entschlossenheit, alle Hindernisse zu überwinden. Versuchen wir herauszufinden, welchen Status sie im Teil des Fortschritts haben und wie viel sie inzwischen erreicht haben.

Das sozio-religiöse Umfeld lehrt unsere Frauen seit langem, dass ihr richtiger Platz zu Hause ist und sie geboren wurden, um der Familie zu dienen und Kinder zu erziehen. Sie leben immer noch im Umfeld eines solchen Einflusses, aber Frauen haben gerade begonnen, aus diesen Mustern auszusteigen und haben sich in öffentlichen Berufen engagiert. Sie haben ein neues Leben begonnen - ein berufsorientiertes Leben. Frauen auf dem Land und in der Stadt haben sich auf die Bereiche des Verdienens konzentriert.

5.1. **Ländliche berufstätige Frauen**

Seit Generationen mussten Frauen auf dem Land sowohl in den Häusern der Eltern als auch der Schwiegereltern eine schreckliche Arbeitsbelastung tragen. Sie mussten sich um jede Ecke des Haushaltes kümmern, Kinder und Haustiere aufziehen, sich aktiv an der Bewirtschaftung der Pflanzen nach dem Anbau beteiligen und so weiter. Ihre Mühen wurden jedoch nicht anerkannt, da in der Gesellschaft allgemein der Glaube besteht, dass es die Pflicht der Frauen ist, der Familie zu dienen. Die harte Arbeit, die eine Frau ihrer Familie leistet, wurde nicht als erkennbare Angelegenheit angesehen, da diese Arbeit nicht mit dem Geldverdienen zusammenhängt. Diese traditionelle Rolle der Frau ändert sich jetzt schnell.

Jetzt kümmern sich Frauen um Haushaltsangelegenheiten und verdienen gleichzeitig Geld. Frauen auf dem Land sind heute hauptsächlich in der Landwirtschaft und in der Heimindustrie tätig. Alle diese Arbeiten werden größtenteils von zu Hause aus verrichtet. Manchmal müssen Frauen ihr Zuhause verlassen, um Arbeit zu bekommen. Es gibt viele Gründe, warum sie ihre Häuser verlassen. Bangladesch ist ein Flussland. Hier verlieren die Menschen jedes Jahr Land durch Erosion. Aus diesem Grund ist das Einkommen aus der Landwirtschaft gesunken. Außerdem hat die Bevölkerung in bedrohlichem Maße zugenommen. Diese Faktoren haben die Menschen vom Land vertrieben. Wie Männer sind auch Frauen gezwungen, ihre Häuser zu verlassen, um in Städten Arbeit zu suchen. Eine große Anzahl von Frauen, die ursprünglich im Haushalt tätig waren, arbeitet heute in der Industrie. Die traditionellen Industrien - Jute- und Textilfabriken - werden von Männern dominiert. Arbeiterinnen haben wenig Spielraum, dort Arbeit zu finden. Deshalb finden nur wenige weibliche Arbeiter eine Anstellung in traditionellen Industrien. Mit dem Aufkommen von Bekleidungsfabriken in Bangladesch in den 1980er Jahren hat sich das Szenario geändert. Die Bekleidungsfabriken waren wichtige Arbeitgeber von Frauen. In diesen Fabriken arbeiten fast 1,5 Millionen Frauen. Daneben finanzieren und vermitteln Nichtregierungsorganisationen (NRO) auch Frauen auf dem Land, um sich in der Kleinproduktion und im Handel zu engagieren. Sie produzieren

Gemüse, Geflügel, Vieh und betreiben sogar Call Center. Die größte Mikrokreditbank - die Grameen Bank - vergibt auch Kredite an Frauen auf dem Land, weil sie selbstständig sind. Es darf erwähnt werden, dass die Grameen Bank mit der Rückzahlung von Krediten von ihren weiblichen Kunden zufrieden ist, während Geschäftsbanken in Bangladesch unter Kreditausfällen großer Handelsunternehmen und Branchen leiden. Frauen beschäftigen sich nicht nur anderweitig, sondern erkunden auch verschiedene Bereiche der Selbstständigkeit, die manchmal eine flexible Arbeitszeit ermöglichen, die zu ihnen passt. Man mag sich fragen, wie einfallsreich diese Frauen den Beruf innovieren. Es heißt, dass „Notwendigkeit kein Gesetz kennt" und dass Frauen aufgrund ihrer Bedürfnisse neue Bereiche wirtschaftlicher Aktivitäten erkunden. Obwohl die Frauen in ländlichen Gebieten häufig auf Widerstand religiöser Fundamentalisten stoßen, suchen sie trotz Ärger und verschiedener Hindernisse verzweifelt nach Arbeit. Man kann also leicht sagen, dass nicht nur städtische, sondern auch ländliche Frauen zunehmend an fast allen Arten von wirtschaftlichen Aktivitäten beteiligt sind. In einem Regierungsbericht, der der 4. Weltfrauenkonferenz im September 1995 in Peking vorgelegt wurde, wurde behauptet, dass Frauen mittlerweile fast die Hälfte der gesamten Erwerbsbevölkerung des Landes ausmachen.

Es mag übertrieben wirken, aber es ist wahr, dass Frauen zu einem lebenswichtigen ökonomischen Potenzial im Land geworden sind. In dem Bericht von 1995 wurde behauptet, dass Frauen an verschiedenen Aktivitäten beteiligt sind, und zwar wie folgt:

a. Mehr als 40 Prozent aller Beschäftigten in der Landwirtschaft sind Frauen;
b. Etwa 24 Prozent der Beschäftigten im verarbeitenden Gewerbe sind Frauen;
c. Frauen dominieren überwiegend bei Aktivitäten wie Schälen, Trocknen und Kochen von Reis, Gemüse- und Gewürzanbau, Verarbeitung und Konservierung, Geflügel, Landwirtschaft usw.;
d. In der Viehzucht entspricht die Beteiligung von Frauen fast der von Männern.

Wie in der Bekleidungsherstellung, auch in der Teeplantagen- und Fischverarbeitungsindustrie bestehen 90 Prozent der Gesamtbelegschaft aus Frauen. Auch sind viele Arbeitnehmerinnen in der Elektronik-, Pharma-, Lebensmittel-, Getränke-, Tabak-, Textil-, Leder- und Holzindustrie zu finden.
Neben organisierten Sektoren arbeiten Frauen in informellen Sektoren. Sie sind entweder selbstständig oder arbeiten für andere. Die Arbeitnehmer des informellen Sektors können in vier Kategorien unterteilt werden:

a. Hausarbeit: Haushaltshilfe, Dienstmädchen, Köchin, Reinigungskraft, Wäscherin usw.
b. Verkäuferinnen und Händlerinnen, die Gemüse, Fisch, Eier, Obst, Kleidungsstücke usw. verkaufen.
c. Heimproduzentinnen: Herstellung von Agarbathis (Räucherstäbchen), Kerzen, Bidis (Kräuterzigaretten), Kleidungsstücken, Kunsthandwerk usw.
d. Arbeiterinnen: verkaufen ihre Arbeit in der Landwirtschaft, im Baugewerbe, beim Steinbrechen usw.
e. Etwa 80% aller Arbeitsplätze werden im informellen Sektor geschaffen. Inoffizielle Schätzungen, da es keine offiziellen Schätzungen gibt, legen nahe, dass 35% der Arbeitskräfte dieses Sektors weiblich sind

So haben Frauen ihren Horizont erweitert und beweisen ihre Macht und Fähigkeit als normale Menschen. Ihr Zustand ist jedoch immer noch labil und voller Unsicherheit. Man kann darauf hinweisen, dass Frauen, die in informellen Sektoren tätig sind, in keiner Gewerkschaft organisiert sind. In den meisten Arbeitsbereichen sind sie Opfer von Diskriminierung. Die gesetzlichen Rechte dieser Arbeitnehmerinnen sind viel geringer, und Gewerkschaften fehlen praktisch. Sie haben wenig Stimme, um ihre Arbeitsbedingungen zu verbessern. Frauen, die in nicht organisierten Sektoren arbeiten, haben überhaupt keine Vorteile und müssen oft stundenlang und sogar nachts arbeiten. Die meisten Frauen haben keine Wahl; denn sie sind die einzigen Lohnempfänger in der Familie und müssen die entsetzlichen Arbeitsbedingungen daher akzeptieren. Und gerade diese Abhängigkeit von ihren Löhnen macht sie anfällig für miserabel niedrige Löhne und schlechte Arbeitsbedingungen.

Arbeiterinnen auf niedrigerer Ebene beschränken sich jedoch auf den Kreislauf des Überlebenskampfes, um ihre Grundbedürfnisse zu erfüllen. Der Wunsch, die Grundbedürfnisse wie Nahrung und Unterkunft für ihre Familien zu beschaffen, zwingt sie dazu, sich in die feindliche Welt der Realität zu begeben, die einen Kampf sowohl am Arbeitsplatz als auch zu Hause bedeutet. Für Männer gilt dies nur am Arbeitsplatz. Frauen müssen bezahlt und unbezahlt am Arbeitsplatz und zu Hause arbeiten. Der Kampf der Frauen am Arbeitsplatz ist komplex und mehrdimensional. Es geht nicht nur um den Lohn; es ist die Frage der elementaren Menschenwürde. In den meisten Fällen muss sich eine Arbeitnehmerin mit der Hälfte des Lohns eines männlichen Arbeiters zufrieden geben. Außerdem ist es für sie normal, verbal und körperlich gedemütigt zu werden. Das soziale System, die Religion, die Kultur und vor allem die Denkweise der Menschen dominieren die Situation und das Umfeld der Arbeitsplätze. Obwohl Frauen um ihr Überleben kämpfen, bleibt ihr Kampf am Arbeitsplatz vernachlässigbar.

5.2. Die Arbeitswelt der urbanen Frauen

Schauen wir uns nun die Arbeitssituationen der städtischen Frauen genauer an. Gegenwärtig sind viele Frauen hochrangige Beamte in der Regierungsverwaltung. Sie haben diese Niveaus durch wettbewerbsorientierte Verdienstprüfungen erreicht. Daneben gibt es Quoten für Frauen für alle Kategorien staatlicher Beschäftigung. 10% bis 15% der Beschäftigungen sind Frauen vorbehalten. Die Quote von 10 Prozent gilt für Kaderdienste, d.h. für Amtszeiten, und 15 Prozent für Mitarbeiter niedriger Kategorien, d.h. für Nicht-Amtsbeamte. Schätzungen zufolge machen Frauen durchschnittlich 15 Prozent des öffentlichen Dienstes aus. In Grundschulen sind 60% der Lehrerjobs Frauen vorbehalten.
Frauen treten auch in den Handels-, Finanz- und Dienstleistungssektor ein. Die meisten davon sind Niedrigschichtjobs, aber einige Frauen sind in hohen Positionen.

6. Bildung der Frauen

6.1. Regelschulsystem

Gegenwärtig treten Frauen in verschiedenen Bildungsbereichen gut auf und zeigen gute Leistungen, obwohl die Bildungsrate von Frauen immer noch niedriger ist als die der Männer. Sie befinden sich jetzt im laufenden allgemeinen Bildungssystem, in der medizinischen und technischen Ausbildung und in Technologieinstituten. Frauen auf dem Land werden jetzt auch in verschiedenen Bildungsbereichen eingeschrieben. Einige von ihnen gehen in die Madrasas, da es dort Möglichkeiten gibt, kostenlose Unterkunft und Verpflegung sowie kostenlose Bildung zu erhalten. Diese Madrasa-Ausbildung ist jedoch nicht kongenial für den Fortschritt der Frauen. Ich werde mich später darauf konzentrieren. Frauen auf dem Land nehmen an einer Ansar-Ausbildung, einer Grundschulausbildung und verschiedenen Berufsausbildungen teil.

Heute, im Primarbereich, steigt die Teilnahmequote der Studentinnen. Man kann sagen, dass die Teilhabe von Mädchen an der Grundschulbildung (erste bis fünfte Klasse) derzeit auf dem höchsten Niveau ist, fast so hoch wie die der männlichen Schüler. Im Jahr 1998 gab es 92 Schülerinnen in den Grundschulklassen gegenüber 100 männlichen Schülern. Die Einschreibung von Mädchen in der Sekundarstufe (6. bis 10. Klasse) hat sich ebenfalls verbessert, jedoch nicht so stark wie in der Primarstufe. Es gab 88 Studentinnen gegenüber 100 Jungen auf dieser Ebene. Im Sekundarbereich ist die Abbrecherquote aber auch bei den Studentinnen höher als bei den Jungen. Bis zur zehnten Klasse, der höchsten Klasse im Sekundarbereich, ist der Schulabbruch bei Mädchen weiterhin hoch. 21 Prozent der Schülerinnen werden in der zehnten Klasse abgebrochen, gegenüber 18 Prozent bei Jungen. In der Hochschulbildung liegt die Einschreibungsrate von Studentinnen sogar unter der Hälfte derjenigen der Männer. Laut einer im Jahr 2002 durchgeführten Volkszählung waren 309.779 Studentinnen und 745.669 Studenten an öffentlichen Universitäten eingeschrieben. Die frühe Heirat ist eine der Ursachen für eine geringere Präsenz von Frauen in der Hochschulbildung.

Es gibt eine Überzeugung in der Gesellschaft, dass, egal wie gut ausgebildet Frauen sind, ihr wirklicher Platz die Küche ist und dass das Ziel ihres menschlichen Lebens darin besteht, Hausarbeit zu leisten und Schwiegereltern glücklich zu machen. Sie brauchen also eigentlich keine Hochschulbildung. Um dieses Endziel zu erreichen, sind die Eltern bestrebt, einen „geeigneten Jungen“ für ihre Töchter zu finden. Wo es auf jeden Fall darum geht, einen guten Bräutigam zu bekommen, kümmert sich niemand um die Ausbildung der Mädchen. Wenn es zu einer Unterbrechung ihres Studiums kommt, stört sie das nicht.
Da „geeignete Jungen“ Frauen mit einer gewissen Ausbildung brauchen, vermitteln Eltern ihren Töchtern so viel Bildung. Die meisten Eltern kümmern sich nicht einmal um die Karriere ihrer Töchter. Jetzt können wir einen Blick auf die Alphabetisierungsrate in Bangladesch werfen. Laut einer Volkszählung von 1997 beträgt die Alphabetisierungsrate insgesamt 45,1, die Rate für Männer und Frauen 48,2 bzw. 39,6 Prozent.

6.2. Madrasa-Bildung

In Bangladesch gibt es neben der allgemeinen Bildung ein religiöses Bildungssystem. Und es ist schnell gediehen. Obwohl die Madrasa-Ausbildung in Bangladesch nicht neu ist, waren in der Vergangenheit hauptsächlich männliche Studenten an diesen Einrichtungen eingeschrieben. Aber in den letzten zwei Jahrzehnten hat sich diese Szene verändert. Madrasas für Studentinnen sind in den letzten zwei Jahrzehnten schnell gewachsen. Und in fast jedem Ort der Hauptstadt, an den meisten Orten verschiedener Städte und sogar in abgelegenen Dörfern kann man Madrasa für Studentinnen bekommen. Es ist jetzt ein neues Phänomen hier. Die Einschreibung von Studenten in diese Einrichtungen nimmt ebenfalls schnell zu, da Bildung, Verpflegung und Herberge - hier wird alles kostenfrei angeboten.
Hier gibt es Arten der Madrasa-Ausbildung. Eine ist als Alia Madrasa bekannt, die von der Regierung finanziert und kontrolliert wird. Die andere ist die Kawami-Madrasa, die von islamischen Geistlichen und lokalen islamischen Eliten betrieben wird. Die Kawami-Madrasas werden privat und unabhängig betrieben und die Behörde kontrolliert auch ihren Lehrplan. Meistens finanzieren Länder des Nahen

Ostens die Kawami-Madrasas. In Bangladesch steigt die Zahl der Studentinnen von Tag zu Tag. Laut Regierungsbericht Hat in den Kawami-Madrasas für Mädchen die Anzahl der Studierenden im Jahr 2000 1226206 betragen. Diese Zahl der Schüler ist im Jahr 2002 auf 1507824 gestiegen.

Auf den ersten Blick scheint dies ein gutes Zeichen für die Zunahme der Frauenbildung zu sein, unabhängig von Charakter oder Unterrichtsmedium. Aber diese Situation kann für uns nur alarmierend sein. Denn in den Kawami-Madrasas werden die Mädchen im Namen der Bildung einer Gehirnwäsche unterzogen und sie werden völlig konservativ, rückständig und sturköpfig gemacht. Die Schülerinnen werden gegen alle fortschrittlichen und freien Ideen und Gedanken unterrichtet. Studentinnen werden hier darin unterrichtet, dass das Ziel der Bildung nichts anderes ist, als ihr Leben zu führen und Kinder gemäß der Religion zu erziehen. Jobs zum Geldverdienen auszuüben, ist eine Verletzung der Scharia. Alle Schüler hier müssen von ganzem Herzen akzeptieren, was ihre Lehrer sagen, und ihnen folgen. Sie werden nach und nach gegen die Arbeit eingeschworen und sowohl die Hochschulbildung als auch das freie Denken werden ihnen genommen. Sie bleiben auch allmählich bei dem Glauben hängen, dass die allgemeine Bildung sie nicht erleuchtet. Sie sind von allen anderen Wissensbereichen ausgeschlossen und auf den Bereich der Religion beschränkt. Außerdem hat das Auferlegen einer völlig anderen Kultur die Situation kompliziert.
Somit steht diese Madrasa-Ausbildung der Förderung von Frauen entgegen. Wenn Mädchen konservativen Unterricht erhalten, beschränken sie sich unter ihrem Schleier auf die Grenzen ihres Zuhauses und geben den Willen auf, ihre Fähigkeit zu nutzen, selbstständige Menschen zu sein.

6.3. Berufsausbildung

Durch verschiedene Arten der Berufsausbildung hat sich der Horizont des Arbeitsmarktes für Frauen auf niedrigem Niveau auf dem Land wirklich erweitert. Das System der allgemeinen Bildung hat es versäumt, ihnen Arbeitsplätze zu bieten, da sein Umfang begrenzt ist. Und ein höheres Studium fortzusetzen, ist für sie fast unmöglich.
In einer solchen Situation hat die Berufsausbildung für sie eine deutliche Öffnung in Richtung eines eigenständigen Lebens für Frauen auf dem Land gebracht.

In Bangladesch gibt es öffentliche polytechnische Schulen der 8. bis 10. Klasse. Diese Einrichtungen bieten viele Handels- und Qualifizierungskurse an, wie z. B. Bau, Herstellung und Reparatur von Elektrogeräten, Aufzucht lebender Tiere, Fischerei,

Geflügel, Boutique-Druck auf Tüchern, Schneiderei usw. Nach Erhalt des Zertifikats der 10. Klasse können die Schüler eine Qualifizierung über bestimmte Berufe oder Fähigkeiten als Zertifikatskurse, aufnehmen. Einige dieser Kurse beginnen in der 8. Klasse, andere in der 10. Klasse. Diese Kurse werden als Berufsausbildung bezeichnet, durch die die Frauen ihren Lebensunterhalt verdienen können. Obwohl die ländlichen Gebiete hier von konservativen Mullahs umgeben sind, die die Fatwa gegen die Selbstständigkeit von Frauen ausgesprochen haben, versuchen die meisten Frauen trotz all dieser Widrigkeiten und sozio-religiösen Hindernisse, eine Berufsausbildung zu erhalten und so Wege zu finden, sich dem Markt anzuschließen. Wenn wir uns einen Überblick über den Zustand der Berufsausbildung verschaffen, stellen wir fest, dass Studentinnen derzeit 24 Prozent der Gesamtzahl der Studenten der Berufsbildung in Bangladesch ausmachen.

In Bangladesch wird die technische formale Ausbildung sowohl von der Regierung als auch von verschiedenen Nichtregierungsorganisationen durchgeführt. NGOs und verschiedene private Institute bieten verschiedene Kurse für Frauen an. Und die Zahl der Frauen, die an diesen Kursen teilnehmen sollen, hat von Tag zu Tag zugenommen. Alle diese Kurse sind bedarfsorientiert. Ziel dieser Schulungen ist es jedoch, die Grundbedürfnisse von Frauen zu erfüllen und sie in ihrer Umgebung zu halten. Diese Schulungen machen sie jedoch nicht bereit, sich einer sehr großen oder anderen Welt zu stellen. Wenn NGOs Frauen unterstützen, geben sie ihnen Darlehen für die Selbstständigkeit. Sie vermitteln Frauen in vielen Bereichen eine Ausbildung. Das reicht von der Ziegenhaltung bis zum Gemüseanbau; Wenn es technischer ist, sind dies Schulungen für Brut- und Forstwirtschaft, Kleiderherstellung oder Stoffmalerei. Aber diese halten Frauen auch auf kleine Gebiete beschränkt.

Wir können uns die Programme des Jugendministeriums und des Frauenministeriums ansehen. Beide Ministerien führen Berufsbildungsprogramme durch. Die Direktion für Jugendentwicklung des Jugendministeriums verfügt über 365 Ausbildungszentren im ganzen Land. Die Schulung reicht von der Reparatur von Computerhardware bis zur Baumschule. Die Kursdauer beträgt eine Woche bis sechs Monate. Aus einigen inoffiziellen Quellen erfahren wir, dass diese Ausbildungszentren jedes Jahr 14.430 Jugendliche des Landes ausbilden. und unter ihnen sind 40 Prozent Frauen. In einem inoffiziellen Interview teilte uns der stellvertretende Direktor für Ausbildung und Planung der Direktion für Jugendentwicklung, Herr Qaiyum, mit, dass die Abbrecherquote von Frauen aus diesen Schulungen geringer ist als die der männlichen Teilnehmer. Ihm zufolge bietet die Direktion für Jugendentwicklung den Teilnehmern nach ihrer Ausbildung 10 bis 50.000 Taka (US $ entspricht Tk. 65 /) als Darlehen an, damit sie problemlos eine selbstständige Tätigkeit ausüben können. Dieses Darlehen hilft den Auszubildenden ungemein. Mit diesem Geld können sie Gemüse anbauen, Tücher bedrucken, Enten und Hühner aufziehen, Fische züchten oder Maschinen zum Nähen und Sticken usw. kaufen.

Das Direktorium für Frauenentwicklung (Directorate of Women Development) bietet ebenfalls einige Trainingsprogramme an. Geschult warden ältere Frauen ebenso wie junge Mädchen, selbstständig zu sein. Jenseits von Regierung, NGOs und ILO gibt es weitere Trainings- und Bildungsmaßnahmen für Frauen und Kinder. Ihre Ziele sind es, die ärmsten Kinder vom Arbeitsmarkt wegzuholen. Die armen und hilflosen Kinder, Jungen wie Mädchen, bekommen grundlegende Bildung und Förderung. Und, mithilfe dieser Trainingsmaßnahmen, können sie leicht eine berufliche Laufbahn in verschiedenen Bereichen einschlagen.

Obwohl es hier viele Berufsausbildungskurse gibt, ist es schade, dass die meisten Kurse nicht ordnungsgemäß geplant angeboten werden. Die Kurse werden nicht nach den Bedürfnissen und Anforderungen gestaltet und geplant. Außerdem werden die technische Ausbildung und Berufsausbildung, die sie den Auszubildenden geben, nicht verbessert. Da die meisten Einrichtungen oder Zentren nur über ein begrenztes Budget verfügen, bieten sie den Auszubildenden keine praktische Aus- und Weiterbildung an. In den meisten Zentren werden die Kurse nicht mit den neuesten Ausstattungen und Entwicklungsgeräten sowie modernen Amtsblättern aufgerüstet. Es gibt keine Tradition oder Praxis, Arbeitsmärkte zu untersuchen und Bedarfsanalysen durchzuführen. Über das Ergebnis dieser Ausbildung gibt es keine Bewertung. Tatsache ist jedoch, dass auf dem Arbeitsmarkt ein Bedarf an ausgebildeten Personen besteht.

Hier gibt es folgende interessante Situation: Frauen erhalten eine Berufsausbildung in verschiedenen Bereichen, aber wenn die Frage des Zugangs zu einer besseren und höheren Qualität der Ausbildung auftaucht, dann geht es in die Welt der Männer. In der bangladeschischen Gesellschaft erhalten Frauen im Allgemeinen keinen Zugang zu einer besseren Qualität der Berufsausbildung. Jeder technische und fortgeschrittene Job ist für Männer gedacht. Es wird sozial angenommen, dass Frauen keine fortgeschrittenen technischen Arbeiten ausführen können.

Es gibt auch ein Paradoxon: Frauen sind mit schweren Arbeiten beschäftigt; Unabhängig davon, ob es sich um die Arbeit von Arbeitern oder um die Arbeit in Haushalten handelt, werden Frauen traditionell mit den schwersten Arbeiten beauftragt.

Sie transportieren Wasser aus großen Entfernungen. Sie mahlen Mais manuell. Sie schälen Reis; Sie werden damit beschäftigt, Ziegel zu brechen und so weiter. Wenn jedoch einer dieser Vorgänge mechanisiert wird, wird die Kontrolle automatisch von Männern übernommen. Frauen sollen für schwere, mechanisierte Arbeiten ungeeignet sein. Sie verzichten auf bestimmte Berufe wie das Ingenieurwesen. Wir stellen daher fest, dass Verschwörung und Diskriminierung von Frauen ausgebrütet werden. Wenn die Maschine die manuelle Arbeit ersetzt, wird die Arbeit leichter. Und diese leichtere Arbeit geht an Männer; Frauen ist es verboten, diese Welt zu betreten. Dann werden Frauen als ungelernt eingestuft und somit ernsthaft diskriminiert.

Wir können also sagen, dass Frauen auf dem Land durch Berufsausbildung in verschiedenen Sektoren den Weg finden, Positionen der Eigenständigkeit zu erreichen. Um mehr Macht zu erlangen, sollten sie jedoch nicht auf den primären Anbau von Gemüse oder den Anbau von Fisch beschränkt bleiben. Sie müssen besser geschult werden, damit sie wie ihre männlichen Kollegen eine größere Kontrolle über Maschinen übernehmen können.

7. **Politische Rechte von Frauen**

Im Folgenden gehen wir uns auf den Bereich der politischen Rechte von Frauen in der bangladeschischen Gesellschaft ein:
Während Frauen in Bangladesch ein wenig soziale Eigenständigkeit haben, stehen sie zugleich in einer enormen Bindung an wirtschaftliche Schwäche, Bräuche, Tradition und religiöse Konservativität. All diese Gründe machen es naheliegend, dass sie im Bereich der Politik wenig Macht haben. Obwohl in diesem Land die Chefs zweier großer politischer Parteien Frauen sind, repräsentiert dies keineswegs die wirkliche Situation der politischen Rechte und der allgemeinen politischen Lage unserer Frauen. Tatsache ist, dass Frauen, obwohl wir zwei Chefs als Premierministerin und Oppositionsführerin haben, weitgehend außerhalb des politischen Prozesses geblieben sind. Aus vielen Gründen üben Frauen in politischen Organisationen und in Berufsgruppen im Allgemeinen wenig Macht aus. Hier dominieren Männer in den meisten politischen Organisationen. Und die Welt der Politik wird hauptsächlich von Männern dominiert. Die andere bemerkenswerte Sache ist, dass die beiden Chefs - der Premierminister und der Chef der großen Oppositionspartei - als Nachfolger zweier männlicher Führer in die Politik eingetreten sind. Sie haben diese Posten nicht erreicht, indem sie auf den langen Wegen prominenter politischer Führer alle normalen Höhen und Tiefen durchlaufen

haben. Die männlichen politischen Führer und Aktivisten schufen ihre Bilder, um die Menschen sympathisch zu machen und zu ihrer Partei und Parteipolitik zu locken. Nicht ein großer Teil der gebildeten städtischen Frauen engagiert sich direkt und aktiv in der Politik.

Und in ländlichen Gebieten ist die Szene noch anders und umso schlimmer. Die Gesellschaft und der Bereich der Politik sind dort stärker von der Post dominiert. Ländliche Eliten und religiöse Führer sind hier immens mächtig. Hier üben sie oft ihre Macht aus und bestrafen Frauen in mittelalterlichen Formen für ihre „Missetaten", die Gesetze des Landes zu verletzen. Außerdem können religiöse Fanatiker die Arbeit von NGOs unter Frauen behindern, insbesondere ihre Programme zur Entwicklung und Stärkung von Frauen. Sogar sie hindern Frauen daran, an der von NGOs organisierten Frauenkundgebung teilzunehmen. Manchmal, oder besser gesagt, oft zeigen sie ihre terroristische Haltung gegenüber allen fortschrittlichen Aktivitäten, einschließlich denen, die der Förderung von Frauen auf dem Land mit staatlicher Unterstützung dienen.

Obwohl in den Bereichen der Kommunalverwaltung Frauen vom Volk durch normale Wahlverfahren gewählt werden, wird bei weiblichen Parlamentsmitgliedern eine Ironie gesehen.
Im nationalen Parlament gibt es reservierte Sitze für Frauen, die von gewählten Abgeordneten ausgewählt werden. Weibliche Mitglieder haben keine wirklichen Möglichkeiten, an normalen Wahlen für Parlamentssitze teilzunehmen, wie ihre männlichen Parteikollegen. Frauen hängen von der Entscheidung und der Wahl der Entscheidungsträger der Partei, die Männer sind, ab. Frauen haben kein Recht, wie die Männer hier gewählt zu werden; Sie müssen für die reservierten Frauensitze ausgewählt werden. Diese Situation kann für Frauen nicht als gesund und angemessen angesehen werden. Natürlich haben verschiedene Frauenorganisationen mit starker Stimme dafür plädiert, dass auch weibliche Abgeordnete direkt von den Menschen gewählt werden sollten – bisher vergeblich.

8. Gesundheitliche Situation

Bangladesch leidet unter der Last der Armut und dem hohen Bevölkerungswachstum. Armut bringt nicht nur Hunger, Analphabetismus und verschiedene andere Probleme mit sich, sondern auch Krankheit, Unterernährung und vorzeitige Sterblichkeit. In ländlichen Haushalten und in den Slums ist die Armut besonders groß. Und aufgrund der beschriebenen sozialen Gepflogenheiten müssen die meisten Arbeits- und Haushaltsaufgaben von den Frauen getragen werden. Sie müssen nicht nur mit Armut kämpfen, sondern auch mit Anämie,

Untergewicht, Frühschwangerschaft, hoher Arbeitsbelastung, kleinen Geburtsintervallen und diskriminierenden Ernährungsgewohnheiten. Und all dies macht ihr Leben total traurig. Außerdem gibt es hier jahrhundertelang sexuelle Vorurteile gegenüber weiblichen Kindern. Der Brauch der Abgeschiedenheit (Purdah) für Frauen wird heute weitaus häufiger praktiziert, als noch vor zwei Jahrzehnten. Soziale Vorstellungen über Fruchtbarkeit und Mutterschaft, unzählige Verbote von Nahrungsmitteln, Bewegung und Verhalten sowie die wirtschaftliche Abhängigkeit der Frauen von den Männern spielen eine wichtige Rolle für das Leiden von Frauen an verschiedenen Krankheiten. Das Leiden unter Ernährungsproblemen und Untergewicht oder kurzen Geburtsintervallen ist bei Frauen mit niedrigerem Einkommen zu einem normalen Phänomen geworden. Sie führen ein Leben, das aufgrund von Unterernährung, Anämie, anderen gynäkologischen Problemen und den Feindseligkeiten des Patriarchats sehr deprimierend ist.

In der bangladeschischen Gesellschaft müssen Frauen, insbesondere in der mittleren und unteren Ebene, wie in anderen Gesellschaften der Entwicklungsländer mehrere Rollen in Familien übernehmen - sie dienen den Eltern auf einer Stufe, und dann sind der Ehemann und andere ältere Mitglieder der Schwiegerfamilie die anderen Autoritäten, die über ihr Leben bestimmen. Sich um die Kinder zu kümmern, von morgens früh bis Mitternacht alle Hausarbeiten zu erledigen und Kinder zur Welt zu bringen, das sind die Aufgaben, für die sie bestimmt ist. In ländlichen Gebieten verrichten Frauen auch landwirtschaftliche oder produktive Arbeit zu Hause, obwohl keine ihrer Arbeiten als geldverdienende Arbeit anerkannt ist. Frauenarbeit bleibt nicht nur unbezahlt, wenn sie für Hausarbeiten verwendet wird, sondern auch, wenn sie zur Herstellung von auf dem Markt verkäuflichen Dingen verwendet wird. Frauen in ländlichen Gebieten müssen tatkräftige Arbeit leisten, um ihre Familie zu erhalten, landwirtschaftliche Tätigkeiten auszuüben und zu unterstützen oder um Handelswaren für den Eigenbedarf herzustellen.

Die Situation der städtischen Frauen ist da ganz anders. In einigen Fällen ist sie völlig entgegengesetzt zum Zustand der Frauen auf dem Land. Die meisten Frauen der Mittel- und Oberschicht verwalten Hausarbeiten mit Hilfe der Haushaltshilfe. Aber die überwiegende Mehrheit hat nicht den Spielraum, ein solch privilegiertes Leben zu führen. Ihr Leben ist das Leben menschlicher Tiere, wie Emile Zola, der bedeutende französische Schriftsteller des 19. Jahrhunderts, erwähnte. Hier können wir einen Paragrafen von Dr. Zahidul Islam zitieren, der den schrecklichen Lebenszyklus von Frauen mit niedrigerem Einkommen ausführlich beschreibt:

Gesundheit und Ernährung während des Lebenszyklus einer typischen Frau mit niedrigem Einkommen in Bangladesch könnten folgendermaßen dargestellt werden: Sie ist 20 Jahre alt und Analphabetin. Sie hat so viel Arbeit im Haus und in der örtlichen Ziegelfabrik. Sie ist untergewichtig. Sie ist Mutter von fünf Kindern. Sie wurde sehr früh verheiratet und hatte ihr erstes Baby, als sie erst 14 Jahre alt war, noch bevor sie sich voll entwickelt hatte. Sie ist wieder schwanger. Diese Geburtszyklen dauern ihr ganzes Leben lang an, aber jedes Mal bleibt die Frage: Wird sie am Leben sein, um den ersten Schrei ihres Babys zu hören? Oder wird sie eine der drei Frauen sein, die in diesem Land jede Stunde an schwangerschaftsbedingten Komplikationen sterben?
Ist das das Schicksal einer typischen bangladeschischen Frau? Die Antwort ist ja. Aber muss das ihr Schicksal sein? Nein."

So geht es im Leben unserer Frauen mit niedrigem Einkommen weiter, egal ob sie in den Slums der Städte oder in ländlichen Gebieten leben. Wir haben hier Familienplanungsprogramme. Verschiedene Arten von Aktivitäten machen die Menschen darauf aufmerksam, ihre Familie klein zu halten. Aber sie erreichen die Klasse mit niedrigem Einkommen nicht. Die Menschen glauben, dass Kinder Einkommensquellen sind. Es gibt also viele Kinder in den Familien und so viele Möglichkeiten, reich zu sein! Hier wird angenommen, dass Verhütungsmittel gegen die Religion verstoßen. Und es wird auch tief geglaubt, dass Er, der der Schöpfer der Menschen ist, Nahrung für sie bereitstellen wird. Hier hat der Mensch nichts zu tun. Infolgedessen stehen Frauen mit niedrigem Einkommen hier unter dem Druck ihrer Ehemänner, Schwiegermutter und anderer. Und die meisten von ihnen haben sich mit den Kreislauf von Geburt und Elend abgefunden.

Jetzt können wir uns den Zustand des Gesundheitswesens für Frauen genauer ansehen. Erhalten sie bei Bedarf einen angemessenen Gesundheitsdienst?

In ländlichen Gebieten haben Frauen nur sehr geringen Zugang zu modernen Gesundheitsdiensten. Sie müssen vielmehr alte oder alte medizinische Praktiken durchlaufen, die wir als Quacksalberei bezeichnen würden. Manchmal wird Wasser, das durch die lokalen Moulanas mit Dowa heilig gemacht wurde, zur einzigen Behandlung für sie. Im Allgemeinen wird die Gesundheit von Frauen ignoriert. Jetzt können wir einige Punkte anführen, um ein klares Bild des Gesundheitszustands von Frauen zu vermitteln:

a. Was die Ernährung betrifft, haben Frauen kein gemeinsames Anrecht mit den Männern in der Familie. Da Männer verdienen und Frauen nicht, gibt es eine Vorstellung und allgemeine Praxis, dass Männer einen größeren Anteil an Nahrungsmitteln haben sollten. Die Männer brauchen das, wenn sie hart arbeiten.
b. Obwohl Frauen eine unverhältnismäßige Belastung durch Hausarbeit tragen, wird dies nicht als eigentliche „Arbeit" angesehen. Frauen konsumieren in Bezug auf Qualität und Quantität weniger Nahrung als Männer, obwohl ihre Bedürfnisse größer sind - für häufige Schwangerschaften und längere Stillzeiten bis zur nächsten Schwangerschaft. Sowohl während der Schwangerschaft als auch während der Stillzeit benötigen Frauen mehr Nährstoffe als zu anderen Zeiten. Dieser Zyklus und die körperliche Arbeit erhöhen ihren Ernährungsbedarf, der unerfüllt bleibt.

b. In ländlichen Gebieten ist die medizinische Versorgung nicht gut und Frauen leiden am meisten darunter. Wegen mangelnder medizinischer Versorgung müssen Frauen zu nicht ausgebildeten Ärzten, Medizinverkäufern oder zu traditionellen Heilern gehen. Und all dies gefährdet die Gesundheit von Frauen. Einige einheimische medizinische Behandlungen auf der Basis von Kräuterpflanzen haben sich als nützlich für die Heilung erwiesen, aber diese Behandlung deckt im Wesentlichen nicht die meisten Gesundheitsprobleme ab.

c. Daneben gibt es Aberglauben unter Menschen. Sie betrachten im Allgemeinen einige der Krankheiten bei Frauen als Angelegenheiten der Magie. Sie glauben, dass die meisten weiblichen Krankheiten durch die Zauber übernatürlicher Wirkstoffe verursacht werden. Der böse Geist, der lokal Genie oder Bhoot genannt wird, hat die Frauen in seinen Bann gezogen. Deshalb wird die Patientin nicht geheilt. Allgemeiner Glaube ist auch, dass ein Bhoot in einem weiblichen Körper auftritt, wenn er den Geruch dieses Körpers aufnimmt oder wenn er die Berührung von ungebundenem Haar bekommt. Der Geist tritt auch auf, wenn die Frau während der Menstruation oder während der Schwangerschaft allein ist. Und da die Familienmitglieder ebenfalls auf ähnliche Weise glauben, unternehmen sie keine Schritte, um Frauen angemessen medizinisch zu versorgen. Vielmehr rufen sie Moulanas, um Frauen dabei zu helfen, den Zauber von Genie oder Bhoot loszuwerden. Sie gehen zu den Heilern der Krankheiten und verschlimmern so die Krankheit und die Frauen leiden. Frauen werden auch dazu gebracht, körperliche Folter zu erleiden, um übernatürliche Zauber zu beseitigen. Der Heiler versetzen den Patientinnen Schläge und Peitschenhiebe und legen ihnen eine Reihe von Beschränkungen und Verboten auf.

Man kann also auch hier erkennen, dass Frauen nicht nur unter unzureichenden und schlechten Gesundheitseinrichtungen leiden, sondern auch unter ihrem minderwertigen Status in der Gesellschaft. In ländlichen Gebieten und auf Gebieten mit niedrigem Einkommen werden die Gesundheit und die angemessene Pflege von Frauen fast völlig ignoriert.

Fazit

Wir in Bangladesch befinden uns in vielen Bereichen des Lebens von Frauen in einem Zustand akuten Schreckens. In einigen Bereichen gibt es Hoffnungen und Fortschritte. Gleichzeitig gibt es aber grassierenden Aberglauben, Fatwas, Armut, die Last der kurzzeitigen Geburtenabfolge und schreckliche Gesundheitsprobleme, die alle in denselben alten Wertvorstellungen wurzeln. Es gibt Aufrufe aus der aufgeklärten Welt der Bildung, den Drang, direkt vom Volk gewählt zu werden; Es gibt aber auch die Dämonen der Orthodoxie, die daran arbeiten, alle von Frauen gepflanzten Bäume zu fällen, um die Frauen im Namen der Religion in den Grenzen der Häuser gefangen zu halten. Es gibt eine allgemeine Ausbildung für Frauen; aber zusätzlich gibt es einen starken Kawami-Madrasa-Trend, der weiterhin dafür sorgt, dass Studentinnen einer Gehirnwäsche unterzogen werden, damit bigotte Religionsvertreter sie davon abhalten können, sich dem Strom des Fortschritts und der Entwicklung anzuschließen. Es gibt eine Verschwörung der Agenten des Patriarchats gegen Frauen, aber es gibt Willenskraft, Träume und Entschlossenheit in den Herzen der Frauen. Frauen in der bangladeschischen Gesellschaft durchlaufen eine schwierige Übergangsphase, die sie mit Hilfe ihrer Arbeit und ihrer Willenskraft überwinden müssen. Ihr Fortschritt in Richtung Empowerment wird bald auf bemerkenswerte Weise in Erscheinung treten.

Prof. Dr. Akimun Rahman

Dr. Akimun Rahman, geb. 1960 in Narayanganj, ist Schriftstellerin und Wissenschaftlerin. Sie lebt in Bangladesch. Sie hat einige Romane veröffentlicht. Z.B.: "Purusher Prithibite Eak Meye" (Ein Mädchen in der Männerwelt), "Rakta Punje Genthe Yawya Macchi" (Ein Fliege, die in Blut und Eiter steckengeblieben ist), "Jeebaner Roudre Udechhilo Kayekti Dhulikana" (Einige Staubstückchen flossen in den Sonnenstrahlen des Lebens), "Pashe Shudhu Chhaya Chhilo" (Nur Schatten daneben). Dies sind ihre letzten Romane. Sie hat auch eine

Kurzgeschichtensammlung geschrieben ("Eai Shab Nibhrita Kuhak" - Dieser ganze einsame Zauber) und Geschichten für Jugendliche ("Sonar Kkhadkuto" - goldenes Stroh).

Akimun Rahman lehrt an der "Independent University", einer der führenden privaten Universitäten Bangladeschs. 1991 promovierte sie an der Universität von Dhaka. Von Dezember 2003 bis März 2004 hielt sie sich in Deutschland auf und erstellte dabei eine vergleichende Studie zwischen den Märchen der Gebrüder Grimm und den bengalischen Märchen. Dieses Forschungsprojekt wurde von der "Internationalen Jugendbibliothek" München unterstützt. 2019 wurde sie mit dem Anannya Shahityar Puroshkar Award geehrt, einer besonderen Auszeichnung für prominente Literatinnen.

Akimun Rahman beschreibt mit Vorliebe die alltägliche Wirklichkeit. Und sie geht auf die Probleme der Frauen in Familie und Gesellschaft ein. In ihren Romanen beschreibt sie die Leiden der Frauen. Sie beschreibt das Leben der Frauen mit Genauigkeit und Sympathie.

Akimun Rahman engagiert sich auch als Forscherin im Bereich von Literatur und Kultur. Sie hat verschiedene Bücher über den bengalischen Roman und über die bengalischen Musliminnen veröffentlicht. Ihre Publikationen: "Realismus im modernen bengalischen Roman (1920 bis 1950)", "Von Bibi bis Begum - ein Bericht über die Entwicklung der bengalischen Musliminnen", "Literarischer Realismus in der bengalischen Literatur".

Die vorliegenden, bisher unveröffentlichten Aufsätze wurde von Hamidul Khan aus dem Bengalischen und Englischen übersetzt und von Dr. Susanne Konrad redigiert.

Ein Besuch von Dr. Akimun Rahman in Frankfurt am Main

Am 29.10.2005 hat die Deutsch-Bengalische Gesellschaft in den Räumen der St. Thomas-Gemeinde in Frankfurt-Heddernheim eine Veranstaltung zum Thema „Halbierung der Armut bis 2015 und Bildung der Frauen in Bangladesch“ durchgeführt.

Der Vorsitzende der Deutsch-Bengalischen Gesellschaft Hamidul Khan begrüßte die Anwesenden und stellte die Referenten vor: Martina Feldmaier (die Grünen), Mesabahuddin Ahmed (Journalist), Dr. Akimun Rahman (Schrifstellerin und Literaturwissenschaftlerin) Dirk Saam, Referent für Enwicklungspolitik bei NETZ

Zunächst berichtete **Martina Feldmeier**, Vorstandsmitglied der Grünen der Stadt Frankfurt, über die Möglichkeiten und Chancen, die eine multikulturelle Gesellschaft bietet. Sie betonte, wie wertvoll der interkulturelle Austausch sowohl für deutsche als auch für ausländische Mitbürger*innen ist. Die Veranstaltungen der Deutsch-Bengalischen Gesellschaft, so Frau Feldmeier, haben in der Vergangenheit dazu geführt, Vorurteile gegenüber fremden Kulturen abzubauen. Dieser Weg müsse weiter beschritten werden.

Im Anschluss berichtete Herr **Mesabahuddin Ahmed**, Journalist und Verlagsleiter (Ankur Prakashni) und seit Jahren in der Frauen- und Menschenrechtsbewegung aktiv, über die gegenwärtige politische Situation in Bangladesch und deren Auswirkungen auf die Situation der Frauen. Dabei betonte er, dass Frauen durch zunehmenden politischen Einfluss islamistischer Parteien, aus vielen Sphären des öffentlichen Lebens ausgeschlossen werden. Vor allem Frauen als besonders benachteiligte und marginalisierte Bevölkerungsgruppe hätten häufig keinen Zugang zum Rechts- und Bildungssystem. Ahmed appellierte an die Regierung Bangladeschs „Good Governance", also eine gute Regierungsführung zu betreiben, die Frauen nicht aus wirtschaftlichen und politischen Entscheidungsprozessen ausschliessen. Vielmehr sollten Frauen verstärkt gefördert werden.

Frau **Dr. Akimun Rahman**, Professorin an der Independent University Dhaka, am Lehrstuhl für Sprach- und Literaturwissenschaften, gab einen detaillierten Querschnitt über die Situation der Frauen in Bangladesch. Die Entwicklung des Landes hängt von der Entwicklung der Frauen ab, so Rahman. Frauen machen über 50% der Bevölkerung Bangladeschs aus. Mit der Ausschließung der Frauen aus sämtlichen Wirtschaftsprozessen beraubt sich Bangladesch der Hälfte seines Produktionskapitals. Tradierte Normen und Werte, vor allem in den ländlichen Regionen, würden die positiven Entwicklungstendenzen unterminieren. Dazu gehören Frühverheiratung, Polygenie und Mitgiftzahlungen. Außerdem werden Mädchen noch immer weitgehend als Belastung einer Familie angesehen, in deren Bildung es sich nicht lohnt zu investieren, da Mädchen nicht als künftige Einkommenserzeuger angesehen werden. Frauen werden immer noch Opfer von Säure-Attentaten, wenn sie sich tradierten Normen entgegenstellen. Auch betonte Dr. Rahman die Gefahr des zunehmenden religiösen Fundamentalismus.

Zunehmend verbreiten sich Koranschulen. In ihrer Radikalität unterscheiden sich Koranschulen zwar, doch in vielen Schulen wird der Koran mit einer bestimmten Interpretation gelehrt. Frauen werden entsprechend auf ihre Haushalts- und Erziehungspflichten reduziert. Dieses würde kleinen Jungen bewusst gelehrt, damit sich diese Sichtweise manifestiert und die Frauenförderungspolitik von einheimischer Hilfsorganisation unterlaufen wird.

Als letzter sprach **Dirk Saam**, Referent für Entwicklungspolitik der Hilfsorganisation NETZ, die seit 25 mit Bangladesch zusammenarbeitet. Herr Saam setzte die von Ahmed und Rahman angesprochenen Probleme auf eine globalere Ebene. Herr Saam zeigte auf, was auf staatlicher Ebene bisher geleistet wurde, um die Millenniumsentwicklungsziele zu erreichen und wo die Probleme bei der Umsetzung liegen. Dabei konzentrierte er sich auf die Millenniumsziele 1-3: Halbierung der extremen Armut, Bildung für alle und Gleichberechtigung zwischen den Geschlechtern. Herr Saam berichtete aus seiner praktischen Erfahrung. Dabei wurde deutlich, dass zwischen der Rhetorik staatlicher Projektentwürfe und deren Umsetzung häufig eine signifikante Lücke klafft. Vetternwirtschaft und Korruption, aber auch ungenügende Einbeziehung der Dorfbevölkerung bei der Projekterstellung führten häufig zu vermeidbaren Ineffizienzen. Herr Saam machte deutlich, wo künftig die Aufgaben einheimischer und internationaler Hilfsorganisation liegen müssen. Hilfsorganisationen dürfen nicht nur als Dienstleister auftreten, sondern müssen vielmehr die Dorfbevölkerung schulen, selbständig ihre Rechte wahrzunehmen. So sollten Hilfsorganisationen nicht permanent neuen Schulen bauen, sondern vielmehr Schüler und Eltern darin schulen, welche Rechte sie und ihre Kinder im Rahmen staatlicher Bildungsprogramme haben und wie sie diese geltend machen können.

Im Anschluss fand eine Diskussion statt. Die Veranstaltung wurde von **Dr. Maik Wagner** moderiert und vom Englischen ins Deutsche übersetzt von Frau **Barbara Höhfeld**, Übersetzerin und Schriftstellerin.

Das Kulturprogramm nach der Pause moderierte **Alexandra Müller** vom ZDF. Es begann mit einer Lesung des Indologen und Literaturwissenschaftlers **Christian Weiss**. Im Anschluss las **Dr. Akimun Rahman** eine ihrer Kurzgeschichten. Moderiert wurde der Literaturteil von Dr. **Susanne Konrad**.

Aus Indien war Baul-Sänger *Kartick Das Baul* angereist.

Baul Musik: Der religiösen Toleranz ist ein fester Bestandteil der Baul-Philosophie. Die Diskriminierung von Menschen aufgrund ihrer Kastenzugehörigkeit wird abgelehnt. „Die höchste Liebe kennt keinen Kastenunterschied", heißt es in einem Baul-Lied. In den Liedern spiegelt sich die Sehnsucht nach einer friedlichen Koexistenz der unterschiedlichen Kulturen und Religionen.

Indischer traditioneller Tanz wurde von einer Tanzgruppe des indischen Kulturinstituts Frankfurt aufgeführt. Während der Pause gab es Gelegenheit, kostenlos ein bengalisch-indisches Reisgericht zu probieren.
Insgesamt besuchten die Veranstaltung rund 60 bis 70 Gäste.

Zielsetzung und Erfolg der Veranstaltung

Die Ziele der Veranstaltung konnten weitgehend erreicht werden.
- ca. 60 interessierte junge Menschen wurde über die Millenniums-Entwicklungsziele und deren Inhalte informiert (siehe beigefügte Liste)
- die TeilnehmerInnen wurden am Beispiel Bangladeschs über die Defizite der Umsetzung der Millenniums-Entwicklungsziele informiert. Dabei wurde v.a. auf die Misstände bei der Erreichung der Ziele 1 "Halbierung der extremen Armut" und der Ziele 2 und 3 "Bildung und Gleichberechtigung für Mädchen und Frauen" aufgezeigt.
- Die Veranstaltung hat junge Menschen aus Deutschland für das Thema "Halbierung der Armut bis 2015" sensibilisiert und auf diese Weise ein Bewusstsein für entwicklungspolitisch relevante Themen geschaffen.
- Durch die Präsenz von Referenten aus Bangladesch und in Deutschland lebenden Bangladeschi sowie jungen Menschen aus Deutschland konnte die Völkerverständigung und die Vernetzung von Bangaldeschis und Deutschen vorangebracht werden.

Hamidul Khan

Näherinnen in Bangladesch

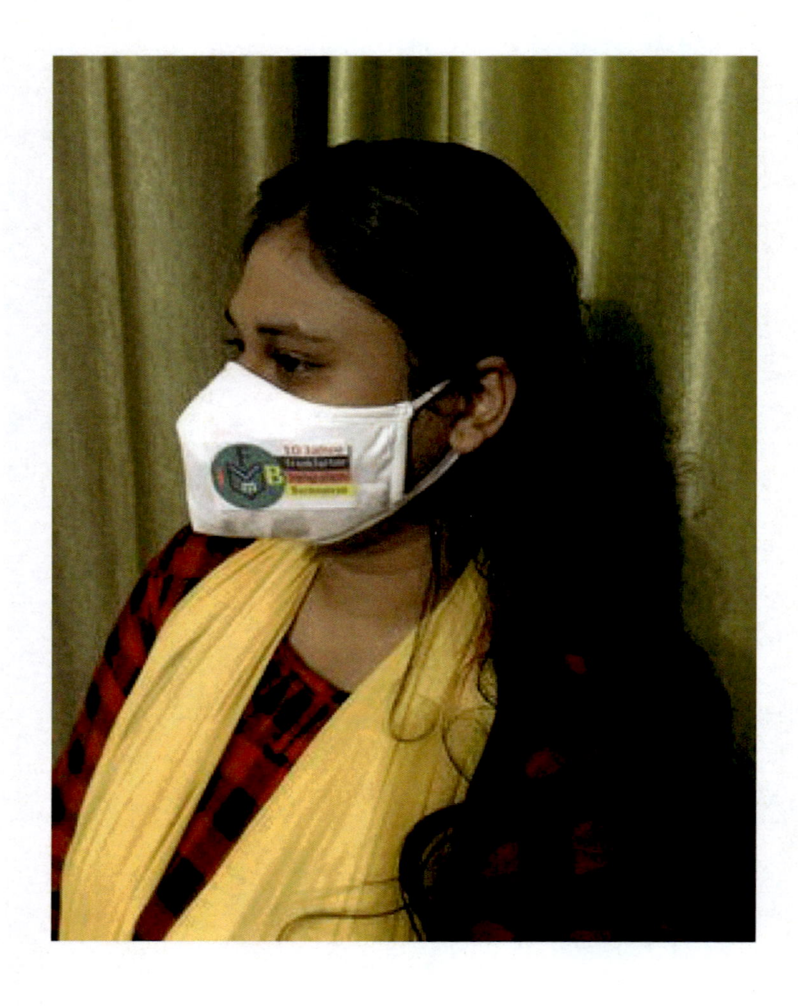

Seminar 2006

Die Deutsch-Bengalische Gesellschaft lädt Sie ein, am 25. November 2006 an einem Seminar über die Millenniums-Entwicklungsziele teilzunehmen. Im Blickpunkt werden zwei Ziele Bangladeschs stehen: bis zum Jahr 2015 die extreme Armut zu halbieren und den Frauen verstärkt Zugang zu Bildung zu gewährleisten.

Die Deutsch-Bengalische-Gesellschaft e.V. hat sich des Themas „Frauen in Bangladesch" in den vergangenen Jahren mehrfach angenommen. Auch mit Hilfe der Stadt Frankfurt haben wir hierzu erfolgreiche Veranstaltungen anbieten können, so im Jahr 2000 an der Universität Frankfurt. Nun möchten wir die Diskussion über diese nationale Aufgabe mit einer neuen Veranstaltung fortsetzen. Wir möchten die deutsche Öffentlichkeit über die reale Situation der Frauen in Bangladesch informieren.

Wir möchten gezielt entwicklungspolitisch Interessierte in Deutschland ansprechen und diese als Teilnehmerinnen und Teilnehmer an unserem Seminar gewinnen. Es ist allgemein bekannt, dass es in Deutschland zurzeit ein gewisses Desinteresse für Entwicklungspolitik gibt, deswegen wollen wir die **junge Generation** für dieses Thema sensibilisieren. Auf diese Weise soll ein Bewusstsein für entwicklungspolitische Zusammenhänge geschaffen werden.

Aufgrund diverser Anfragen von Teilnehmern vergangener Seminare haben wir es uns zum Ziel gesetzt, Erfahrungsberichte von Persönlichkeiten aus dem Kulturkreis des betroffenen Landes mit in unser Programm aufzunehmen. Dies fördert die Sensibilisierung und Mobilisierung der Teilnehmerinnen und Teilnehmer. Wir freuen uns, dass wir eine Expertin aus Bangladesch als Referentin gewinnen konnten. Frau Dr. Nashid Kamal, seit Jahren in der Frauen- und Frauenrechtsbewegung aktiv, insbesondere in der Förderung von Bildung und Ausbildung für Frauen.

Die Veranstaltung fand diesmal in den Räumen Saalbau GmbH in Frankfurt-Bockenheim statt. Unsere Veranstaltungen wurden in der Vergangenheit durch großzügige finanzielle Unterstützung von Stiftungen und der privaten Initiative des Bangladesch-Freundeskreis der Stadt Frankfurt ermöglicht. Weiterhin haben auch jeweils eine Reihe von Sponsoren und zahlreiche Spender dazu beigetragen, dass wir unsere Arbeit weiterführen könnten.

Halbierung der Armut und Bildung der Frauen in Bangladesch

Zur Veranstaltung am 25.11.2006 über „Halbierung der Armut und Bildung der Frauen in Bangladesch" kamen etwa 50 Leute. Hamidul Khan, Vorsitzender der deutsch-bengalischen Gesellschaft, begrüßte die Anwesenden und stellte die Referenten vor.

Zuerst informierte der Journalist Christian Weiß aus Heidelberg über die Arbeitsbedingungen in den Bekleidungsfabriken Bangladeschs. Viele Kleidungsstücke, die dort hergestellt werden, werden nach Deutschland exportiert. Zu den Unternehmen, die ihre Waren in Bangladesch kaufen und hier verkaufen, gehört Tchibo. Herr Weiß berichtete über eine Studie, die die „Kampagne für saubere Kleidung" in Auftrag gab und bei der die Arbeitsbedingungen in den Zulieferbetrieben von Tchibo untersucht wurden. In den Fabriken arbeiten überwiegend Frauen. Die Arbeitszeiten betragen täglich 12 bis 14 Stunden, und gearbeitet wird an sieben Tagen in der Woche. Arbeiterinnen, die einer Gewerkschaft beitreten, werden fristlos entlassen. Nachdem einige Aktionsgruppen die deutsche Öffentlichkeit über diese Zustände informierten, reagierte Tchibo, indem das Unternehmen versprach, sich für eine Verbesserung der Arbeitsbedingungen in den Zulieferbetrieben einzusetzen.

Im Anschluss referierte Rummana Chowdhury, eine Schriftstellerin, die einige Bücher zum Thema Frauenrechte in Bangladesch veröffentlicht hat. Sie lebt zurzeit in Kanada. Sie berichtete über die gegenwärtige politische Situation in Bangladesch und deren Auswirkungen auf die Situation der Frauen. Dabei betonte sie, dass Frauen durch den zunehmenden Einfluss islamistischer Parteien aus vielen Sphären des öffentlichen Lebens ausgeschlossen werden. Frauen gehören zu den benachteiligten und marginalisierten Bevölkerungsgruppen und haben häufig keinen Zugang zum Rechts- und Bildungssystem. Frau Chowdhury appellierte an die Regierung Bangladeschs, „Good Governance", also eine gute Regierungsführung zu betreiben und die Frauen nicht aus wirtschaftlichen und politischen Entscheidungsprozessen ausschließen. Vielmehr sollten Frauen verstärkt gefördert werden.

Prof. Dr. Nashid Kamal, die am Independent University Dhaka einen Lehrstuhl für Umwelt und Statistik inne hat, gab einen detaillierten Querschnitt über die Situation der Frauen in Bangladesch. Die Entwicklung des Landes hängt von der Entwicklung der Frauen ab. Frauen machen mehr als die Hälfte der Bevölkerung Bangladeschs aus. Mit der Ausschließung der Frauen aus vielen Wirtschaftsprozessen beraubt sich Bangladesch eines großen Teils seines Produktionskapitals. Durch tradierte Normen und Werte, vor allem in den ländlichen Regionen, werden die positiven Entwicklungstendenzen unterminieren. Zu den Missständen gehören Frühverheiratung, Polygenie und Mitgiftzahlungen. Außerdem werden Mädchen noch immer weitgehend als Belastung einer Familie angesehen, in deren Bildung es sich nicht lohnt zu investieren, da Mädchen nicht als künftige Einkommensschaffern angesehen werden. Frauen werden immer noch Opfer von Säure-Attentaten, wenn sie sich tradierten Normen entgegenstellen. Auch Frau Kamal betonte die Gefahr des zunehmenden religiösen Fundamentalismus. Es gibt immer mehr Koranschulen, von denen einige radikalen islamistischen Gruppierungen nahe stehen. Frauen werden auf ihre Haushalts- und Erziehungspflichten reduziert.

Als letzter sprach Dirk Saam, Referent für Entwicklungspolitik der Hilfsorganisation NETZ, die seit 25 mit Bangladesch zusammenarbeitet. Herr Saam betrachtete die von Frau Chowdhury und Frau Kamal angesprochenen Probleme aus einer anderen Perspektive. Herr Saam zeigte auf, was auf staatlicher Ebene bisher geleistet wurde, um die Millenniumsentwicklungsziele zu erreichen, und wo die Probleme bei der Umsetzung liegen. Dabei konzentrierte er sich auf die Millenniumsziele 1 bis 3:

Halbierung der extremen Armut, Bildung für alle und Gleichberechtigung zwischen den Geschlechtern. Herr Saam berichtete aus seiner praktischen Erfahrung. Dabei wurde deutlich, dass zwischen der Rhetorik staatlicher Projektentwürfe und deren Umsetzung häufig eine signifikante Lücke klafft. Vetternwirtschaft und Korruption, aber auch ungenügende Einbeziehung der Dorfbevölkerung bei der Projekterstellung führten häufig zu vermeidbaren Problemen. Herr Saam zeigte auf, wo künftig die

Aufgaben einheimischer und internationaler Hilfsorganisation liegen müssen. Hilfsorganisationen dürfen nicht nur als Dienstleister auftreten, sondern müssen vielmehr die Dorfbevölkerung schulen, selbständig ihre Rechte wahrzunehmen. So sollten Hilfsorganisationen nicht permanent neuen Schulen bauen, sondern vielmehr Schüler und Eltern darin schulen, welche Rechte sie und ihre Kinder im Rahmen staatlicher Bildungsprogramme haben und wie sie diese geltend machen können.

Im Anschluss fand eine Diskussion statt. Die Veranstaltung wurde von Hamidul Khan moderiert. Die Anwesenden zeigten sich sehr beeindruckt über die Ausführungen der Referentinnen und Referenten.

Gewalt gegen Frauen in Bangladesch
Ein Blick auf den Handel, Säure-Angriffe und sexuelle Ausbeutung von Kindern

Prof. Dr. Nashid Kamal

Einführung

Gewalt gegen Frauen und Kinder, einschließlich sexuellen Missbrauchs, Ausbeutung, Säure-Angriffe, körperliche Folter und Handel ist eher ein regionaler und globaler als ein nationaler Faktor. Fast alle Länder in Südasien haben Probleme der Gewalt gegen Frauen und Kinder.

Auch wenn Bangladesch ein demokratisches Land ist, werden viele Praktiken in der Gesellschaft beobachtet, die demokratischen Normen und Werten widersprechen. Die Verfassung der Volksrepublik Bangladesch, die 1972 angenommen wurde, konstatiert, dass alle Bürger vor dem Gesetz gleich sind und in gleicher Weise durch das Gesetz geschützt werden; dennoch werden die Gesetze, die Diskriminierung verhindern, in der Praxis nicht strikt angewendet. Unter allen diskriminierten Gruppen bleiben Frauen und Kinder die verletzlichsten im heutigen Bangladesch. Fakten und Dokumente, die den aktuellen Trend der Gewalt gegen Frauen und Kinder widerspiegeln, enthüllen ein entsetzliches Bild. Es stimmt, dass wir in den letzten beiden Dekaden eine bemerkenswerte wirtschaftliche Selbstbestimmtheit für ärmere Frauen unserer Gesellschaft erreicht haben. Aber diese vorsichtige Entwicklung muss noch nachhaltiger werden, wenn man die zunehmende Gewalt gegen Frauen bedenkt. In diesem Papier wurde der aktuelle Zustand von Frauen in Bangladesch streng untersucht mit einem genaueren Blick auf einige gefährliche Formen der Gewalt wie Handel, Säure-Angriffe und sexuelle Ausbeutung von Frauen und Kindern.

Gewalt gegen Frauen in Bangladesch

Es ist alarmierend, wie sehr Gewalt gegen Frauen zunimmt. Das Statistische Büro Bangladesch enthüllte in einem speziellen Bericht vor acht Jahren – wir schreiben heute das Jahr 1993 -, dass Tod aus unnatürlichen Ursachen (Selbstmord, Mord, Verbrennung durch Säure, Schlangenbisse, Vergiftung, Unfälle und Ertrinken) bei

Frauen fast um das Dreifache höher ist als Ursachen auf Grund einer Schwangerschaft. Die Rate ist heute viel höher. Aktuell ist es schwierig, das zu quantifizieren, da die Statistiken nicht vertrauenswürdig sind, aber die letzten Berichte zeigen an, dass alle Formen von Gewalt gegen Frauen und Kinder in ganz Bangladesch verbreitet sind. Ein Bericht, der vom UN-Bevölkerungsfonds im September 2000 herausgegeben wurde, versicherte, dass 47 Prozent erwachsener Frauen von körperlichem Missbrauch durch ihre männlichen Partner berichten. Oft steht die Gewalt gegen Frauen im Zusammenhang mit Streitigkeiten über die Mitgift. Im letzten Jahr gab es 126 Todesfälle, die im Zusammenhang mit der Mitgift standen. [1]

Bevor wir uns tiefer auf die Ursachen für Gewalt gegen Frauen einlassen, lassen sie uns einen Blick darauf werfen, was Gewalt gegen Frauen ausmacht.

1993 verabschiedete die Vollversammlung der Vereinten Nationen die Deklaration zur Beseitigung der Gewalt gegen Frauen, das erste Menschenrechtsinstrument, um sich umfassend mit der Gewalt gegen Frauen zu befassen. Die Deklaration versichert, dass Gewalt gegen Frauen es verletzt und verhindert beziehungsweise für null und nichtig erklärt, dass Frauen ihre Menschenrechte und fundamentale Freiheiten wahrnehmen können, und ist darüber betroffen, dass es ein langes Scheitern war, um diese Rechte und Freiheiten zu schützen und voran zu bringen - im Hinblick auf die Gewalt gegen Frauen.
Artikel 2 der Deklaration identifiziert drei Gebiete, auf denen Gewalt im Allgemeinen stattfindet. Es wird konstatiert,
dass Gewalt gegen Frauen das Folgende beinhaltet, aber nicht darauf beschränkt ist:

a) Körperliche, sexuelle und psychologische Gewalt in der Familie, einschließlich Schläge, sexueller Missbrauch von kleinen Mädchen im Haushalt, Gewalt wegen der Mitgift, Vergewaltigung in der Ehe, weibliche Genitalverstümmelung und andere traditionelle Praktiken,, die für die Frauen schmerzhaft sind, nicht-eheliche Gewalt und Gewalt, die sich auf Ausbeutung bezieht;
b) Physische, sexuelle und psychologische Gewalt, die in der allgemeinen Gemeinschaft vorkommt, einschließlich Vergewaltigung, sexueller Missbrauch, sexuelles Bedrängen und Einschüchterung am Arbeitsplatz, in Bildungsinstitutionen und anderswo, Handel mit Frauen und erzwungene Prostitution;
c) Körperliche, sexuelle und psychologische Gewalt, die vom Staat begangen wird, wo immer es geschieht.

[1] Zeitungsausschnitte von elf nationalen Tageszeitungen, veröffentlicht vom BNWLA-Dokumentationszentrum in Dhaka.

Ausgehend von diesem Hintergrund kann man ohne weiteres sagen, dass Frauen in Bangladesch von allen Arten der Gewalt betroffen sind. Selbst Kinder bleiben nicht davon verschont.

Ein-Jahres-Statistik zur Gewalt gegen Frauen in Bangladesch[i]

Typ	**Alter**						**Anonym**	**Total**	**Urteile**
	0-6	**7-12**	**13-18**	**19-24**	**25-30**	**30+**			
Vergewaltigung	39	117	169	90	54	4	132	605	370
Mord	69	35	82	110	106	80	57	539	327
Fatwa	0	2	4	6	10	3	3	28	7
Mitgift	0	0	11	27	9	2	2	51	35
Kidnapping	27	47	845	21	4	3	17	204	122
Säureattentat	17	14	53	39	35	20	9	187	130
Mitgiftsbedingter Mord	3	0	23	55	33	3	1	118	80
Selbstmord	2	11	92	81	51	29	15	281	140
Folter2,	6	18	17	14	10	7	4	76	48
Unterschiedliche Gewaltakte	1	3	15	14	16	3	2	54	24
Unnatürlicher Tod	16	35	54	50	52	23	21	251	146
Vermisst	20	216	126	16	4	5	2	389	221
Total	**200**	**498**	**731**	**523**	**384**	**182**	**265**	**2783**	**1650**

Man sollte bedenken, dass Handel und sexuelle Ausbeutung in der Tabelle nicht dargestellt werden. Das war nicht möglich, weil man keine exakten Zahlen über den Handel finden konnte. Dieses besondere Verbrechen wird von so vielen im Land begangen, dass selbst Zeitungsberichte nicht genügen, um ihre Zahl zu bemessen. Man muss auch erwähnen, dass die in der Tabelle angeführten Zahlen nur di berichteten Vorfälle nennen. Die aktuelle Zahl der Gewalttaten ist offensichtlich viel höher.

Ursachen der Gewalt

Verschiedene Faktoren sind für die wachsende Tendenz zur Gewalt gegen Frauen verantwortlich. Einige wichtige Faktoren werden wie folgt diskutiert:

Soziales Verhalten und Bewusstsein

Die existierenden Normen und Werte in Bangladesch ermutigen die Unterdrückung der Frauen. Eltern ziehen männliche Kinder vor und ein Mädchen wird von früher Kindheit an diskriminiert. Sie wachsen mit Tausenden von Schmerzen auf. Die Leute halten Frauen im Allgemeinen für schwach und billigen ihnen keine individuelle Rolle in der Gesellschaft zu. Daher ist es für viele Leute eine Frage des Stolzes, eine Frau unter paternalistischer oder chauvinistischer Kontrolle zu halten. Daher grassiert das Schlagen von Frauen und Bangladesch stand auf der Welt an erster Stelle bei dieser schändlichen Praxis. Das Wiederauftreten von verschiedenen Gewalttaten, einschließlich Vergewaltigung, körperlicher Folter und Säure-Attacken sind nur eine Ausweitung dieses sozialen Verhaltens.

Fehlinterpretation der Religion und der Opferrolle durch die Fatwa
Auch wenn die Bevölkerung von Bangladesch sehr fromm ist, studieren die Leute kaum die religiösen Dogmen selbstständig. Sie hängen eher von den Reden der Mullas (der religiösen Führer) ab, die oft Fatwa-Urteile aussprechen, und die meisten Fatwas richten sich gegen Frauen. Auch wenn das Höchste Gericht von Bangladesch alle Fatwas für illegal erklärt hat, wird diese Erklärung in den ländlichen Gebieten nicht anerkannt. Als Ergebnis werden Frauen zu Opfern dieser falschen und deformierten Interpretation der Religion.

Die negative Rolle der Medien
Die zeitgenössische Filmindustrie von Bangladesch, die eine riesige Zuschauerzahl anzieht, ist voller anstößiger, nackter und vulgärer Szenen. In den meisten Filmen werden Frauen als Opfer von Gewalt dargestellt. Das hat eine schreckliche Konsequenz für das Bewusstsein der jungen Generationen. Übrigens werden Frauen auch in den Anzeigenblättern als Objekte dargestellt. Diese negative Rolle der Medien ist für die wachsende Verbreitung der Gewalt gegen Frauen verantwortlich und das ist beschämend.

Mangel an Bildung
Als sehr armes Land leidet Bangladesch an den Nachteilen von schwacher Bildung. Mangel an Bildung ist weit verbreitet. Auch wenn die Regierung für sich in Anspruch nimmt, eine angepeilte 60-prozentige Rate der Bildung erreicht zu haben, ist es in der Praxis nur die Alphabetisierung, die dieses Niveau erreicht hat. Das soziale Bewusstsein ist extrem niedrig. Die Leute sind im Allgemeinen nicht höflich zu Frauen. Es ist eine gewöhnliche Szene, in den Straßen von Dhaka, dass die Arbeiterinnen in Kleiderfabriken jeden Tag mit extrem unerhörten Worten bedacht werden, wenn sie auf dem Gelände der Fabriken ein- und ausgehen.

Politische Instabilität und Terrorismus
Niemand kann leugnen, dass die jüngste Geschichte der Politik von Bangladesch die Gesellschaft terrorisiert hat. Die größeren politischen Parteien sind daran gescheitert,

den Aufstieg und die Sozialisation des Terrorismus zu beurteilen. Die unmittelbaren Opfer dieses Terrorismus sind niemand anderes als die Frauen. Angeblich gehören viele Täter zu den politischen Parteien oder werden von diesen geduldet. Das ist eine der Hauptursachen für Gewalt gegen Frauen in Bangladesch.

Administrative und juristische Vernachlässigung

Es ist traurig, aber wahr, dass unser juristisches System und die ganze Regierung den Frauen feindlich gegenüberstehen. Wenn eine Frau gewalttätig behandelt oder auf andere Weise unterdrückt wird, hat sie unsagbare Leiden auszustehen, nur um eine Anzeige aufzugeben. Bei vielen Gelegenheiten weigert sich die Polizei, Anzeigen entgegenzunehmen. In der Regel nehmen sie eine Bestechung von den Angreifern an und belästigen das unschuldige Opfer. Da es keine Sicherheit für die Zeugen gibt, wagt es niemand, gegen die Schuldigen auszusagen. Überdies brauchen die Organe der Verbrechensbekämpfung Monate, wenn nicht Jahre, um einen Fall zu bearbeiten. Daran liegt es, dass der Zugang für Frauen zum Recht sehr begrenzt ist. Fast alle Angreifer kommen ungeschoren davon. Sie begehen weitere Verbrechen, nachdem sie vom Gericht freigesprochen wurden. Dieses juristische Scheitern ist die Hauptursache der Gewalt gegen Frauen und Kinder.

Armut

Die Verletzbarkeit der Frauen hängt eng mit der Armut des Landes zusammen. In den meisten Fällen wurde festgestellt, dass ärmere Frauen viel leichter zur Beute von Angreifern werden. Wirtschaftliche Abhängigkeit ist eine der Hauptursachen von Gewalt gegen Frauen in unserer Gesellschaft. Abgesehen davon, dass manche Männer, die arbeitslos bleiben, unsozialen Aktivitäten verfallen und Schwierigkeiten für Frauen schaffen, die schließlich mit Gewalt enden.

Forderung nach Mitgift

In den ländlichen Gegenden von Bangladesch werden über 90 Prozent der Ehen auf der Basis des Austauschs der Mitgift geschlossen. In den meisten Fällen können sich arme Eltern die hohe Mitgiftforderung nicht leisten. Die gnadenlose Schwiegerfamilie nimmt Rache an der unschuldigen Braut nach der Heirat. Laut Zeitungsberichten wurde beobachtet, dass die Mehrzahl der Fälle der häuslichen Gewalt in engem Zusammenhang mit der Mitgift steht.

Polygamie

Eine beachtliche Zahl von Männern ist von Natur aus polygam. Das ist der Grund dafür, dass Vergewaltigung in der Gesellschaft zunimmt. Das ist auch ein Grund für die Kinderehe, die zu Gewalt der Schwiegerfamilien gegen Frauen führt.

HANDEL MIT FRAUEN UND KINDERN

Der Handel mit Frauen und Kindern in und um Bangladesch ist ein allgemeines Phänomen. Ungebildete und verletzbare Frauen und Kinder, die keine finanzielle,

soziale und legale Unterstützung und entsprechende Möglichkeiten haben, werden leicht Opfer von Binnenhandel und Handel, der sich über die Grenze erstreckt. Laut der Definition der Vereinten Nationen „bedeutet Menschenhandel das Rekrutieren, den Transport, den Kauf, den Verkauf, den Transfer, das Horten oder den Empfang von Menschen durch Gewalt, Verführung, Zwang, Betrug oder Anwendung von Gewalt oder Schuldenzwang, um eine solche Person festzuhalten, entweder, damit sie zahlte oder in erzwungener Sklaverei, wie es in einer Gemeinschaft praktiziert wird, die anders ist als diejenige, in der die Person lebte zu der Zeit der originalen Handlung wie in Punkt A beschrieben". Das Überschreiten von geografischen oder politischen Grenzen ist keine Vorbedingung für diese Elemente.
Die organisierten Banden von Händlern zielen normalerweise auf die Ärmsten der Armen und benachteiligte Kinder und Frauen und verschleppen sie von Bangladesch nach Indien, Pakistan und den Mittleren Osten, um sie in erzwungene Prostitution zu vermitteln und verschiedene Formen von Zwangsarbeit wie Sklaverei und Sexsklaverei etc. Die Opfer wurden entweder entführt oder verführt mit Versprechen von einem besseren Leben durch lukrative Arbeit oder Heiratsangebote oder falsche Versprechen, sie würden heilige Stätten besuchen. Doch praktisch werden sie Opfer von Handel und sexueller Ausbeutung und zum Schluss führen sie ein Leben in Agonie und unter Folter. Die meisten der Frauen und Kinder aus Bangladesch sind Opfer des grenzüberschreitenden Handels; sie werden an Bordelle verkauft oder zur Prostitution in Bordellen in Ländern wie Indien, Pakistan und verschiedenen Ländern des Mittleren Ostens gezwungen.
In den meisten Entdeckungen des BNWLA wird enthüllt, dass nahezu 7.000 Frauen und Kinder alljährlich in Bangladesch Opfer von Handel und Verschleppung werden. Entsprechend der Beobachtung einiger anderer Gruppen wie USAID werden etwa 10.000 bis 20.000 Frauen und Kinder jedes Jahr aus Bangladesch verschleppt. Die Opfer sind verschiedenen unmenschlichen Konsequenzen ausgesetzt, einschließlich der Verletzung grundsätzlicher Menschenrechte in Form von Ausbeutung, Schuldenknechtschaft und sexueller Ausbeutung. Die meisten der weiblichen Opfer aus Bangladesch des grenzüberschreitenden Handels werden an Bordelle verkauft oder zu Zwangsarbeit verpflichtet – in Ländern wie Indien, Pakistan und Ländern des Mittleren Ostens.

Es gibt keine genaue Zahl, wie viele Frauen und Kindern in den letzten drei Jahrzehnten aus Bangladesch verschleppt wurden. Aber verschiedene Organisationen, die in diesem Bereich arbeiten, versuchen eine verlässliche Zahl zu finden. Laut einem Bericht einer Menschenrechtsorganisation wurden zwischen 1990 und 1997 mehr als 200.000 Frauen aus Bangladesch verschleppt - mit 6.000 Kindern, die in dieser Zeit verschleppt oder entführt wurden – oder vermisst.

Über die Jahre haben verschiedene Berichte enthüllt, dass die Händler 20 Hauptpunkte in 16 süd-südwestlichen Distrikten von Bangladesch nahe der indischen Grenze nutzen, um ihrem Handel nachzugehen. Die wichtigste Flugroute ist Dhaka – Mumbai – Karatschi – Dubai und viele Opfer landen in Bordellen bei erzwungener Prostitution in Pakistan und Indien oder als Sexsklaven von wohlhabenden Leuten in Ländern des Mittleren Ostens. Wenn sie nach Pakistan verschleppt werden, geben die Händler und ihre Agenten aus Bangladesch oft fälschlicherweise an, sie würden ihre Opfer heiraten, um sich selbst davor zu schützen, auf Grund des islamischen Hudoor Act verfolgt zu werden. Etwa 2500 Frauen aus Bangladesch sind zurzeit in Pakistan verurteilt worden, wegen illegalen Grenzübertritts und „ungesetzlichem Sex".
Es existiert ein Gesetz mit dem Titel „Die Unterdrückung unmoralischen Handels, 1933". Und es gibt auch das Vorbeugen gegen die Unterdrückung von Frauen und Kinder, 2000. Beide Gesetze sorgen für strikte strafrechtliche Maßnahmen gegen Händler mit Frauen und Mädchen. Dennoch hat die Regierung von Bangladesch in ihrem Bericht für das Komitee zur Auslöschung der Diskriminierung von Frauen anerkannt, dass die Gesetze gegen den Handel schwierig auszuführen sind, weil die Vertreter des Gesetzes gegen die Agenturen oft selbst in die Handelsaktivitäten verstrickt sind.
Im ganzen Jahr 2001 hat die BNWLA – der Verband der nationalen Rechtsanwältinnen von Bangladesch - 55 verschleppte Opfer aus Indien, Pakistan und dem Mittleren Opfer repatriiert. Insgesamt wurden 120 Opfer in dieser Zeit aus verschiedenen Gefangenschaften wie Haftanstalten, „Sicherheitsverwahrung", Bordellen und Käfig-Bordellen gerettet bzw. befreit. Die Gesamtzahl der Opfer, die in dieser Zeit rehabilitiert wurden, betrug 175, während BNWLA seit 1991 mit vereinten Kräften im Kampf gegen den Handel mit Rettung, Befreiung, Repatriierung und Rehabilitation nicht weniger als 3.000 Opfer unterstützt hat. Um diese Unterstützung zu ermöglichen, hat die Organisation zehn Brennpunkte in zehn Bezirkshauptquartieren eingerichtet und Anwälte in den Bezirksgerichten engagiert. Sie unterhält auch ein großes Netzwerk von nationalen und internationalen NGOs im Kampf gegen Handel und Verschleppung. Die Organisation hilft dabei, das Bewusstsein von Frauen und Kindern zu stärken, um ihre ererbten und legalen Rechte zu sichern, so dass sie sich selbst gegen Verführung und Ausbeutung schützen können, die zum Handel führen.

SEXUELLE AUSBEUTUNG VON KINDERN

Kommerzielle sexuelle Ausbeutung und Missbrauch sind das schrecklichste Nebenprodukt des Handels, sowohl innerhalb von Bangladesch als auch grenzüberschreitend. Die UNIVEF definiert den sexuellen Kindesmissbrauch und die sexuelle Ausbeutung von Kindern so: „Sexueller Kindesmissbrauch ist die Verwicklung eines Kindes in eine sexuelle Aktivität, zu der er oder sie keine Zustimmung geben können (und das nicht ganz und gar verstehen können) und wofür die Kinder auf Grund ihrer Entwicklung nicht vorbereitet sind und nicht ihre Zustimmung geben können - oder was die Gesetze und Tabus der Gesellschaft verletzt."

Wiederum „wird" laut UNICEF „sexueller Missbrauch zu sexueller Ausbeutung, wenn eine zweite Gruppe durch einen Profit oder durch ein quid-pro-quo bei einer sexuellen Aktivität, in die ein Kind involviert ist, einen Nutzen davon hat. Das kann Prostitution und Kinderpornographie einschließen."

Sexuelle Ausbeutung von Kindern und Missbrauch sind nicht auf penetrierenden Sex begrenzt. Es schließt die Vortäuschung eines sexuellen Akts ein oder einen Akt mit sexuellen Zwischentönen von einer oder mehreren Personen, die ein kommerzielles oder ein andres unangemessenes Interesse an dem Kind haben. Diese Akte beinhalten auch sexuelle Gesten und Kommentare, das Benutzen der Kinder für pornographisches Material, Zärtlichkeiten, Streicheln, Küssen, genitale Manipulation und vollständiger penetrierender Sex.

Prostitution von Kindern

Kinderprostitution ist die häufigere Form der sexuellen Ausbeutung von Kindern. Das kann definiert werden als „ein Akt, die Dienste eines Kindes anzubieten, um sexuelle Akte für Geld oder andres mit dieser Person oder irgendeiner anderen Person anzubieten."

In Anbetracht dieser Definition wurde in den letzten Jahren eine Zunahme der Kinderprostitution in Bangladesch beobachtet. Verschiedene Studien, die von einigen Organisationen durchgeführt wurden, kamen auch zu dem Schluss, dass es ein alarmierendes Niveau im Land erreicht hat.
Laut den Statistiken der Regierung gibt es 16 registrierte Bordelle in verschiedenen Distrikten in Bangladesch mit rund 10.000 Mädchen, die zur Prostitution gezwungen wurden. Von ihnen sind fast 50 Prozent jünger als 18 Jahre. Laut Schätzung der Polizei gibt es etwa 15.000 bis 20.000 wandernde Sexarbeiterinnen. 50 Prozent von ihnen gehören der Altersgruppe zwischen 10 und 20 an. Fast alle Mädchen, die zur Prostitution gezwungen wurden, wurden sexuell missbraucht, bevor sie mit der Sexarbeit begannen. Alle Sexarbeiterinnen in Dhaka wurden vergewaltigt, bevor sie zur Prostitution gezwungen wurden. Die Mädchen werden in der Regel im Alter von zehn Jahren sexuell missbraucht.

Allein im Jahr 2001 sorgte BNWLA für die Unterstützung von Rettung, Befreiung, Repatriierung und Rehabilitation von etwa 175 Kinderopfern von Verschleppung, von denen 68, begleitet von der Handelszelle, sexuell missbraucht wurden, bevor sie unter den Schutzschirm der BNWLA kamen.
Es hängt von vielen Faktoren ab, wenn Kinder in ausbeuterische oder missbräuchliche Lagen gestoßen werden. Familien in einem armen Land wie Bangladesch, wo viele Leute unterhalb der Armutsgrenze leben, werden oft durch das Versprechen betrogen, es gäbe einen günstigen Job für sie oder Geld, und daraufhin werden sie Opfer von Ausbeutung bzw. Missbrauch.
Kommerzielle sexuelle Ausbeutung von Kindern ist ein Geschäft in den am wenigsten entwickelten Ländern geworden. Das betrifft nicht nur die Menschenrechte, sondern auch die Gesundheit, da Kinder, die Opfer von kommerzieller sexueller Ausbeutung werden, vielen physischen und psychischen Problemen ausgesetzt sind. Der wichtigste Aspekt, der eng mit der kommerziellen sexuellen Ausbeutung von Kindern verbunden ist, ist die Ausbreitung einer tödlichen Krankheit namens AIDS. In vielen Fällen müssen Kinder, die auf diese Weise ausgebeutet werden, das tragische Leben von Kinderprostituierten akzeptieren.

Kinderprostitution kann definiert werden als Akt, bei dem die Dienste eines Kindes angeboten werden, um sexuelle Akte gegen Geld oder andere Belohnungen mit dieser oder irgendeiner andren Person auszuführen. In den letzten 30 Jahren konnte in Bangladesch ein steigender Trend zu kommerzieller sexueller Ausbeutung und erzwungener Prostitution von Kindern beobachtet werden. Verschiedene Studien, die von etlichen Organisationen durchgeführt wurden, vermuten auch, dass das ein alarmierendes Niveau im Land erreicht hat. Die Forschungen haben aufgedeckt, dass eine große Zahl der Kinder, die aus ländlichen Gebieten in städtische Regionen kommen, zwangsweise in die Kinderprostitution geraten.

Ein Interview mit 35 Insassen von Bordellen in und außerhalb Dhakas durch ein Team von Rechtsanwältinnen von der BNWLA zeigte auf, dass 80 Prozent von ihnen der Altersgruppe von 10 bis 18 Jahren angehören, und jede von ihnen bedient mehr als 10 Kunden in 24 Stunden.

Laut dem US State Department Country Report über Menschenrechte (Bangladesch) bleiben das Verlassen von Kindern, Kindesentführung und Prostitution ernste und weit verbreitete Probleme. Es gibt einen intensiven Handel mit Kindern, in erster Linie nach Indien, Pakistan und inländische Ziele, vor allem zur Prostitution (s. Teil 6f.). UNICERF hat geschätzt, dass es nahezu 10.000 Kinderprostituierte im Land gibt.

Andere Schätzungen von verschiedenen nationalen Organisationen gehen von 29.000 aus. Prostitution ist legal, doch nur für jene, die älter als 18 Jahre alt sind und mit einem Regierungszertifikat. Dennoch wird dieses Erfordernis des Mindestalters von den Autoritäten ignoriert und wird leicht durch falsche Altersangaben umgangen. Verführer von Minderjährigen werden selten verfolgt und viele Kinderprostituierte arbeiten in Bordellen. Es gibt glaubhafte Berichte, dass die Polizei in den Handel mit Frauen und Kindern verstrickt ist. Das Gesetz sieht eine Maximalstrafe von lebenslänglicher Haft ((in der Praxis 22 ½ Jahre im Allgemeinen) vor, für Personen, die für schuldig befunden werden, ein Kind in die Prostitution verschleppt zu haben.

SÄURE-ANGRIFFE

Säure-Angriffe haben in den letzten Jahren ein inakzeptables Maß erreicht. Das ist zunehmend beunruhigend. Männliche Gegner schleudern Säure in die Gesichter von zahlreichen Frauen und eine kleine, aber wachsende Zahl von Männern und das führt dazu, dass die Opfer missgestaltet und oft blind werden. Laut der Stiftung von Säure-Überlebenden, einer lokalen Organisation, die Opfern von Säure-Angriffen Hilfe anbietet, geschehen jedes Jahr nahezu 300 Säure-Angriffe. Fast 80 Prozent der Opfer sind weiblich, mehr als 40 Prozent sind unter 18 Jahren. Selbst nach intensiver Behandlung im Inland und im Ausland bleiben die Opfer ernsthaft verletzt und das bedeutet, dass die soziale Reintegration sehr schwierig ist. Insgesamt gesehen, zeigt die Verbreitung der Säure-Angriffe in der Gesellschaft an, dass es sich um eine barbarische Gesellschaft handelt, in der Frauen noch nicht einmal die Freiheit haben, mit ihren natürlichen Gesichtern auszugehen. Oft wirft der Angreifer die Säure nachts durch ein offenes Fenster und das bedeutet, dass Beweise schwierig sind. Von etwa 750 dokumentierten Vergehen mit Säure seit 1998 sind 25 Angreifer schuldig gesprochen worden. Von den 25 Urteilen wurden neun Angreifer zum Tod verurteilt. Sie müssen noch gehängt werden, da die Einsprüche noch unentschieden sind. Die Urteile stehen im Verhältnis zu den Verbrennungen des Opfers. Das öffentliche Interesse an dem Prozess gegen den einfachen Zugang zu Säure blieb bei Jahresende unentschieden.

URSACHEN FÜR SÄURE-ANGRIFFE

Verschiedene Gründe sind für Säure-Attacken verantwortlich. Die wichtigsten werden im Folgenden kurz zusammengefasst:

Deformiertes Bewusstsein von Männern

Die üblichste Motivation für Säure-Angriffe gegen Frauen ist Rache von einem zurückgewiesenen Verehrer. Diese skrupellosen und feigen Leute verstehen nicht, dass es das gute Recht einer Frau ist, einen Mann abzulehnen, und dass sie das absolute Recht hat, jemanden nach ihrem Geschmack zu wählen.

Streitigkeiten um Landbesitz

Das sind andere wichtige Ursachen von Säure-Angriffen. In den Dörfern ist es eine übliche Praxis: Wer einen Streit um Landbesitz mit einem anderen hat, macht die Tochter oder die Frau des anderen zum Opfer. In einigen Zeitungsberichten wurden solche Gründe für Säure-Angriffe angeführt.

Einfache Verfügbarkeit von Säure

Auch wenn es ein hochgradig brennbarer chemischer Stoff ist, wird Säure hier und da in der Gesellschaft verkauft. Es gab keine Beschränkungen des Imports und des Verkaufs von Säure, bis das Parlament kürzlich (Februar 2002) zwei Verfügungen erließ, die Restriktionen vorsehen.

Schwache Gesetzeslage

Auch wenn das Gesetz zur Vorbeugung von Unterdrückung von Frauen und Kindern aus dem Jahr 2000 und das Gesetz zur Kontrolle von Säure-Verbrechen von 2002 die Todesstrafe für jeden Säure-Attentäter vorsieht, ist bis heute keiner bestraft worden. Nur wenige sind den Berichten zufolge verhaftet worden, haben aber die Strafe noch vor sich, weil die Urteile über Einsprüche noch ausstehen. Das ist eine der wichtigen Ursachen für zunehmende Angriffe. Die Angeklagten und auch die künftigen Angreifer haben verstanden, dass sie mit Straffreiheit rechnen können.

Die Initiativen von BNWLA um die Gewalt gegen Frauen einschließlich Handel, Säure-Angriffen und sexueller Ausbeutung zu bekämpfen.

BNWLA bemüht sich darum, einen Rahmen zu erstellen, um ein System von Mustern einzurichten, um legale Hilfe zu ermöglichen und Rehabilitationsdienste für die verletzbaren und benachteiligten Frauen und Kinder der Gesellschaft. Der Verband kümmert sich auch darum, seinen berechtigten legalen Status einzurichten und ihn in wirtschaftliche und soziale Strukturen des Landes zu integrieren. Mit dem Ziel, soziale Gerechtigkeit zu erreichen, hat BNWLA sich bemüht, ein Bollwerk von Sicherheit aufzubauen, gegen alle Formen von Gewalt, Ausbeutung und Diskriminierung gegen Frauen und Kinder, indem der Verband sie legal unterstützt. Die Organisation nennt einige der Punkte wie Gewalt gegen Frauen und Kinder, Handel mit Frauen und Kindern, Reformation verschiedener Gesetze im Hinblick auf die Rechte von Frauen und Kindern wie ihre Menschenrechte etc. in Bangladesch. Um im Übrigen die wirtschaftliche Befähigung der Frauen auf dem informellen Sektor abzusichern, hat BNWLA auch ein Netzwerk mit Arbeiterinnen des informellen Sektors entwickelt und bemüht sich darum, ihr Rechte als Arbeiterinnen auf dem informellen Sektor zu stärken. Mit einem Slogan wie „Hilfe für ausgewogene Löhne" und einer Mission, um „die Frauen in Stand zu setzen, selbstbewusst zu werden, im Bewusstsein ihrer Rechte und produktive Mitglieder der Gesellschaft, basiert auf Gerechtigkeit". BNWLA bietet die folgenden Dienste an:

- Legaler Hilfsdienst
- Rettung, Befreiung, Repatriierung von Opfern verschiedener Gewalttaten gegen Frauen, einschließlich Handel und sexueller Missbrauch
- Schutz
- Reintegration und Rehabilitation der Opfer in die entsprechenden Familien und die Gesellschaft
- Ein Programm für das Bewusstsein und die Sensibilisierung der Gesellschaft im Großen und Ganzen
- Kapazität, um NGOs aufzubauen, wichtige Nichtregierungsorganisationen, Anwälte, Journalisten, Agenturen, die das Recht stärken, Leiter der Gemeinschaft, religiöse Leiter, Heiratsregister und Mitglieder der Zivilgesellschaft
- Vertretung durch Anwälte, Lobbyismus und soziale Mobilisierung
- Forschung, Kommunikation und Dokumentation
- Stärkung der Frauen, die im informellen wirtschaftlichen Sektor arbeiten
- Förderung, Graduierung und Motivation der Rechtsanwältinnen des Landes

Zusätzlich führt BNWLA zurzeit ein langfristiges Projekt von drei Jahren Dauer durch: „BNWLA Integriertes Rehabilitations- und Ressourcen-Zentrum für Kinderopfer von sexuellem Missbrauch und Handel". Dieses Projekt wurde entworfen, um Objektivität bei der Entwicklung zu erreichen sowie bei der langzeitigen Durchführung, mit anerkannten Methoden wie psychologischer Rehabilitation, um Kindern zu helfen, die Opfer von sexuellem Missbrauch, Prostitution und Handel wurden. Im Rahmen des Projekts soll ein integriertes Rehabilitationszentrum eingerichtet werden und soll als zentrale Referenz, Rehabilitation, Informations- und Trainingszentrum fungieren für Opfer von Prostitution von Kindern, sexuellem Missbrauch und Handel. Der sichere Schutz im Rahmen des Projekts wird einen Teil namens „Unser Heim" haben, für Kinder, die langfristige psychologische und medizinische Behandlung brauchen.

Befreiung von der Sicherungsverwahrung:

Eine große Zahl von Frauen- und Kinderopfern verschiedener Formen von Ausbeutung und Missbrauch einschließlich Handel, die von den Gesetzeshütern gerettet wurden, werden ins Gefängnis gesteckt bzw. kommen in Sicherungsverwahrung. In vielen Fällen kommen die Opfer und ihre Täter in dasselbe Gefängnis und das hat einen enorm negativen Einfluss auf den Prozess der legalen Aktion. In manchen Fällen kommen die Täter auf Kaution frei, aber die Opfer bleiben hinter Gittern als ein Ergebnis der Schlupflöcher in den bestehenden Gesetzen. BNWLA befreit diese Opfer von der Sicherungsverwahrung und integriert sie in einen Prozess des sozialen Rehabilitationsprogramms.

Strafprozess von öffentlichem Interesse, eingebracht von BNWLA
Strafprozess von öffentlichem Interesse im Sinne der Säure-Überlebenden

BNWLA brachte im Sinne von vier Säure-Überlebenden eine geschriebene Petition (Nr, 3655/2000) ein bei der Hohen Gerichtsabteilung des Höchsten Gerichts, in der das Gericht die Verantwortlichen (die Regierung) anwies, die notwendigen Schritte zu unternehmen, um den Import, den Verkauf und die Verteilung von Säure auf dem offenen Markt zu kontrollieren, um der leichten Erreichbarkeit von Säure vorzubeugen und die Verbreitung von Säure-Angriffen auf Frauen festzustellen. Die Rule Nisi wurde von den gelehrten Richtern am 13. August 2000 verabschiedet. Diese wichtige Petition wurde eingebracht gegen die Regierung von Bangladesch, repräsentiert von Staatssekretären an das Ministerium für Heimatangelegenheiten und das Ministerium für Recht, Justiz, und parlamentarische Angelegenheiten. Das Gericht erließ auch Anweisungen für die Regierung, um spezielle Vorsorgemaßnahmen für die Behandlung und Rehabilitation von Säure-Überlebenden in der Gesellschaft abzusichern. Die Abteilung des Hohen Gerichts bestand aus Herrn Richter Mainur Reza Chowdury und Herrn Richter M. M. Hossain.

Einsetzung von zwei neuen Gesetzen

Das ist nicht nur für BNWLA ein Meilenstein, sondern auch für alle Organisationen in Bangladesch, die sich für Frauenrechte engagieren. Denn BNWLA hat lange eine Richtlinie vorgeschlagen, um Sicherheit gegen Missbrauch und Säure zu garantieren. Der Aktion des Hohen Gerichts folgte ein interministerielles Treffen und das Handelsministerium (das den Import von Säure beaufsichtigt) beschloss, den Verkauf von elf Sorten von Säure auf dem offenen Markt einzuschränken. Auch das Ministerium der Justiz und der parlamentarischen Angelegenheiten initiierte nach der Beratung der Aktion des Hohen Gerichts zwei Gesetze zur Kontrolle von Säure und Säureverbrechen. Das Ministerium ersuchte BNWLA formal, die Gesetze zu entwerfen und der Regierung vorzulegen. BNWLA bereitete einen Entwurf vor und überreichte ihn dem interministeriellen Treffen am 17. Januar 2002. Danach, am 4. Februar 2002, billigte das Kabinett zwei neue Gesetze, in denen es um strenge

Maßstäbe gegen Säure-Werfer ging. Das Gesetz zur Verhütung von Säureverbrechen 2002 und das Säure-Kontrollgesetz 2002 gingen am 14. März 2002 durch den Jatio Sangsad und wurden daraufhin von dem Ehrwürdigen Präsidenten der Republik akzeptiert. Ein paar wichtige Aspekte wurden in die Gesetze implantiert, bemerkenswert davon sind besondere Tribunale, die sich mit Fällen von Säure-Angriffen befassen, keine Vorsorge für Kautionen während der Gerichtsverhandlungen und Verhängung der Todesstrafe oder lebenslanger Haft, verbunden mit einer Strafe, die sich auf bis zu hunderttausend Taka belaufen kann, wenn jemand für schuldig befunden wird, einen Mann, eine Frau oder Kinder getötet zu haben oder vorübergehende oder dauernde Schäden durch das Werfen von Säure auf das Gesicht, die Augen, die Ohren, die Brüste oder das Geschlechtsorgan verursacht zu haben. Besondere Aspekte des Gesetzes sind, dass die Zinsen der Summe, die vom Angreifer stammt, den Opfern oder deren Familien überlassen werden müssen. Jede Vernachlässigung von Seiten der Polizisten bei der Ermittlung von Säure-Angriffen ist auch zu einem „strafbaren Vergehen" unter dem Gesetz erklärt worden. Die neuen Gesetze sorgen jedoch auch für sieben Jahre Gefängnis, wenn falsche Veränderungen von Säure-Angriffen vorgebracht werden.

Strafprozess von öffentlichem Interesse im Sinne von Vergewaltigungsopfern

Als Presseberichte von Bangladesch von verschiedenen Berichten über Vergewaltigungen von Studentinnen der Jahangir Nagor Universität durch einige bewaffnete politische Kader, die von einflussreichen Vierteln unterstützt wurden, flankiert wurden, kam die nationale Vereinigung der Rechtsanwältinnen von Bangladesch und brachte einen Strafprozess von öffentlichem Interesse bei der Abteilung des Hohen Gerichts ein, um die Schuldigen vor Gericht zu bringen. Aber bedauerlicherweise kam kein Opfer, um Zeugnis abzulegen – aus Furcht vor sozialer Stigmatisierung. Der Fall konnte nur deswegen nicht verhandelt werden, weil es keine Zeugen gab.

Strafprozess von öffentlichem Interesse, um Badhon zu verteidigen

Badhon war ein junges Mädchen, das in den frühen Stunden des 1. Januars 2000 von Schurken belästigt wurde, als sie zum Campus der Dhaka Universität kam, um Silvester zu feiern. Alle diese Schurken waren Studenten der Universität. BNWLA brachte eine schriftliche Petition ein, um gegen sie vorzugehen. Dementsprechend erließ die Abteilung des Hohen Gerichts Anweisungen zu Gunsten von Badhon; Russel und Liton, in erster Linie angeklagt, wurden verhaftet. Der Fall dauert vor Gericht noch an.

Strafprozess von öffentlichem Interesse für die Repatriierung von Kulirani und Kusum Bala

Kuli Rani und Kusum Bala wurden nach Indien verschleppt. Nach einem längeren Aufenthalt in verschiedenen Bordellen als Prostituierte wurden sie von der indischen Regierung gerettet und in Schutzheimen der Regierung untergebracht. BNWLA brachte eine schriftliche Petition ein, um die Regierung von Bangladesch um Anweisungen des Hohen Gerichts zu ersuchen, um sie nach Bangladesch zurückzubringen. Das Gericht akzeptierte den Strafprozess und wies das Heimatministerium und das Außenministerium an, die notwendigen Schritte zu unternehmen, um die beiden verschleppten Opfer nach Bangladesch zu bringen. Als ein Ergebnis der erfolgreichen Aktion des BNWLA konnten die beiden jungen Mädchen in ihr Vaterland zurückkehren.

Andere Strafprozesse von öffentlichem Interesse

Außerdem hat BNWLA eine Reihe von Strafprozessen von öffentlichem Interesse eingebracht, um fundamentale Rechte zu sichern – das Wahlrecht von Frauen in abgelegenen Gebieten des Landes. Früher konnten diese Frauen ihr Wahlrecht nicht ausüben, wegen der Fatwa oder der Passivität der regionalen Behörden. Nachdem die Strafprozesse von BNWLA eingebracht wurden, können sie jetzt ihr Wahlrecht ausüben. BNWLA bringt auch regelmäßig Klagen ein, um Frauen zu helfen, die zur Hindu-Gemeinschaft gehören, deren Erbrechte noch nicht einmal anerkannt werden. Außerdem, als die Regierung Prostituierte aus Kandupotti und Tanbazaar in Narayangonj ungesetzmäßig vertrieb, brachte BNWLA Strafprozesse von öffentlichem Interesse ein, um ihre fundamentalen Rechte zu verteidigen. Das ist ein andauernder Prozess, den BNWLA anstrengt, um Frauen und Kinder vor allen Formen von Gewalt und Ausbeutung zu schützen.

Abschließende Bemerkungen

Es ist kristallklar, dass der Status von Frauen und Kindern fern von einem wünschenswerten Niveau der Menschenrechte ist. Die Leiden von Frauen und Kindern wachsen von Tag zu Tag, während die sozialen Normen abstürzen. Das muss gestoppt werden.

Verschiedene Schritte müssen getan werden, um diesen zunehmenden Trend von Gewalt gegen Frauen und Kinder zu verhindern. An allererster Stelle steht das Gesetz in der Gesellschaft. Das soziale Chaos und die Gesetzlosigkeit müssen ausgerottet werden. Um das zu erreichen, gibt es keine Alternative, um politische Stabilität zu sichern und echte Demokratisierung politischer Institutionen. Der nächste Schritt sollte sein, die verwaltungstechnische und juristische Struktur des Staats zu reformieren. Wir müssen einen menschenfreundlichen juristischen Regierungsmechanismus garantieren. Des Weiteren müssen die Polizeistationen und Gerichte des Landes ihre paternalistische Haltung gegenüber Frauen aufgeben. Eine enorme Sensibilisierung in diesen beiden Staatsorganen muss vorangetrieben werden. Die Ministerien des Rechts sowie der Frauen und Kinder müssen dabei den Katalysator spielen. Polizeireform ist eine dringende Notwendigkeit. Wenn es um die schnelle Durchführung von Fällen geht, die Frauen und Kinder betreffen, muss die Regierung einen effektiven investigativen Mechanismus zusichern, der von allen modernen Möglichkeiten wie DANN-Tests, Schnellverfahren, Prozesse vor der Kamera etc. unterstützt wird. Die härtesten Strafen müssen die Vergewaltiger und Säure-Attentäter treffen. Die Ausführung der Strafen kann in nationalen Fernsehmedien gezeigt werden, so dass alle künftigen Vergewaltiger und Säure-Attentäter abgeschreckt werden, diese Verbrechen zu begehen. Insoweit als es um den Handel mit Frauen und Kindern geht, muss die Auslöschung der Armut an erster Stelle der Prioritätenliste stehen, Korruption der Polizei und der

Grenzschutztruppen muss untersucht werden. Eine massive Bewusstseinskampagne muss ins Leben gerufen werden, um die Leute zu beeinflussen, sich von Händlern fernzuhalten. Auch hier gibt es keine Alternative zu einer strikten, exemplarischen Strafe für die Händler.

Dass wir zwei neu Gesetze haben, welche die Säure-Attentäter betreffen. Seit dem Jahr 2000 haben wir auch ein strenges Gesetz zur Vorbeugung von Gewalt gegen Frauen und Kinder. Jetzt ist es Zeit zu handeln. Alles, was wir brauchen, ist ein Eingreifen der Regierung. Gleichzeitig müssen die bestehenden sozialen Normen und Werte überprüft werden. Wenn diese Ziele erreicht sind, ist zu erwarten, dass wir in der Lage sein werden, die Verbreitung von Gewalt gegen Frauen und Kinder zu überwinden.

Zusammengestellt von Hamidul Khan
Aus dem Englischen übersetzt von Dr. Monika Carbe

---

i

"দুনিয়ার মজদুর
অবিলম্বে বকেয়া বেতন পরিশোধ কর
চালু কর।

G
B

Padmarag

Padmarag ist Rokeyas erster Essayband, den sie ihrem ältesten Bruder, der ihr Englisch und Bangla beibrachte und ein Wegbereiter ihres sozialen Engagements war, widmete. Darin sind zahlreiche Kurzgeschichten mit Titel veröffentlicht, die sich mit soziokulturellen Themen beschäftigen. Zwei dieser Kurzgeschichten bzw. Essays haben wir übersetzt (Seiten 193-197).

Eine Reise ins Ungewisse

Als der Zug um 23.00 an dem Bahnhof Naihati hielt, stieg der english gekleidete Passagier aus. An der Menschenmenge vorbei ging er ins Wartezimmer. Er stand dann dort und betrachtete die Landschaft und die Schönheit des Bahnhofs. Anscheinend hat er so einen Ort oder einen Bahnhof oder so eine Menschenansammlung nie vorher gesehen. Deshalb schaute er sich mit erstaunten Augen um.

Man musste dort umsteigen, wenn man nach Kalkutta auf dem Fluss Hooghly fahren wollte. Es war noch Zeit bis zur Ankunft des Zuges, welcher verschiedene Fähren am Fluß Hooghly anfuhr. In der Zwischenzeit gingen die Passagiere ans andere Ende des Bahnhofs. Einige Ortszüge standen dort in Reihen. Er begann auf und ab im kleinen Bereich der Dunkelheit zu wandern, den die Schatten der Züge bildeten. Die Baumreihe nebenan, das Grasfeld, alles schien im Mondschein des frühen Herbstes zu baden. Aber unser Reisender merkte das alles nicht. Er war ungefähr achtzehn, neunzehn Jahre alt, sein Gesicht war blaß, tief melancholisch, aber es war etwas Sanftes in ihm. Es sah so aus, als ob sein Herz brechen würde. Obwohl er sich bewegte, schienen seine Füße zu stehen.

Er war in eine tiefe See von Gedanken versunken. Inzwischen kam der Zug und fuhr fort. Schließlich gingen die Lampen einzeln und in Paaren aus. Er merkte es gar nicht. Etwas später, als ob aus einem Traum erwachend, ging er zu einem Bahnhofsangestellten und fragte:
„Wann fährt der Zug ab?“ Er erfuhr, dass der Zug längst abgefahren war. Mehr als das: es würde diese Nacht keinen anderen Zug geben, der zu den Flussfähren fährt, von wo man ein Schiff nach Kalkutta nehmen könnte. Diese Neuigkeit war für ihn wie ein Donnerschlag. Er fühlte die Welt um sich schließen und ging schweigend fort. Er hatte vor nach Kalkutta zu gehen, aber er konnte nicht. Er musste die Nacht hier verbringen. Er dachte: „Was soll ich jetzt tun? Wohin gehen? Was soll ich in Kalkutta machen? Wen kenne ich hier letzten Endes? Zu wem soll ich gehen und was soll ich sagen?“

Man könnte fragen: warum nach Kalkutta auf dem Fluß Hooghly gehen? Man kann ja direkt von Naihati nach Kalkutta fahren. Natürlich wird es einen Grund geben. Dieser junge Mann war in einer Art von Gefahr, deshalb hat er sich verkleidet. Weil er vor der Gefahr verkleidet floh, warum sollte er direkt fahren? Der Feind verfolgte ihn. Es war sogar möglich, dass der Feind mit ihm nach Kalkutta fuhr. Deshalb wartete er hier und hoffte zum Hooghly zu kommen.

Unser Reisender schaute sich um mit Schmerz im Herzen und Trauer in den Augen. Der angenehme frühherbstliche Himmel, glitzernde Girlanden von Sternen, wohltuend schöne Schlingpflanzen - keiner von ihnen hatte Mitleid mit ihm. Apathisch schaute er den Mond an und schien zu sagen:

Grausamer herzloser Mond! Du thronst im fernen Himmel.
Was beobachtest du? Sünden und Eifersucht von der Welt?
Du siehst mich und willst mich auslachen?
Dein Herz wird sehr hart sein,
Wenn du meine Sorgen siehst und dir keine Tränen kommen
Und du nur lachst.
Warum kann ich nicht lachen?
Der mich erschaffen hat,
Hat auch dich erschaffen;
Während du immer göttlich lächelst,
Warum schmachte ich mit Tränen in den Augen?
Sorgen und Ängste der Welt sind nicht deine Begleiter,
Sünde und Buße berühren dich nicht;
Warum denn lassen sie mich weinen?
Du gehst überallhin; begegnest du irgendwo Hindernissen?
Sagt dir jemand: „Das ist unser Zimmer.
Komme hier nicht herein, Fremder"!
Im Land des blauen Himmels segelst du wie du willst,
als ob der endlose Himmel dein Zuhause wäre!
Warum kann ich dann keine Zuflucht finden?

Obdachlos

So geistesabwesend wandernd entfernte sich der junge Mann vom Bahnhof. Obwohl es spät war, war er nicht schläfrig.
Sogar die Göttin des Schlafes, die einen von der Bürde der Sorge befreit und ihm Erholung bietet, ist Begleiterin eines glücklichen Mannes und nicht eines, der voller Sorgen ist. Der Reisende war von Sorgen und Angst gezeichnet, sein Hauptproblem war ein Obdach zu finden.
Jetzt, als die Nacht verschwand, strahlte das Mondlicht. Ein leichter Schleier von Dunkelheit hing über der Erde. Die Gestirne beleuchteten sanft den unendlichen Himmel. Der junge Mann hatte keine Ahnung, wo er gelandet war. Der Ort war ihm völlig unbekannt.

Der melodische Ruf zum Morgengebet von der Moschee nebenan weckte die stille Erde, erfreute sie und weckte in ihr das Gefühl der Hingabe. Die Natur hörte diesen Ruf und stand auf, alle Vögel erwachten. Die Brise brachte den Klang weit, immer weiter. Dieser himmlische Klang hat gereicht, um den Reisenden die Mühen der Nacht vergessen zu lassen, die er durchwacht hatte. Unser Reisender dachte, dass es vielleicht nicht schlecht wäre, in die Moschee zu gehen und dort nach dem Obdach zu fragen. Er hatte dabei nur eine Handtasche, deshalb würde es kein Problem sein, ein paar Tage in der Moschee zu verbringen. Trotzdem, als er den Eingang der Moschee erreichte, konnte er keinen Mut aufbringen, um hineinzugehen. Was war nicht in Ordnung mit ihm? Er weinte! Nein, er würde nicht in die Moschee gehen. Er setzte sich hilflos am Wegrand.

In dem Moment blieben drei Brahmaninnen, die aus irgendeinem Grund diesen Weg gingen, bei jungem Mann stehen. Weil er sich nicht zurückziehen konnte, nahm er seinen ganzen Mut zusammen und stand auf. Er begrüßte die Frauen und fragte: „Können Sie nicht so lieb sein und mir helfen?“ Die erste Frau antwortete: „Helfen? Sagen Sie, welche Hilfe Sie brauchen und wir versuchen es“.

„Können Sie meine Schwester für ein paar Wochen aufnehmen? Ich muss in der Zeit woanders arbeiten. Niemand ist zu Hause. Bitte nehmen Sie sie für zwei Wochen auf. Dann komme ich zurück und erledige was erledigt sein muss."

Die erste Frau sagte: „Wir sind nicht dagegen, aber wo wohnen Sie? Wer sind Sie? Sie kennen uns gar nicht. Trotzdem wollen Sie Ihre Schwester uns anvertrauen. Wie meinten Sie das? Außerdem sind wir Reisende wie Sie. Wir fahren heute nach Kalkutta. Versuchen Sie es im Hause von jemand von hier".
Der Reisende schaute sie mit traurigen müden Augen an und bat: „ Bitte haben sie Erbarmen mit mir und geben Sie mir Obdach - Nein, nicht mir, meiner unverheirateten Schwester."

Drei Frauen berieten untereinander und sagten: „Wir würden Ihre Schwester mit nach Hause nehmen, aber wir gehen heute wirklich nach Kalkutta".
„Sie wird auch mit Ihnen nach Kalkutta gehen. Bitte erlauben sie mir, sie in Ihr Zuhause hier zu bringen. Sie wird ihr Fahrticket selbst bezahlen".
Die erste Frau sagte zu ihren Begleiterinnen: „Was denkt ihr?" Die zweite Frau antwortete: „Was ihr denkt passt. Ich habe nichts dagegen. Aber es ist nicht unser eigenes Heim- wie können wir plötzlich eine fremde Frau bringen, ohne Frau Sen darüber im Voraus informiert zu haben? Was sagst du, Bibha?"

Bibha meinte: „Na ja, ich würde raten, heute nach Kalkutta zu fahren, dann erklären wir die Situation Frau Sen und werden sie darauf im Geiste vorbereiten."
Dann sagte sie dem Reisenden: „Fahren Sie morgen hin! Bitte nehmen Sie das! Auf diesem Papier ist unsere Adresse geschrieben. Es ist nicht unser eigenes Zuhause - wir sind Angestellte der Tarini-Schule. Fahren sie hin und bringen sie Ihre Schwester mit."

Aus dem Englischen wurde übersetzt von **Dr. phil. Alia Taissina**

Avarodhbasini

Zwei Jahre vor ihrem Tod veröffentlichte Rokeya die Anekdotensammlung *Avarodhbasini (Seite 198-204)* , was wörtlich übersetzt „Blockade“ bedeutet. Die Anekdoten, welche ohne eigene Überschriften gesammelt sind, handeln oft von der Purdha. Das Werk widmete Rokeya ihrer Mutter, welche Befürworterin der Purdha war. Mit der Veröffentlichung wagte sie einen Tabubruch: Geschichten dieser Art waren geächtet.

Diese Anekdote wurde von Prof. Dr. Kazal Bandapadha aus dem Bengalischen ins Englische und von Hamidul Khan und Dr. Alia Tassina ins Deutsche übersetzt.

Anekdote 1.

1926 ging ich nach Ara (eine kleine Stadt in der Provinz Bihar). Zwei von meinen Enkelinnen, eigentlich Töchter meiner Stieftochter, sollten verheiratet werden. Ich ging zu deren Hochzeit. Die Kosenamen von den Mädchen waren Mangu und Sabu. Zu der Zeit waren sie in Maiyakhana (einem kleinen geschlossenen Zimmer) eingesperrt. In Kalkutta wird die künftige Braut in so einem Zimmer normalerweise nur vier, fünf Tage gehalten. Aber in Bihar hält man Mädchen in so einer Einzelzelle sechs, sieben Monate.

Ich konnte nicht lange in Mangus „Zelle" bleiben - ich fühlte, dass ich in diesem engen Zimmer ersticke. Ich öffnete das Fenster, aber nach ein paar Minuten kam eine hochmütige Begum und machte das Fenster zu, wobei sie kurz sagte: "Es zieht". Ich musste das Zimmer verlassen. In Sabus Zelle konnte ich nicht eine Minute bleiben. Und diese armen Mädchen ihrerseits haben in diesen Zimmern schon sechs Monate verbracht. Letztendlich bekam Sabu einen hysterischen Anfall. So bringt man uns das zurückgezogene Leben bei.

Anekdote 2

Diese Geschichte ist 10-11 Jahre alt. Ich habe schon geschrieben, dass in der Provinz Bihar Frauen halbtot gemacht werden, während man sie vor der Hochzeit in Maiyakhana (Frauenheim) einsperrt. Wenn in der Familie irgendwas passiert und die Hochzeit verschoben wird, wird die Zeit des Eingesperrtseins sogar bis zu einem Jahr verlängert. So wurde eine Frau auf diese Weise sechs Monate eingesperrt. Man hat sich nicht richtig umihr Essen, baden usw. gekümmert. Die Menschen von Bihar sind grundsätzlich gleichgültig was das Baden betrifft - wer sollte dann oft Bäder für Frauen vorbereiten, die in Maiyakhana eingschlossen sind? Während dieser Periode stellt das Mädchen überhaupt kein Fuß auf die Erde - wenn nötig, trägt man sie ins

Bad. Es ist ihr strengstens verboten, sich zu bewegen. Sie hat auf ihrem Bett zu knien und den Kopf zwischen den Knien zu halten. Dort muss sie in der Nacht schlafen. Eine Frau legt Reishäppchen ihr in den Mund, eine andere gibt ihr aus einem Becher, genannt „aab khora", zu trinken. Ihre Haare werden struppig; sogar dann bekommt sie keine Erlaubnis, die Haare zu kämmen. Das Ende der Sache besteht darin, dass sie in allem von anderen abhängig sein soll. Und was kommt: wenn das Mädchen nach sechs Monaten verheiratet wird, entdeckt man, dass sie ihr Augenlicht für immer verloren hatte, weil sie ihre Augen immer geschlossen gehalten hatte.

Anekdote 3

Mr. Sharafuddin Ahmed B.A. (Aligarh) Ajimabadi hat über folgende drei Vorfälle in einer Urdu-Zeitschrift erzählt. Ich kann der Versuchung nicht widerstehen, dies zu übersetzen. Z.B.:

Ich lebte in Aligarh bis zum letzten Jahr. Weil es dort nur eine Station der Ost-Indischen Bahn (EIR) gibt, bin ich jeden Tag dorthin zu Fuß gelaufen. Ich habe einige Burkas aus dem 13.Jh unter anderen amüsanten Sachen gesehen. Ich will nicht lügen: jede Burka hatte etwas Lustiges an sich. Ich will hier nur über drei von ihnen erzählen.

Beim ersten Mal stand ich auf der Plattform der Aligarh-Station herum. Plötzlich hat man mich in den Rücken gestoßen. Als ich mich umdrehte, fand ich eine Dame in Burka da stehen. Drohend sagte sie mir: „Hallo, Gentleman, haben Sie Ihre Augen offen, wenn Sie gehen?" Es war ja zum Lachen, weil sie hinter mir war; es war leicht zu klären, wer schuld am Zusammenstoß war. Ich sagte ihr nur: „Bitte reparieren Sie das Sichtfenster ihrer Burka". Und dann ging ich lachend weg.

Aus dem Englischen wurde übersetzt von Dr. Alia Taissina

Anekdote 4

Folgendes kleines Ereignis ereignete sich am Bahnhof von Kalkutta vor etwa 50 Jahren: Eine Gruppe von 25 Frauen aus reichen muslimischen Familien wollte nach Mekka pilgern. Am Bahnhof mussten die Männer, die sie begleiteten, vieles erledigen. Ein Mann sollte auf die Frauen aufpassen. Die Ehemänner wollten die Frauen mit ihm alleine lassen. Alle haben ihn Hadji oder Munsi genannt. Hadji war ein religiöser Mensch.

Hadji traute sich nicht, sich mit den Frauen in den Wartesaal zu setzen. Er sagte sich, die Schwestern sollten sich in ihre Burquas einwickeln und sich hintereinander auf die Plattform hocken. Dann breitete er eine schwere Decke über sie aus. Jetzt sah die Frauengruppe aus wie alle anderen abgedeckten Warentaschen. Während Hadji am Ende der Reihe auf der Hut war, warteten die Frauen ruhig auf die Rückkehr ihrer Ehemänner.

Nur dank Allahs grenzenloser Güte erstickten sie nicht unter der schweren Decke. Kurz vor der geplanten Ankunft des Zuges sprach ein englischer Zugbeamter den Hadji in gebrochenem Hindi an: "Nehmen Sie Ihr Gepäck von hier weg. Sie sehen, gleich kommt der Zug und nur Personen dürfen den Bahnsteig betreten, wir erlauben kein Gepäck hier."

Da signalisierte der Hadji mit einer Hand: „Sei nett, mein Herr! Das sind keine Säcke, aber die Frauen in meiner Familie und ich, wir müssen vorsichtig sein und aufpassen. “

Der Bahnbeamte aber trat die Frauen immer wieder und rief: „weg damit!“ Die Frauen waren sprachlos und leisteten keinen Widerstand. Sie wollten die Purdah nicht brechen.

Anekdote 5

Ein Gentleman saß einen ganzen Abend lang auf dem Bahnsteig der Shealdaha Station. Ein anderer Herr stand in einiger Entfernung. An seiner Seite war ein großes Bündel Bettzeug aufgetürmt. Der Gentleman, der sich ein wenig müde fühlte, setzte sich auf dieses Bündel. Sobald der Mann saß, durchfuhr das Wäschebündel ein Ruck und er sprang in kürzester Zeit auf. In diesem Moment rannte der andere Mann auf ihn zu, um wütend zu schreien und zu sagen: „Was haben Sie getan, Sir? Warum haben Sie sich auf die Köpfe von Frauen gesetzt?" Der Gentleman war erstaunt und sagte: „Verzeihen Sie mir, Sir. Ich konnte in der Dunkelheit der Dämmerung keinen richtigen Blick darauf werfen. So setzte ich mich, da ich meinte, dass es sich um ein Bündel Bettzeug handelte, hin. Als das Bündel sich bewegte, hatte ich Angst, was das sein könnte!"

Anekdote 6

Anlässlich einer Trauung im Haus eines reichen Mannes in Hoogly hatten sich so viele Bibis (reiche Muslimische Hausfrauen) in einem Raum versammelt. Um zwölf Uhr nachts schien es, dass jemand auf verschiedene Weise - sowohl mild als auch kühn - gegen die Tür drückte. Die Bibis wachten auf und fingen an zu zittern - sie befürchteten, dass Diebe mit Sicherheit die Tür aufbrechen würden. Und sie würden ihre Blicke auf die Bibis werfen! Eine eigensinnige Bibi setzte dann alle Ornamente auf, die sie hatte, und packte den Rest in einem Bündel unter einer Decke zusammen. Dann zog sie eine Burka an und öffnete die Tür. Draußen war eine Hündin. Übrigens waren ihre Welpen im Raum und sie zufällig draußen. Um seine Kinder zu treffen, drückte das Muttertier gegen die Tür.

Anekdote 7

Hören Sie sich die heutige Geschichte vom 28. Juni 1929 an. Der Vater eines Schulmädchens schrieb uns in einem langen Brief, dass seine Tochter unter einer Burka verborgen zusammen mit einer Magd zu ihrem Haus gehen musste, da der Schulbus nicht in die Gasse dieses Hauses fuhr. Am Vortag hatte eine Person eine Teekanne in der Hand gehabt und es war zu einer Kollision gekommen, Dabei wurde das Kleid von Heera (das war der Name der Tochter) mit Tee bekleckert, der sich darüber ergoss und es verschmutzte. Ich übergab den Brief einer unserer Kolleginnen und bat sie, Nachforschungen anzustellen. Als sie zurückkam, berichtete sie in Urdu, und das klang in der Übersetzung wie folgt:

„Bei einer Untersuchung stellte ich fest, dass Heeras Burka kein Fenster hatte. (Heerake burqa me ankh nehee hay.) Die anderen Mädchen fügten hinzu, dass sie aus dem Bus sahen, dass die Magd Heera fast auf ihren Schoß nahm und sie so die Gasse entlang führte. Ohne durch die Burka etwas zu sehen, kann Heera nicht richtig gehen - neulich ist sie auf eine Katze getreten - manchmal ist sie gestolpert. Gestern war es Heera, die der Person, die die Teekanne trug, einen Stoß versetzte und den Tee überlaufen ließ."

Lassen Sie uns bitte festhalten, dass Heera erst 9 Jahre alt ist. Muss ein so ein kleines Mädchen mit einer "blinden Burka" auf der Straße herumlaufen? Wird die Purdah verletzt, wenn sie es nicht tut?

Anekdote 8

Als ein Zug von Westen nach Habra fuhr, begaben sich drei verschleierte Personen in das Frauenabteil am Bahnhof Bali. In diesem Abteil befanden sich dann viele andere muslimische Passagierinnen, die überrascht feststellten, dass die neu angekommenen drei Personen auch nach dem Start des Zuges die Abdeckungen, Niqabs, ihrer Burkas nicht entfernten. Sie bekamen dann Angst, was sie wohl tun würden, zumal diese neu Eingestiegenen auch sehr groß waren.

Als die Fahrkartenkontrolleurin am Bahnhof von Lilua das Abteil betrat, erzählten ihr alle von diesen Personen in der Burka. Kaum war sie in ihre Richtung gegangen, sprang einer von ihnen auf und floh durch das Fenster gegenüber dem Bahnhof. Die Kontrolleurin rief nach der Polizei und hielt einen von ihnen fest. Als sie den Niqab entfernte, sah sie einen so groß gewachsenen Bart im Gesicht dieser Person. Sie reagierte schnell und rief aus: „Was für ein Wunder! Bart und Schnurrbart in der Burka!“

Aus dem Englischen und Bengalischen wurde übersetzt von Hamidul Khan

Biografie von Rokeya

Eingang des 1963 gegründeten Frauencolleges in Rangpur: Bronzebildnis von Rokeya. Die Bildunterschrift nennt ihre Lebensdaten und den Künstler Onik Reza.

Biografie von Rokeya

1880

Rokeyas Geburtsort liegt im Norden des heutigen Bangladesh, das Dorf Pairaband im Bezirk Rangpur. Sie kommt dort am 9. Dezember 1880 als Tochter einer hoch angesehenen muslimischen Feudalfamilie zur Welt. Ihre Muttersprache war Urdu, die Familie beschäftigte sich allerdings intensiv mit bengalischer und englischer Literatur. Die Familie beherrschte außerdem Farsi und Arabisch.

1896 heiratet sie im Alter von 16 Jahren den 40-jährigen Sayed Sakhawat Hossain, der aus dem indischen Bundesstaat Bihar stammt. Er arbeitete im Dienst eines englischen Gerichts als hochrangiger Beamter. Aus der Ehe gingen zwei Töchter hervor, die im Alter von vier und fünf Monaten verstarben.

1902 beginnt Rokeya mit ihrer Arbeit als Literatin und wird in der indischen Öffentlichkeit wahrgenommen. Sie veröffentlicht einen Prosatext unter dem Namen „Pipasa" („Durst").

1904 reist sie nach Darjeeling und ihr erstes Buch „Motichur" (Name einer indischen Süßigkeit), das mehrere Essays enthält, wird veröffentlicht.

1905 veröffentlicht sie erstmals ein englischsprachiges Werk im „Indian Ladie's Magazine" in Madras - „Sultana's Dream."

1907 veröffentlicht sie von Kalkutta aus den zweiten Band von „Motichur", der Erzählungen und Märchen enthält.

1908 wird „Sultana's Dream" im Verlag S. K. Lahiri & Co in Kalkutta als Buch veröffentlicht.

1909 stirbt Rokeyas Ehemann Sakhawat Hossain in Kalkutta. Er wird in Bhagalpur beerdigt.

1911 findet Rokeya ein Haus in der Waliullah Lane 13 in Kalkutta und gründet dort mit zunächst 8 Schülerinnen eine Mädchenschule. Sie widmet die Schule ihrem verstorbenen Mann und gibt ihr den Namen *Sakhawat Hossain Memorial Girls School*. Es wird die erste englischsprachige Schule für muslimische Mädchen. Rokeya wohnt in dem Schulhaus.

1915 zieht die Schule in die Lower Circular Road 86/ A in Kalkutta um und wird als *Primary School* anerkannt. Zu dieser Zeit besuchen 84 Mädchen die Schule.

1916 gründet Rokeya die Frauenorganisation Anjuman-e-Khawatin-e Islam. Die Gründung erfolgte auf Beschluss der *All India Ladies Conference*. Aysa Khatar wird Vorsitzende und Rokeya Generalsekretärin der Organisation.

1917 beginnt erstmals Unterricht in bengalischer Sprache. Die Schülerzahl steigt auf 107.

1918 besuchen 114 Mädchen die Schule.

1919 wird der Banglaunterricht aufgrund von mangelndem Interesse wieder eingestellt.

1921 reist Rokeya anlässlich einer Hochzeit in der Familie erstmals nach Dhaka. Das Haus in Alt-Dhaka, in dem sie übernachtet hat, wird noch immer besichtigt.

1922 veröffentlicht sie am 10. März im Selbstverlag den 2. Band von *„Motichur"*. Sie wird außerdem zur Vorsitzenden der sozialen Organisation Naritirtho für notleidende Frauen, die vom Arzt Dr. Luthfor Rahman gegründet wurde, gewählt.

1923 kommt im Vorfeld der Bürgermeisterwahl von Kalkutta eine große Bewegung für das Frauenwahlrecht auf, an der sich Rokeya beteiligt. Bewegungen dieser Art werden von der englischen Kolonialregierung kategorisch abgelehnt. Die Bewegung wird von dem indischen Politiker Khamini Roy geleitet.

1924 veröffentlicht Rokeya ihren wichtigsten Roman „*Padmarag*" im Selbstverlag. Darin thematisiert sie soziokulturelle Aspekte, die für Frauen aus allen Religionen relevant sind.

1925 beschäftigt sich Rokeya mit organisatorischen Angelegenheiten der Schule und diversen privaten Angelegenheiten. Sie besucht noch einmal Dhaka. Sie nimmt an verschieden Seminaren in Indien und Bangladesch teil und hält Vorträge.

1926 stirbt Rokeyas Schwester, die sie selber als ihre verlängerte rechte Hand bezeichnete. In ihrer Schule wird wieder auf Bengalisch unterrichtet. Inzwischen gibt es 109 Schülerinnen.

1927 beginnt Rokeya in ihrer Schule eine siebte Klasse mit Hauptfach Englisch zu unterrichten. Sie gründet außerdem eine Kindergartenabteilung und stellt die erste weibliche Lehrerin - Fatima Khatun - ein. Die Schülerzahl steigt auf 128.

1928 gibt Rokeya das Buch „*Avaradbasini*" heraus. Darin geht es um die *Purdah* (eine Verschleierung ähnlich der Burka). Die Purda wird wahlweise als verinnerlichte Zurückgezogenheit oder Blockade interpretiert. Rokeya widmet das Buch ihrer Mutter, die die *Purdah* befürwortet hat. Darin erzählt sie 47 Kurzgeschichten ohne Überschrift, die ein Bild von Frauen in der indischen Gesellschaft zeichnen.

1929 erreicht Rokeya ein Lobesbrief aus Rangpur City. Die Bewohner des Stadtteils Kamalkachna danken ihr auf Initiative von Verwandten von Mahatab Khan Okil (Okil-Anwalt), der 40 Jahre lang Oberbürgermeister von Rangpur City und ein guter Freund von Rokeyas Brüder war, für ihr Engagement. Der Brief wird ihr von S. M. A. Haque aus der Booking Street in Kalkutta ausgehändigt.

1930 wird die Schule auf die 10. Klasse erweitert und wird damit als High School anerkannt.

1931 sammeln die Bewohner Rangpurs Geld für ein Schulgebäude für Rokeyas Schule. Drei Schülerinnen nehmen, möglicherweise als erste Mädchen, an den indienweiten *Matriculation*-Universitätszugangsprüfungen teil.

Das Buch „Avaradbasini" wird im Verlag von Khamerul Alam Kha (91 Upper Circuar Road, Kalkutta) neu aufgelegt und kommt auf den Markt.

1932 wird sie am 21. Mai zur Vorsitzenden der Anjumane-Khawatine Islam gewählt, die inzwischen zu einer großen Organisation gewachsen ist. Die Wahl findet auf einer Konferenz mit 300 Delegierten aus ganz Indien statt. Zum ersten Mal wird die Konferenz mit einem bengalischsprachigen Liederabend anstatt einem gemeinsamen Gebet beendet.

Am 8. Dezember werden zum letzten Mal Schriften Rokeyas in der Zeitung veröffentlicht. Am frühen Morgen des 9. Dezembers stirbt Rokeya in Kalkutta. Sie wird am gleichen Tag auf dem muslimischen Friedhof in Sodpur in der Nähe Kalkuttas beerdigt. Der Friedhof befindet sich im Besitz von Moullana Abdur Rahim Khan. Der englische Gouverneur Kalkuttas schreibt zu ihrer Beerdigung eine Kondolenzkarte. Über ihren Tod wird in allen Zeitungen, auch den hinduistischen, berichtet. Ihr Sarg wurde in der Albert Hall aufgebahrt. Zahlreiche Menschen aus allen Schichten und Religionen kommen, um ihr den letzten Respekt zu erweisen.

***

1980 wurden anlässlich ihres 100. Geburtstages große Feierlichkeiten in Bangladesch abgehalten. Die Schulen blieben für einen Tag geschlossen und es wurden zwei Sonderbriefmarken herausgegeben.

Aus dem Bengalischen übersetzt von Hamidul Khan und Miro Nils Khan

Deutsch-Bengalische Gesellschaft e. V.

Die Deutsch-Bengalische Gesellschaft ist ein im Jahr 1997 gegründeter gemeinnütziger, eingetragener Kulturverein, der ausschließlich die Förderung gesellschaftsdienlicher Ziele zum Zweck hat, wie zum Beispiel das Vorgehen gegen Fremdenfeindlichkeit, die Förderung der Völkerverständigung, der Integration hier lebender MigrantInnen und des friedlichen Zusammenlebens von Angehörigen verschiedenster Kulturen, sowie Unterstützung des interkulturellen Austauschs.

Die Gesellschaft ist selbstlos tätig - verfolgt also keinerlei eigenwirtschaftliche Ziele; Hauptintention ihrer Tätigkeit ist vielmehr die Förderung der Völkerverständigung und die Integration von in Deutschland lebenden Bengalen.
Die Gesellschaft fördert zum einen die kulturelle, gesellschaftliche, soziale und wissenschaftliche Entwicklung in Bangladesch, mit bestehenden Organisationen gleicher gedanklicher Ausrichtung kooperieren.

Weiteres Ziel ist es, in Deutschland über die bengalische Kultur, aber auch über politische und gesellschaftliche Entwicklungen in Bangladesch zu informieren. Die Arbeit wird auch verwirklicht durch Information und Beratung von hier lebenden Bengalen.

Die Gesellschaft ist eine demokratische, freiheitliche und säkulare Organisation, sie wahrt grundsätzlich Neutralität gegenüber parteipolitischen Interessen.

Projekte sind im Einzelnen:

- die Frankfurter Immigrationsbuchmesse,
- die Kulturveranstaltung anlässlich Goethes Geburtstagen, „Orient und Okzident sind nicht mehr zu trennen",
- Autoren-Lesungen und Festveranstaltungen zu Ehren Rabindranath Tagores,
- die Kulturveranstaltung „Literatur, Tanz, und Musik gegen Rassismus",
- Benefizveranstaltungen für die Alten- und Weihnachtshilfe der Frankfurter Rundschau,
- der Multikulturelle Neujahrsempfang,
- Feiern des Bengalischen Neujahrsfests,
- das Nachbarschaftsfest „Miteinander und Füreinander",
- Diskussionsveranstaltungen unter dem Motto „Vorurteile abbauen, Integration fördern",
- Seminare und Tagungen über Bangladesch.

Die Deutsch-Bengalische Gesellschaft und ihr Gründer und 1. Vorsitzender Hamidul Khan

--Reinhard Wehber

Die *Deutsch-Bengalische Gesellschaft* ist ein gemeinnütziger, eingetragener Kulturverein, der ausschließlich die Förderung gesellschaftsdienlicher Ziele zum Zweck hat, wie zum Beispiel Bekämpfung von Fremdenfeindlichkeit und Rassenhass, Integration hier lebender Migrant*innen, Förderung des friedlichen Zusammenlebens von Angehörigen der verschiedensten Kulturen und interkultureller Austausch. Die *Deutsch-Bengalische Gesellschaft* wurde 1997 von Hamidul Khan ins Leben gerufen, 1998 ins Vereinsregister eingetragen und bildet heute die Basis seines ehrenamtlichen Engagements.

Allgemeine Akzeptanz

Seit Jahren hat sich die *Deutsch-Bengalische Gesellschaft* im Spektrum der Organisationen, die sich für Integration und friedliches Zusammenleben einsetzen, etabliert. So erhält sie die Unterstützung durch das Hessische Ministerium für Wissenschaft und Kunst, sowie der Stadt Frankfurt a.M. – vom Amt für multikulturelle Angelegenheiten und dem Kulturamt. Auch der Kreisverband der Partei *Bündnis 90/Die Grünen* und Wohlfahrtsverbände, wie die christlichen Kirchen und verschiedene Stiftungen zählen zu den Förderern.

Neben dem Eintreten für eine friedliche, multikulturelle Gesellschaft in Deutschland sieht die *Deutsch-Bengalische Gesellschaft* es als wichtige Aufgabe an, über soziale und gesellschaftliche Probleme, wie sie etwa in Bangladesch und anderen Teilen der Welt existieren, zu informieren und zu einer Sensibilisierung für diese Situation auch unter den hier lebenden Menschen beizutragen.
Nicht zuletzt setzt sie sich für die fern der Heimat lebenden Menschen aus Bangladesch und Südasien ein. Ziel ist ein fortdauerndes Podium für regelmäßigen friedlichen Austausch, der auch identitätserhaltenden Charakter hat.

In diesem Zusammenhang ist auch das *Frankfurter Multikulturelles Journal* zu erwähnen, das Hamidul Khan zwischen 1998 und 2002 herausgab, in dem er die Mitbürger*innen auf die Probleme von Migrant*innen aufmerksam machte. Auch Günter Grass, der sich von der ersten Ausgabe des Journals begeistert zeigte, steuerte für eine spätere Ausgabe selbst einen Artikel bei.

Die Frankfurter Immigrationsbuchmesse als ein Projekt der Deutsch-Bengalischen Gesellschaft

Im Jahre 2012 organisierte Hamuidul Khan in Frankfurt die erste Immigrationsbuchmesse. Im Mittelpunkt stehen bei dieser alljährlichen Veranstaltung Autor*innen anderer Muttersprache, die in Deutsch schreiben oder deutsche Autor*innen, die sich mit dem Thema Immigration beschäftigen. Außerdem nehmen traditionell immer auch namhafte

Persönlichkeiten aus dem deutschsprachigen Raum teil. Nicht zuletzt durch dieses Projekt hat die *Deutsch-Bengalische Gesellschaft* bei der Integration und dem Einsatz für die Menschenrechte ein bedeutendes Gewicht in Deutschland bekommen.

Viele Autor*innen ausländischer Herkunft leben und publizieren in Deutschland. Ihr Werk ist in besonderer Weise ein Zeugnis des gesellschaftlichen Miteinanders, da es stets in dem Spannungsfeld eines Lebens zwischen zwei Welten entsteht. Oftmals müssen die Erfahrungen und Werte, die die Autoren in ihrer Jugend in einer gänzlich anderen soziokulturellen Welt gesammelt haben, in einem ganz neuen Kontext angewandt werden - ihre Überprüfung ist mitunter schmerzhaft. Andererseits kann auf diesem Erfahrungswege die Differenz zweier Kulturen auch fruchtbar gemacht werden, denn in dem kontrastreichen Aufeinandertreffen divergierender Überzeugungen und Lebensformen entsteht immer etwas fundamental Neues, das sowohl dem Autor ausländischer Herkunft als auch dem deutschen Leser einen veränderten Blick auf seine scheinbar gesicherte Umgebung ermöglicht.

Integration in zwei Richtungen

Da Hamidul Khan den Begriff Integration nicht einseitig auslegt, begann er schon früh mit der Planung und Durchführung von Kulturveranstaltungen, um auch dem deutschen Publikum die Vielfalt der Kultur seiner Heimat mit der Darbietung von Tanz, Gesang und Lesungen zu präsentieren. Die zunehmend positive Resonanz ermutigt ihn weiterhin zu immer neuen Veranstaltungen, die auch gleichzeig der bengalischen und indischen Community in weiten Teilen Deutschlands eine willkommene Gelegenheit zur Zusammenkunft bieten.

Neben den Kulturveranstaltungen führt Khan auch politisch-gesellschaftliche Informationsveranstaltungen durch, zum Beispiel Seminare zur Situation der Menschen in Bangladesch (mit Vorstellung von Ideen zur Bekämpfung der Armut) und zur konkreten Lage der Textilarbeiterinnen (drei Seminare 2014-2018 nach dem verheerenden Unglück aus dem Jahr 2013). Einen Brückenschlag von der Flüchtlingssituation in Europa schlug Khan im Oktober 2017 mit einer Vortragsveranstaltung mit Experten aus Bangladesch zur Situation der aus Myanmar geflüchteten Rohingya.

Ein seit dem Jahr 2000 regelmäßig von Khan durchgeführtes Event ist eine Benefizveranstaltung für die *Alten- und Weihnachtshilfe* der *Frankfurter Rundschau* in der Vorweihnachtszeit. Alljährlich bieten hier Künstler*innen ein buntes Kulturprogramm. Dabei gibt Khan auch jungen Künstler*innen die Möglichkeit zu ersten öffentlichen Auftritten und fördert sie somit. Die Einnahmen –auch Spenden des Publikums– kommen stets bedürftigen älteren Menschen in Frankfurt zu Gute.

Damit ist die *Deutsch-Bengalische Gesellschaft* auch die erste Migrant*innenvereinigung, die regelmäßig an „Einheimische" spendet. So versteht Khan Integration in mehrere Richtungen.

Die Realität der multikulturellen und multireligiösen Stadt Frankfurt, mit Einwohnern aus 180 Nationen und 50% mit Migrationshintergrund, führte Khan zu einem weiteren Projekt: 2013/14 organisierte er Führungen durch Gotteshäuser Frankfurter Religionsgemeinden.

Sein Hauptaugenmerk setzt er stets darauf, Schüler*innen anzusprechen, um die junge Generation für das Thema religiöser Toleranz zu sensibilisieren und frühzeitig für ein friedliches Zusammenleben zu werben.

Als einen Höhepunkt der Veranstaltung 2017 holte Khan eine Ausstellung des Anne-Frank-Zentrums Berlin nach Frankfurt a.M., die nachhaltig sowohl über die Person Anne Frank, als auch allgemein über unberechtigte Stigmatisierung von Menschen aufklärte.

Ein zweites Highlight war die Ausstellung *Wahrheitskämpfe*r einer Künstler*innengruppe aus Frankfurt-Heddernheim, die gezeichnete und gemalte Porträts ermordeter und inhaftierter Journalist*innen aus 35 Ländern zeigte.

Langjährige Vorbereitungen Hamidul Khans münden im Jahr 2013 in der Herausgabe des Buches *Universalgenie Rabindranath Tagore*, das einen der hochrangigsten Vertreter indisch-bengalischer Literatur, dem Literaturnobelpreisträger, sowie Kämpfer für Toleranz und Integration, in Deutschland zu weiterer Bekanntheit verhelfen sollte. Denn dass es auch vor der Machtübernahme der Nationalsozialisten in Deutschland verheißungsvolle Versuche gab, die Völkerfreundschaft und Multikulturalität zu fördern, macht Khan hiermit bekannt, indem er dabei an das Treffen der beiden Freunde Albert Einstein und Rabindranath Tagore, 1926 in Berlin, erinnert.

Kultur- und Nachbarschaftsfeste unter dem Motto „Mit- und Füreinander" mit Live-Musik im Freien organisiert er nebenbei regelmäßig seit 2017 in seinem Frankfurter Stadtteil Heddernheim, zusammen mit seinem Nachbarn Karlheinz Platz.

Eine ganz besondere Bedeutung hat für Hamidul Khan die Stärkung des Miteinanders und des Wir-Gefühls von Menschen unterschiedlicher Herkunft in unserer Gesellschaft. Seine ganze Arbeit dient der Integration des friedlichen Zusammenlebens in einer multikulturellen Gesellschaft und der Völkerverständigung.

Würdigung für Hamidul Khan

Auch die Stadt Frankfurt a.M. wurde auf Hamidul Khans ehrenamtliche Tätigkeiten aufmerksam und zeichnete ihn mehrfach dafür aus. Im Rahmen der Verleihung des Integrationspreises im Jahr 2011 wurde ihm eine Ehrung zuteil. Im Jahr 2012 erhielt er die Römerplakette in Bronze und am 30. Oktober 2017 die Römerplakette in Silber.

Auch die Dhaka Universität in Bangladesch ehrte ihn im Januar 2013 für seine vorbildliche Integrations- und Kulturarbeit in Deutschland.

Hamidul Khan engagiert sich unermüdlich und ausschließlich ehrenamtlich. Für die Durchführung seiner Veranstaltungen verzichtet er üblicherweise auf Eintrittsgelder, um sich stattdessen um Fördergelder und Spenden zu bemühen.

Autor Reinhard Wehber, 20. November2020, Frankfurt am Main

Anlass der Herausgabe dieses Buches ist ein doppeltes Jubiläum:
Es ist eine Annäherung bengalische Dichtung, Philosophie und Kultur.
Der 150.Geburtstag von Rabindranath Tagore, der 1913 als erster Asiate den Literaturnobelpreis erhielt, und – als Anknüpfungspunkt zwischen Tagore und Deutschland – sein Besuch vor 90 Jahren auf Einladung von Hermann Graf Keyserling in Darmstadt. Graf Keyserling lebte den Gedanken des multikulturellen Miteinanders als Basis der Völkerverständigung. Der Besuch sollte dazu beitragen, den geistigen Austausch von Menschen verschiedener Kulturkreise voranzutreiben. Tagore war ein guter Freund von Albert Einstein, Paul Natorp, Herrmann Keyserling und Moritz Winternitz.

Publikation der Deutsch-Bengalische Gesellschaft e.V., Frankfurt/M
Draupadi Verlag, ISBN 978-3-937603-64-3

Farzana Shaela Talukder aus offenbach

Literatur-Spaziergang mit Rabindranath Tagore und Hermann Graf Keyserling zum 150. Geburtstag des Literaturnobelpreis-Trägers
Orangerie Darmstadt Dr. Monika Carbe, Autorin und Indologin.

Monipuri Tänzerin, Warda Rihab in Frankfurt 2009

Das Bild stellt eine bengalische Tänzerin dar. Ursprünglich durften bengalische Frauen nicht tanzen, da das der Purdah widersprach. Heutzutage gibt es jedoch viele Kulturschaffende und Tänzerinnen. Die Deutsch-bengalische Gesellschaft in Frankfurt lädt regelmäßig Künstlerinnen aus Bangladesch nach Deutschland ein und organisiert Veranstaltungen und Auftritte.
Monipuri Tanz ist sehr popular in Indien und Bangladesch. Monipur ist ein Ort. Monipur liegt im Nordosten Indiens. Frau Warda Rihab ist eine der Renomierte Mnipuri Tänzerin aus Bangladesch. Sie hat in Indien gelernt . Sie reist ganze Welt. Deutsch – Bengalische Gesellschafft 2009 hat sie eingeladen. für das Begalische Neujahr Fest. Sie war allein in Deutschland 400 Zuschauer hat das fest besucht. Presse war eine große Resonanz.

Das Bild zeigt eine Malerei von Quamrul Hasan aus dem Jahr 1974, auf dem eine Widerstands- und Befreiungskämpferin dargestellt ist. Es bezieht sich auf den Befreiungskrieg mit der Trennung von Pakistan 1971.

Sakhawat Memorial Girls' School.

162, Mdn. Lower Circular Road.

Calcutta, the [illegible]

[illegible]

Handschriftlicher Brief Rokeyas auf Bengalisch

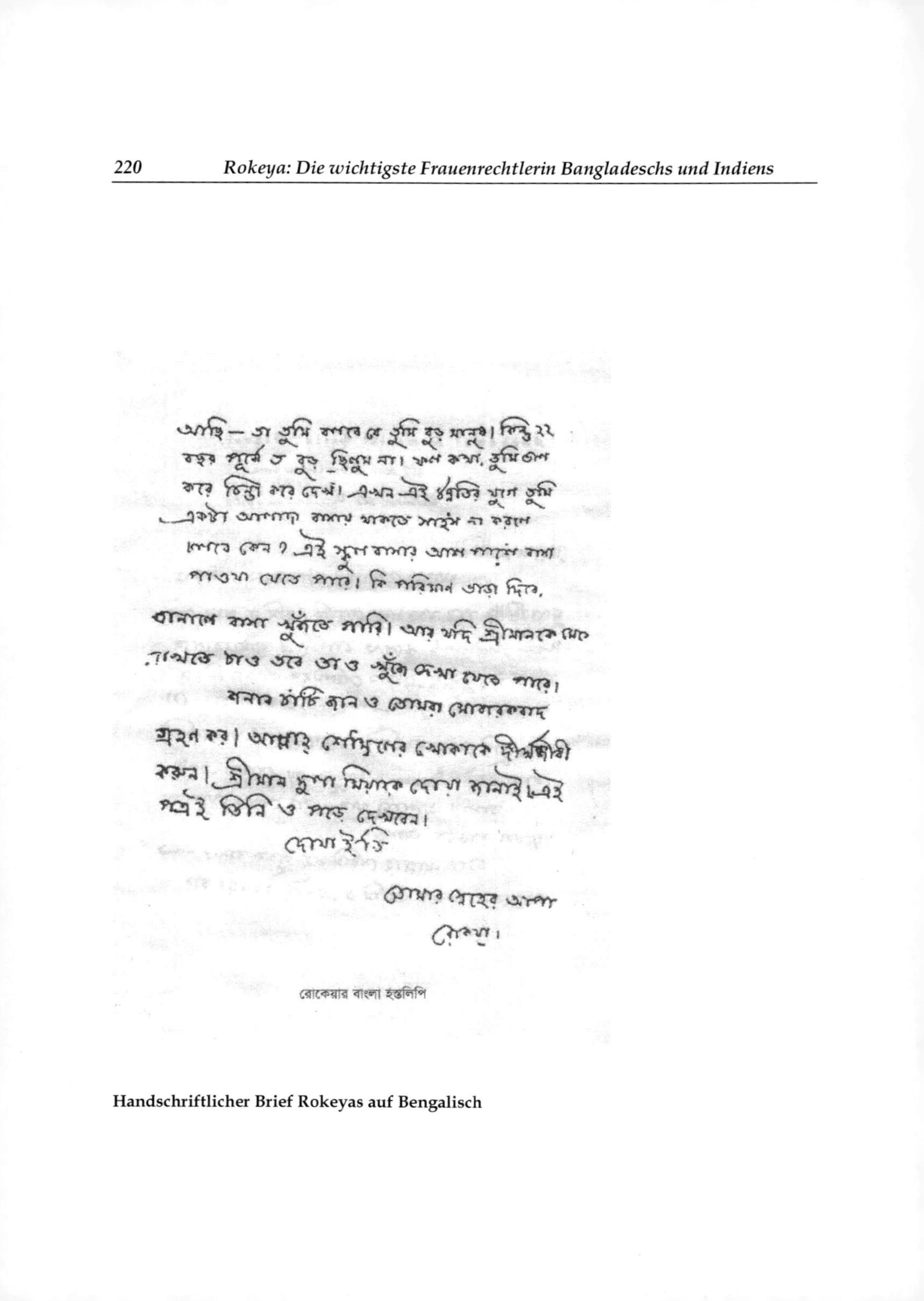

রোকেয়ার বাংলা হস্তলিপি

Handschriftlicher Brief Rokeyas auf Bengalisch

Einziges Foto Rokeyas mit ihrem Mann Sakhwat Hossein. Es ist auf vielen Ausgaben ihrer Werke abgedruckt.

Rokeyas Mutter , Rahatunnesa Sabera Chaudhurany.

Rokeyas Vater, Zahiruddin Ali Saber

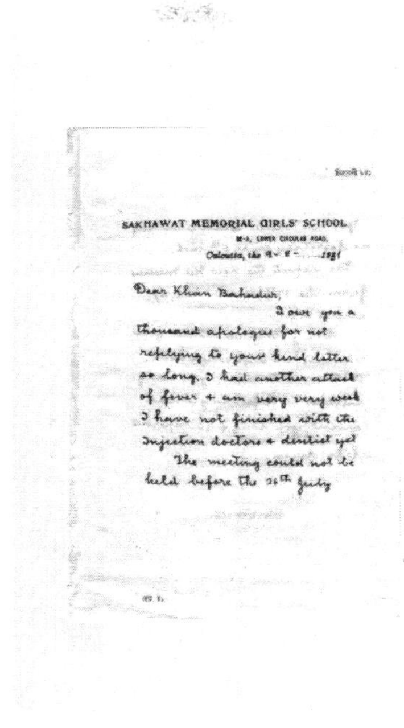

SAKHAWAT MEMORIAL GIRLS' SCHOOL
Calcutta, the 9 - 8 - 1931

Dear Khan Bahadur,
I owe you a thousand apologies for not replying to your kind letter so long. I had another attack of fever & am very very weak I have not finished with the Injection doctors & dentist yet
The meeting could not be held before the 26th July

Handschriftlicher Brief Rokeyas auf Englisch

Yes, Mr. [illegible] Islam is working as Secretary since 5th inst.
We expect the new Hd. Mistress from the 17th inst. next, of course D.V.
Sir G. told me about your visit when I 'phoned him. Allow me to wish you every success in life. May Allah grant you long + prosperous life. Amen.

Handschriftlicher Brief Rokeyas auf Englisch

Lesung auf der Immigrationsbuchmesse2019, im historischen Museum Frankfurt am Main

Gretchen Dutschke-Klotz Und Alexandra Müller-Schmieg

Bangla Publikationen

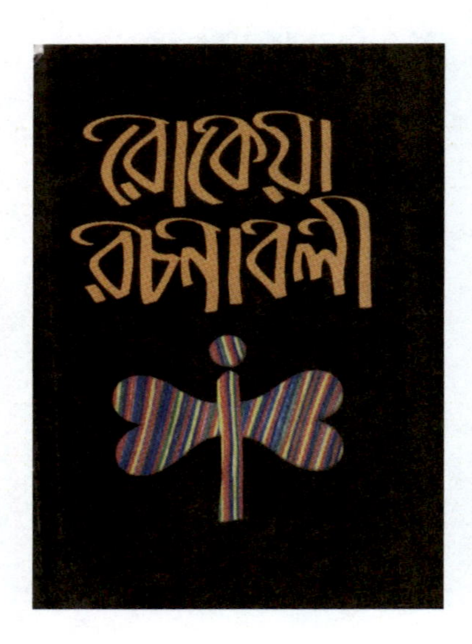

উনবিংশ ও বিংশ শতাব্দীতে
বাঙালি মুসলিম নারী
রোকেয়ার নারীবাদ ও তার ধারাবাহিকতা
শাহানারা হোসেন

বেগম রোকেয়া
রচনাসমগ্র

রোকেয়া
সাখাওয়াত
হোসেন
জীবন ও সাহিত্যকর্ম
মুহম্মদ শামসুল আলম

Deutsch-Bengalische Gesellschaft e. V.

Bilder

Seminare, Tagungen, Tanz, Musik,
Nachbarschaftsfest, Immigrationsbuchmesse
Neujahrsempfang, Ausstellungen

Seminar über Bangladesch
Begegnungszentrum Heddernheim, Frankfurt am Main Oktober2019

Die Seminarteilnehmer mit mir (Hamidul Khan, rotes Hemd), Mesbah Udin Ahmed (Auslandsreferent, graues Sakko) und Prof. Dr. Uwe Hunger (dunkles Sakko)

Immigrationsbuchmesse2019 im historischen Museum Frankfurt am Main
Die Hessische Staatsministerin für Wissenschaft und Kunst Angela Dorn eröffnete die Immigrationsbuchmesse mit einem Grußwort. Foto VR 2

Feiern des Bengalischen Neujahrsfests

Lesung Foto VL Sybille Vogl und Frankfurter Autorin Dr. Susanne Konrad

Künstlerinnen aus Hessen

Frankfurter
IMMIGRATIONSBUCHMESSE

Der „Immigrationsbuchmesse-Integrationspreis 2019"

Begründung der Jury: Diese Jugendlichen haben sich durch vielfältige soziale und kulturelle Aktivitäten, um das Miteinander und das Wir-Gefühl von Menschen unterschiedlicher Herkunft in unserer Gesellschaft zu fördern, verdient gemacht.

Konstantin, Adiza und Ralf

Nachbarschaft fest 19. September2020,
Martina Feldmayer Mitglied des Hessischen Landtags der Grünen war Hauptrednerin.

Foto VL Alexandra Müller-Schmieg(hr - Journalistin, Florence Sharkar, Baul Ronju Sharkar)

Baulmusik auf der Immigrationsbuchmesse2018

Seit dem 1.Jahrtausend v.Chr. existiert diese Musikrichtung im bengalischen Kulturkreis. Diese parodieren oft das Menschen Knechtende in der Religion und Politik. Doch der Großteil der Baullieder sind tief philosophisch und spirituell, aber auch witzig und voll Ironie.

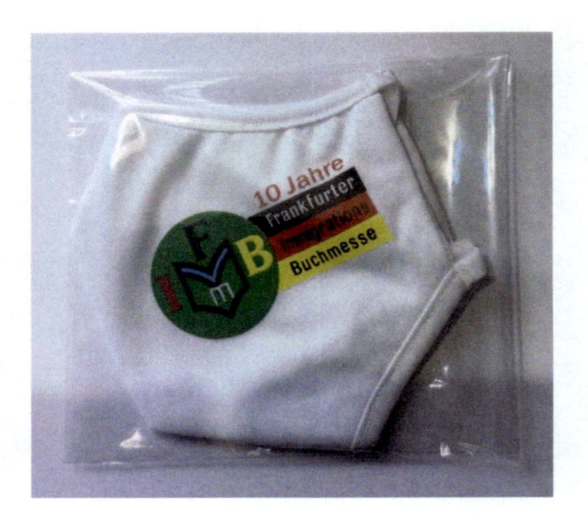
10 Jahre
Frankfurter
Buchmesse
F
B